해녀

국가무형유산

일러두기

1. 이 책은 안미정(한국해양대학교 교수)이 집필하였다.
2. 이 책에서 사용한 사진은 국가유산청 소장 자료 및 저자 촬영 자료이며, 일부 사진은 경상북도청, 남효선, 서울대학교 규장각한국학연구원, 제주문화원, 제주특별자치도 민속자연사박물관, 제주특별자치도 세계유산본부, 제주특별자치도 해녀박물관이 제공하였다.
3. 사진 자료 가운데 국가유산청 소장은 표기를 생략하였다.
4. 내용상 부연 설명이 필요한 것은 각주에서 설명하였다.
5. 도서의 내용은 집필자의 견해를 따랐으며, 일부 내용에 대한 견해의 차이가 있을 수 있다.
6. 이 보고서에는 바다 속에서 자맥질하는 여러 여성잠수부들이 등장한다. '해녀'는 여성 잠수부를 지칭하는 일반적인 의미로 사용하였으며, '제주해녀'는 제주도의 해녀이자 제주도 출신의 여성잠수부라는 점을 강조하였다. 또한 문맥에 따라 '제주도의 해녀'라고 하는 것은 '제주 섬'의 여성잠수부라는 것을 강조하는 의미가 있다. 이 외에도 역사적으로 제주도에서 자맥질하는 여성들을 '잠녀(潛女)'라고 불러왔고, 20세기 중반 이후에는 존칭의 의미로 담아 '잠수(潛嫂)'라고 하는 등 제주도에서는 이들 말들이 지금까지도 사용되고 있는 살아 있는 제주어이다. 이러한 역사성과 현재성을 고려하여 이 글에서는 문맥에 따라 이들을 사용하였음을 밝혀둔다. 아울러 '다이버(diver)'라 함은 스킨스쿠버 다이빙을 하는 이들 혹은 배 위에서 산소를 공급받으며 장시간 수중에서 잠수하는 이들을 말한다.

해녀

국가무형유산

글 안미정

민속원

목차

프롤로그

한국 바다의 벗 문화, '해녀'

한국의 해안과 여러 섬들은 한국 해녀들의 생활세계가 펼쳐지는 주무대이다. 2022년 국립무형유산원의 조사에 따르면, 전국 각지에 약 1만 2천여 명의 해녀들이 있다. 바다의 해양생물들을 채취하며 살아가는 해녀들의 삶은 한국의 풍부한 역사 문화적 유산이다. 고고학적 발굴 성과들은 신석기시대부터 인간이 바닷속으로 들어가 해양 생물을 채취하였다는 것을 말해주고 있다. 고대와 중세를 거치는 동안 잠수부들은 바닷속 진주와 전복을 채취하였으며 그러한 수중잠수의 역사는 오늘날 해녀들의 어로로 이어지고 있다.

특별한 기계적 장치 없이 잠수하여 해산물을 채취하는 어로는 세계적으로 여러 지역에서 발견되며 대부분 남성들에 의해 전개되어 왔다. 반면 한국의 잠수 문화는 여성들에 의해 전승되고 있는 특수성이 있다. 고도의 산업정보화 사회에서 오랜 어로방식이 전승되고 있는 데에는 여성들의 어업공동체 문화가 있기 때문이다. '벗이 있어야 물질한다'라는 해녀(잠녀)들의 '벗 문화'는 여성들의 결속과 연대를 의미하며 해녀문화의 핵심이라고 할 수 있다. '벗'은 그들의 동료만을 의미하지 않는다. 해양생물들과 그 세계를 풍요롭게 하는 해신(요왕할망) 역시 그들의 삶을 있게 해주는 '벗'이라는 것을 그들의 의례가 상징적으로 암시하고 있다.

현대 한국 해녀 문화를 형성하는 데 가장 큰 영향을 미친 것은 제주도의 잠녀들이다. 그들은 19세기 말부터 전국 각지로 이동하며 일을 하였고, 일부는 정착하여 해녀 공동체를 형성하였다. 제주해녀의 어로(물질)는 2015년 국가중요어업유산, 그리고 2016년 유네스코 인류무형문화유산으로 등재되었다. 그러나 고령화와 연안개발로 인한 어장의 축소, 환경오염과 해수온도의 상승 등의 요인들로 말미암아 해녀 어업공동체의 문화 전승은 위기를 맞고 있다. 지방자치단체에서는 잠수복과 의료비 지원 등을, 그리고 해녀공동체들도 그들의 문화 전승을 위한 노력을 기울이고 있다. 그럼에도 불구하고 급격한 사회 변화 속에서 한국 해녀 공동체가 어떻게 변화해 갈지 예측하기란 쉽지 않다.

대부분의 해녀가 일생을 거쳐 바닷속을 오가며 살아왔다. 이들의 그 '깊은' 세계를 제대로 기술해내기란 버거운 일이지만, 오늘날 전승되고 있는 해녀 공동체들의 문화를 기록한다는 데에 의미가 있지 않을까 생각한다. 한국의 오랜 잠수어로의 역사와 살아있는 해양 전통지식을 소개하고, 이들은 과거의 화석이 아니라 여전히 지금 우리 시대에 존재하는 '모두의 벗'임을 말하고자 한다.

Prologue

Friends of the Sea: The Culture of Korean Haenyeo

Korea's coastline and its numerous islands are the main theater of life activities for the women divers (*haenyeo*). According to a 2022 research by the National Intangible Heritage Center, approximately 12,000 haenyeo are engaged in underwater fishing and gathering activities across the country. The culture of haenyeo, who make living by harvesting diverse marine creatures and products, is emblematic of Korea's maritime cultural heritage. Archaeological researches have revealed that in the Korean peninsula, humans have been engaged in underwater fishing since the Neolithic Age. Throughout the ancient and medieval times, divers collected pearls and abalone from the sea, and the history of such underwater activities remains alive today in the world of haenyeo.

The harvesting of sea products without mechanical devices is found in many other parts of the world and has been practised mostly by men. In Korea, by contrast, it has long been performed by women. Behind the sustenance of such a traditional economy, even in a highly advanced industrial society, lies the diver-women's strong community culture. The Korean haenyeo often say, "We dive only when you have friends." This 'culture of friendship' signifies solidarity and unity among women, and this expression touches upon a core property of Korean haenyeo culture.'Friend' in this context does not merely refer to the diving women's companions. As manifested in their annual rituals, it also signifies both the creatures of the sea and especially the powerful agency of *Yowang Halmang* (Sea Goddess).

Women divers of Jeju Island (called *jamnyeo*) have had a prominent place in the formation of modern Korean haenyeo culture. Since the late 19th century, they have worked across the country, and some have settled down and formed haenyeo communities in places other than Jeju. Jeju haenyeo's diving economy (called *muljil*) has been designated as a National Important Fisheries Heritage in 2015 and further has been inscribed as a UNESCO Intangible Cultural Heritage in 2016.

Today, diverse haenyeo communities are facing a crisis due to an aging population, shrinking fishing grounds caused by coastal developments, environmental pollution, and rising sea temperature. Jeju's local authorities are making an effort to support these communities (e.g., by providing diving suits and medical support for the divers), and the haenyeo themselves are also active in efforts to preserve their culture. Despite these efforts, it is not certain whether and how the Korean haenyeo communities will continue to find its place in a rapidly changing socioeconomic conditions.

Most haenyeo spend their entire lives moving in and out of the water. It is not an easy task to understand and convey properly their deep-held attachment "life". But, I believe it is a meaningful effort to document the culture of today's haenyeo communities. In introducing Korea's long history of diving fisheries and its living traditional maritime knowledge, I would like to highlight the fact that haenyeo are not relics of the past, but continue to live among us today as "friends of all".

한국 해녀의 개요

1장 해녀의 정의와 범위

2장 무형문화유산 지정과 기록화의 중요성

1장

해녀의 정의와 범위

1. 정의

해녀는 얕은 바다에서 잠수하여 해양생물을 채취, 포획하여 소득으로 삼는 여성을 말한다.[1] 이들은 마을어장 또는 일정한 해역의 어장에서 수중 채취를 하는데, 이러한 어업활동을 해녀들은 "물질", "무레질", "잠질" 등으로 말한다. 수산업분야와 관련해서는 나잠어업 또는 마을어업에 해당한다. 이 일이 이뤄지는 바다는 과거 제1종공동어장이라고 일컬어져 왔던 해안마을의 어장에 해당한다. 그러나 마을어장의 빈매 현상으로 말미암아 어업경영자들이 운영하는 '잠수어장'이라 부르는 곳에서도 볼 수 있다. 이 같은 사례는 제주도를 제외한 동·서·남해에서 두루 볼 수 있다.

2024년 말 현재, 한국 해녀의 수는 12,438명[현직은 8,086명]으로 추산되고 있다.[2] 그 가운데 제주특별자치도에 가장 많은 해녀들이 있다. 전국 각지의 해

1 채취는 gathering, 포획은 hunting에 해당하며, 이들을 아울러 어로 즉 fishing이라 할 수 있다. 이후 이 글에서 해녀들이 해산물을 채취한다라고 하는 그 의미는 포획을 포함한 어로행위로써 fishing에 해당함으로 밝혀둔다.

2 통계청 사이트 참조(국가통계포털 https://kosis.kr/index/index.do).

녀들도 제주도에서 출향한 해녀들과 역사적으로 깊은 연관성을 가지고 있다. 20세기 초반 제주에서 출향한 해녀들이 현지에 정착하여 물질 문화를 형성하여 오늘날 '한국 해녀'라고 부르는 여성 어업인들이 존재하게 된 것이다. 삼면의 바다 환경에서 해산물을 채취하며 바다와 해양생물에 대한 지식들을 축적, 전승하고 해양 신앙과 의례들을 가지고 있는 한국 해녀는 여성 어업공동체이자 세계적으로 보기 드문 해양문화를 만들어 온 것이다.

해녀들은 대부분 바다가 있는 해안가에 거주하며 바다의 날씨와 해양생물의 생태주기에 대한 지식을 가지고 있다. 이들은 여러 명이 함께 잠수하여 짧게는 3시간에서 많게는 5~6시간 가량 수중잠수를 반복한다. 조수간만의 차가 발생하는 하루 두 번의 기회에 자맥질을 하는 것인데, 낮동안 썰물이 일어나는 때를 주기로 삼아 해산물을 채취한다. 이들이 일하는 바다는 수산업법의 규제를 받는 마을어장으로 이 바다를 관리·감독하는 주체는 마을 어촌계[漁村契]이다.

어촌계는 마을주민들로 구성된 하나의 조합으로 전국적으로 조직된 수산업협동조합의 말단 조직이다. 어촌계는 상부상조의 전통을 가지고 있는 "계[契]"문화를 계승하고 있는 자율적인 조직으로 1960년대 근대화 과정에서 국가로부터 마을 앞 바다에 대한 이용과 관리 감독권을 '우선적'으로 부여 받았다. 해안가 주민들 가운데 바다와 직접적 연관성을 가진 이들, 즉 어민들이 이 계[契]에 가입할 수 있으며 이들은 보다 큰 지역별 수산업협동조합의 회원이어야 한다.

따라서 한국 해녀들은 수산업법에 보장된 어업권을 가진 이들로 자신이 거주[居住]하는 마을 앞의 바다의 해양생물에 대한 채취, 포획 권리를 가지고 있는 여성 잠수부라고 할 수 있다.[3]

그런데 해녀라고 할 때 가장 결정적인 특징이자 기본적인 조건이 있는데, 그것은 기계적 장비를 사용하지 않아야 한다는 것이다. 산소통을 이용하는 스킨스쿠버[skin scuba-diver]나 선상에서 산소를 공급받는 일명 "머구리[むぐり]"와는 구별되는 것이다. 현재 한국의 수산업법은 이러한 기계적 장비로 '마을

3 거주한다는 것은 어업권을 가지는 데 있어서 가장 기본적으로 고려되는 중요한 자격요건에 해당한다. 자연 자원을 누가 이용할 수 있는가 하는 점에서 거주자인 주민의 권리가 우선적으로 중시된다는 것을 의미한다.

어장'에서 해산물 채취하는 것을 불허하고 있다. 그 이유는 남획으로 인해 생태적 파괴를 불러오기 때문이며, 무엇보다 마을어업 공동체를 구성하고 있는 주민인 해녀들이 반대하기 때문이다.

해녀들의 어장이 그들이 사는 '마을 앞 바다'라는 점은 중요하다. 이들이 일하는 바다는 수심이 얕은 조간대 및 대륙붕으로 다양한 해조류와 어류, 연체류, 갑각류, 패류 등 다양한 생물들이 씨앗을 뿌리고 알을 낳는 산란지이자 서식지 역할을 하고 있는 지대이다. 이를 불식하는 순간 해양생물의 생태계는 쉽게 파괴되고 말 것이다. 해녀가 아닌 마을주민들에게도 이 지대는 중요하다. 연중 다양한 해산물이 자라는 마을 앞 바다에서 부수적이기는 하나 주민들은 여전히 계절에 따라 여러 식재료를 얻는다. 또한 마을 해안가의 경관도 중요하다. 망망대해를 바라볼 수 있는 바닷가의 경관은 모두가 누릴 수 있는 무한한 가치를 가진 미래의 유산이다. 그러나 이를 독차지한다는 것은 그 가치를 점유하는 것으로 최근 상업시설들이 해안가에 번성하는 것은 경관의 사유화로써 우려되는 측면이 없지 않다.

오늘날 한국의 전[全] 해안에 해녀들이 분포하게 된 데에는 역사적으로 제주도 여성들의 활발한 출어와 그에 따른 이주에서 비롯된 것이다. 이것은 20세기 초반에 집중적으로 이뤄진 것이며 구체적으로는 한일병합이라는 역사가 크게 작용하였다. 제주 섬에서 나간 해녀들이 한반도와 여러 섬을 오가며 해산물을 채취하는 노동이 이뤄졌고, 이들이 여러 사정으로 현지에 정착하게 된 것이다. 또 먼저 정착한 지인이나 친인척을 따라 이주하는 해녀들이 나타나는 등 전국적으로 제주 해녀들의 작은 어업공동체가 나타나기 시작했다. 여러 구술자료에 따르면, 초기 해녀 공동체들은 어촌계 성원이 되기 전부터 친목도모와 어업공동체로서 결속을 유지해왔다. 대개 부인회, 부녀회, 제주친목회 등으로 불려왔고 지금은 어촌계 내의 성원으로서 계원의 위상을 가지고 있다. 이들이 이주하기 전, 현지에 잠수부가 없었던 것은 아니나 그 존재는 대부분 문헌을 통해 알 수 있을 뿐이다. 다만 예외적으로 전라남도의 경우 도서지방에 '무레꾼'들이 있었으며,[4] 이들은 남성으로 제주도와 같이 여

4 송기태, 「서남해 무레꾼 전통의 변화와 지속」, 『실천민속학연구』 제25권, 2015, 207~245쪽.

성들이 집단적으로 자맥질을 하는 사례는 제주도 외에 찾아보기 어렵다.

한편, 이주 · 정착하였다는 것이 곧 어로권을 가졌다는 것을 의미하는 것은 아니었다. 일제 강점기에는 물론 해방 이후에도 전국적으로 정착한 제주 출신 해녀들이 마을어장에서 어로권을 행사하는 것은 국가나 정부, 지방자치단체의 일관적 정책으로 시행된 것이 아니라 지역 어촌계와 해녀들에게 맡겨진 일이었다. 여러 구술자료에 따르면, 마을 어장에 입어할 수 있는 권리를 가진다는 것은 달리 말하여 제주 해녀가 그 '지역의 주민으로서 인정 받거나 또는 지역 공동체가 수용됨'을 의미하는 것이었다. 법적이고 제도적인 권리가 보장되기 이전에 지역 주민과 공동체의 불문율이나 관습 혹은 도덕적 차원의 수용이 이뤄진 후 확보할 수 있는 어업권이었다.

2024년 현재 1세대 이주 정착한 해녀들에 이어 2~3세대 제주 출신과 제주 연고를 가진 여성들이 현지의 "지방해녀"들과 어업에 종사하고 있다. 이들은 제주도와 직간접적 관계가 있다는 점에서 고향을 떠난 "출향해녀"로 불리며, 매년 제주도 해녀축제에 초대 받아 참여하곤 한다. 제주도와 무관히 현지에서 해녀일을 시작하게 된 해녀들의 경우에도 제주 해녀의 영향과 완전히 무관하다고 보기는 어렵다.

해녀는 마을 어촌계의 주요 성원으로 참여하며 한국 어촌사회를 형성하는 주체라고 할 수 있다. 그리고 한국 해녀의 산파 역할을 한 것이 곧 제주도 해녀였다. 그들의 이주로 말미암아 해녀문화도 이동, 확산 되었다. 이들은 개별적으로 이동하거나 일을 한 것이 아니라 '함께' 일을 하는 집단적인 공동어로를 하였다. 제주 해녀의 문화는 오늘날 한국 해녀문화에 깊은 영향을 미쳤고, 초기 한국 해녀사회의 모태를 형성하는데 이들의 문화가 중요한 기반을 이루었다.

해녀가 '해녀'인 이유는 그들이 '해녀문화'를 가지고 있기 때문이다. 그런데 기계 장비를 사용하지 않는 해녀들의 어로법의 외양적 특징을 기준으로 삼아 해녀를 정의 한다면 해녀문화가 왜 중요한가에 대한 본질적 물음에 다가가기 어려울 것이다. 해녀들처럼 물질을 한다고 해서 해녀인가라는 물음을 던져봐야 하는 것은 진짜 해녀가 누구인가를 탐문하거나 또는 그들의 기원이나 발상지 또는 정통성의 문제를 다루기 위해서가 아니라 해녀들의 문화에 대한 이해와 그 문화의 핵심이 무엇인가를 알아야 장래에 지속적인 문화 전승을 꾀할 수 있기 때문이다.

국내외 기관 및 여러 지방자치단체가 이들에 대해 주목하고 지원하며 각종 매스미디어와 예술가들이 이들을 모티브로 다큐멘터리를 제작하고 예술작품을 만들고 있다. 그리고 각종 소품의 소재가 되어 상품으로 유통되고 있는 것은 흔한 일이다. 제주도라는 관광지의 상품으로 '해녀'는 아이콘이자 상품 소재가 되고 있다. 이처럼 한국사회에서 해녀는 널리 알려져 있으며 그만큼 이들의 어로법도 주목을 받아왔다. 어떤 이들에게는 '왜 굳이 그렇게 어려운 방법으로 일을 해야 하는가'라는 의문을 남기고 시대에 뒤쳐진 덜 문명화 된 이들이라는 인식으로 치부되고 만다. 이러한 의문에 대해 설명할 수 있는 것이 곧 이들의 문화를 통해서이다. 이러한 이유에서 이 보고서의 많은 부분도 이들의 문화 및 그 시대적 가치에 대해 집중하여 기술하고자 한다.

2. 범위

1) 지리적 범위

한국 해녀의 지리적 범위는 한반도와 그 주변 도서를 범위로 한다. 해녀[海女]라는 한자어의 유래는 일제강점기 일본 한자어가 유입되어 사용되기 시작한 이후 지금까지 한국사회에서 자리 잡아 보편화되기에 이르렀다.[5] 일본의 아마[海女, 海士]를 지칭하던 이 용어의 보편화는 한국의 전통적 잠수어로자들을 대표하는 표준어로 자리 잡아 통용되고 있다. 국내의 여러 지역에서 잠수자들을 의미하던 다양한 용어들은 '지방 사투리'로 일컬어지고 있고, 1970년대 이후 매스미디어의 보급과 제주관광산업의 진흥으로 외래 유입 한자어인 '해녀'는 국내에 빠르게 정착하게 되었다. 여성 잠수어로자는 해안가 및 제주도 지방에 국한된 '특이한 여성들', '고유한 제주지방의 전통' 등으로 인식되는 등 이 어로가 보편적 것이기 보다는 '흥미롭고 독특한 지방색'으로 인식되었던 사회적 통념으로 말미암아 우리말의 표준어화와는 거리가 멀었던

5 이에 대한 학자들의 논쟁이 있으며 그 내용에 대해서는 본인의 책『한국 잠녀, 해녀의 역사와 문화』(역락, 2019)에서 다루고 있다.

것이 아닌가 짐작된다. 이후 제주의 해녀[잠녀, 잠수] 문화가 2016년 유네스코에 인류무형문화유산으로 등재됨에 따라 제주도는 물론 한국사회에서 해녀에 대한 지대한 관심이 촉발되었으며 점차 인류가 보존해야 할 보편적 가치를 가진 유산이라는 인식이 자리매김되어 가고 있다.

제주도에서 해녀는 "잠녀[潛女]", "잠수[潛嫂]"라 불려왔으며 지금도 이렇게 불리곤 한다. 지역에 따라 과거 수중의 잠수부들은 여러 이름으로 불려왔으며 그 존재 양상은 여러 문헌을 통해 알 수 있다. 그러나 여성 잠수부로서 제주도의 잠녀/잠수는 단연 독보적이며, 이들을 지칭하였던 이 말은 제주지역에서 널리 사용되어 온 말이다.[6] 그러나 해방 이후 한국에서 보편화되기 시작한 해녀라는 말과 비교할 때 그 통용의 범위는 제한적이며, 표준어로 자리잡은 해녀[海女, Haenyeo]로 이 글에서는 표기하도록 하겠다. 다만, 한 지방의 언어가 표준어가 되지 못할 이유는 없으며 문화적으로 지금의 한국 해녀들은 제주 잠녀들의 계보를 가지고 있음은 밝혀둔다. 그리고 이 글에서 다루는 해녀는 같은 한자어로 표기되는 일본의 '아마[海女]'와 구분되고, 한반도와 한국 영해에 있는 여러 도서[島嶼]에서 일하는 여성 잠수부들로 그 지역을 한정한다. 물론 남과 북으로 분단되어 있는 한반도의 상황을 고려할 때 현재 '한국의 해녀'의 지리적 범위는 한반도의 남쪽, 즉 대한민국과 그 주변 도서지역으로 한정하여 다루고자 한다.

2) 기술적 범위

해녀의 정의에서 중요하게 고려되어야 할 또 하나는 이들의 어로법, 즉 어로 기술에 관한 것이다. 해녀들은 기계적 장비 없이 간단한 도구를 이용하여 계절에 따라 다양한 해산물들을 얕은 바다 속에서 채취한다. 이러한 어로법을 제주도에서는 물의 일이라는 의미의 "물질"이라 부른다. 물질은 바다에서 자맥질을 하며 쌓은 바다와 해산물에 대한 지식에 기반해 이뤄지는 하나의 어로기술이다. 자신이 직접 입수하여 해산물을 채취하는 이러한 어로법

6 잠녀는 일본의 문헌에서도 보이며, 한 지방의 신사이름으로 나타나기도 한다. 이에 대해서는 안미정의 위의 책을 참조.

은 산업사회가 추구해 온 대량생산의 효율성과는 대비되는 자연 친화적인 어로법이다. 대부분의 어업활동이 남성들에 의해 이뤄지고 있는 반면 물질은 여성들에 의해 전승되어 왔다.

물질이라는 어로법과 해녀라는 어로자는 서로를 규정하는 불가분의 관계에 있다. 해녀들의 물질은 해녀를 정의하는 데 가장 핵심적인 부분을 차지한다. 수중 헬멧을 쓰고 산소 공급장치를 이용해 깊은 곳에서 장시간 일하는 잠수부들[일명 머구리]나 얕은 바다에서 스노클링을 하는 잠수부들도 어로행위를 하지만 이들은 엄밀한 의미에서 해녀라고 보기 어렵다. 이들이 남성인 점도 있으나 그에 앞서 보다 중요한 것은 기술적으로 물질이라는 어로법에 기반한 어로자인지가 보다 중요한 구분점이라고 할 수 있다. 필자가 현지조사를 통해 본 바에 따르면, 해녀들이 다수인 어업공동체에서 한두 명의 해남이 함께 일을 하는 경우 이들은 해녀공동체의 어업문화 속에 함께 일하는 것을 본 반면, 여성이라고 할지라도 한 해녀가 물질을 할 때와 달리 그녀가 다른 머구리들과 같은 일을 할 때는 다른 어업집단의 단순 채취노동자와 다를 바 없었다. '해녀'임은 물질이라는 어로법에 귀속되며, 물질은 해녀를 정의하는 가장 기본적 요소라고 할 수 있다. 물질은 바다처럼 해녀들의 공동체 문화가 형성되는 토대이다. 따라서 기술적 측면에서 물질 어로법 이외의 방식을 사용하는 수중잠수부들은 '해녀'의 범위에 포함되지 않는다고 하겠다.

2장
무형문화유산 지정과 기록화의 중요성

1. 유네스코 등재와 제주해녀문화 특징

2016년 제주해녀문화가 유네스코에 '무형문화유산'으로 등재되었다. 무형문화유산이란 전통문화인 동시에 살아있는 문화이다. 무형문화유산의 정의에 따르면[협약 제2조 1항], 공동체, 집단 및 개인이 자신의 문화유산의 일부분으로 인식하는 관습, 표현, 지식 및 기술 이와 관련된 전달 도구, 사물, 공예품, 문화공간을 말한다.[7] 공동체와 집단이 자신들의 환경, 자연, 역사의 상호작용에 따라 끊임없이 재창조해 온 각종 지식과 기술, 공연예술, 문화적 표현을 아우른다. 무형문화유산은 공동체 내에서 공유하는 집단적인 성격을 가지고 있으며, 사람을 통해 생활 속에서 주로 구전에 의해 전승되어온 특징이 있다.

2016년 제주해녀문화가 유네스코에 무형문화유산으로 등재된 데에는 이 문화의 주요 특징들이 인류의 미래 지향적 가치에 부합함으로써 보전의 필요성이 인정되었기 때문이었다.[8] 이어 2017년 국가무형유산으로 지정되어

7 〈무형문화유산 보호 협약〉, 유네스코 한국위원회 자료(https://unesco.or.kr/).
8 신청서의 영문명은 Culture of Jeju Haenyeo(Women Divers)이다.

해녀문화는 국가와 지자체는 물론 지역사회가 함께 지속적 보전을 위한 노력을 실천하는 법적 보호를 받게 되었다. 이처럼 세계적으로, 그리고 국가적으로 해녀문화에 주목하는 이유는 무엇인지 제주해녀문화를 중심으로 그 특징에 대해 알아 볼 필요가 있다.

제주해녀문화의 주요 특징은 첫째, 이들의 어로법에서 찾을 수 있다. 해녀들의 물질은 해양자원의 남획과 어장의 황폐화를 지양하는 수단이 되며, 이들의 조직인 해녀회에서는 지속적으로 마을의 자원이용이 가능하도록 하는 집단적인 실천을 관습화 해 왔다. 어장의 일부를 금채구역으로 두어 생물들의 산란을 도모하고, 생물들이 어장에서 성장할 수 있도록 해녀회원들은 자율적으로 어장을 지키는 실천들을 한다. — 이것은 곧 그들의 어장이 풍요롭고 경제적 이익을 도모하는 결과를 가져오는 순환구조를 가지므로 — 여성어업공동체의 이러한 자율적 실천은 그들 스스로 창안하여 관행으로 삼아왔다. 중요한 점은 이들의 물질이 현대적 장비에 의존하지 않고 자신의 호흡에 의존함에 따라 그 채취량이 제한적일 수밖에 없는 것인데, 현대적 장비를 사용하지 않고 숨을 참는 노동은 비효율적인 생산활동으로 보인다. 그러나 제한된 어장에서 바다의 지속적 생산성을 고려하지 않는다면 그들의 영속적인 생활도 불가능하다는 것은 명확하므로 그들의 이러한 어로법은 합리적인 선택이라고 할 수 있다. 자신이 직접 바다로 들어가는 이들에게 '지속성[sustainability]'이라는 말은 자연환경에 해당하는 동시에 여기에는 그들의 사회적 삶을 포괄하고 있는 말이다. 어로자로서 그들의 말은 자연인 동시에 사회적이며, 사회적 삶은 동시에 자연 속에 있는 것이다. 때문에 자연환경을 지속적으로 이용함과 동시에 그들의 경제적 이익 목적 사이의 균형을 파괴하지 않으려 한다. 이것이 해녀 어로문화의 기본적인 문화적 특징이라고 할 수 있다.

둘째, 현대산업사회에서 오래된 이 어로법은 마을 여성들의 공동체 문화로 전승되고 있다는 것이다. 제주도 해녀들은 그들의 근대적 수산업법적 체계가 정착하기 이전부터 어로자들이 협업적 어로를 행해 왔다. "벗이 있어야 물질한다."고 그들이 노상하는 이 말의 뜻은 이 어로가 타인과의 협동에 기반하며 나아가 그래야만 성립되는 것임을 암시하고 있다. 해녀에게 "벗"이란 다른 해녀동료임은 물론, 그들이 잡는 해양생물들, 더 크게 보면 이러한 일을 가능하게 한 바다, 그리고 바다를 풍요롭게 하는 해양신[요왕]까지 아우르고 있다고 하겠다.[9] 이 모두가 그들의 삶을 가능하게 해주는 필수적 요소임을 "벗"이라는 말로 일컫고 있는 것이라고 하겠다. 해녀들이 해마다 주기적으로 해양신을 향해 해신제[잠녀굿 혹은 풍어제 등으로 언급되는 해녀회의 의례]을 올리고, 개별적으로 마을의 여러 당[堂]을 다니거나 집안에서 제[조왕제]를 올리는 등의 신앙을 가지고 있는 것 역시 이들의 생업자이자 여성가구주로서 집[家]의 안전과 번영을 도모하는 목적에서 이뤄지는 것이다. 해마다 거행되는 의례에서 그들은 바다에 기대어 살아가는 그들을 "자손"이라 위치 지으며, 이에 상응하는 해신[海神]을 "조상"으로 섬기는 해양신앙을 전승하고 있다. 조상숭배 의례가 여성들의 어업공동체에 의해 전승되고 있다. 해녀들의 의례에서 재현되는 '신화적 친족 관계의 사고[思考]'는 과학적 지식체계와 다른 삶의 또 다른 측면에서 중요한 여성들의 결집과 문화적 정체성을 부여하고 있다. 특히 해녀의 일이 천시되고 그들 자체를 독특한 존재로 봐 온 사회적 시선에서 이들의 의례는 그들 스스로 정체성을 강화하고 생업공동체가 마을어장의 주인으로서 자리매김하는 데 있어 가장 강력한 정치적 실천의 장이라고 할 수 있다.

셋째, 해녀들의 역사는 제주도민의 구체적 역사와 깊이 결부됨으로써 지역사의 위상을 가지고 있다. 이들은 각 가정의 개별적 독자성을 가진 존재이나 이들은 지역사회 발전을 위해 기부를 하는 등의 경제적으로 기여하였던 역사를 가지고 있다. 마을발전을 위한 기부의 역사는 제주도 지역사회가 이 여성공동체를 중시하게 되는 기본 바탕을 이룬다. 제주도내 산업적 기반이 없던 일제시기에 타지로 나간 해녀들은 그들이 번 돈을 가지고 귀향하거나 송금하였으며, 해방 이후에도 마을의 기반 시설을 마련하는 데 이들은 단합하여 기부를 하였다. 이러한 사례들은 해안마을 역사 속에서 흔히 찾을 수 있는데, 아이러니하게도 이 같은 여성들의 경제적 활약이 가장 두드러졌던 것은 일제시기였다. 그리고 가장 큰 집단적 저항도 같은 시기에 일어났다[1931~1932년]. 그들 자신이 한 가정의 일꾼이자 그들의 어업공동체는 마을 공동체 안에 존재해 왔으며, 역사적으로는 제주지역사회의 경제적 발전에 영향을 준 존재였다는 것은 20세기를 통틀어 한국 여성사에서 보기 드문 여성

9 안미정, 『제주 잠수의 바다밭』, 제주대학교출판부, 2008 참조.

들의 활약이었다.

넷째, 마을에 거주하는 해녀들은 상호 중층적인 사회관계를 형성하고 있으며 이들 사이에서 호혜적인 문화를 볼 수 있다. 물 속에서 빠르게 많은 해산물을 채취하고자 하기에 한 해녀가 다른 동료와의 경쟁이 되는 것은 일상적인 일이다. 그럼에도 나이 든 해녀나 어린 해녀에게는 생산활동을 지속할 수 있도록 어장구역을 할당하거나 잡은 것을 나누어 주는 호혜[互惠] 문화가 형성되어 왔다. 그 이유로는 이들이 상호 중층적으로 엮여 있는 사회관계 속에 있으며 서로가 여러 도움이 필요한 생활세계 안에서 살아가고 있기 때문으로 고려된다. 해녀들의 호혜성은 마을공동체 안에서 그들이 중층적 사회관계를 형성함에 따라 만들어져 온 호혜성이라고 할 수 있다. 이 문화는 한 개인이나 공동체가 위기에 직면할 때 보호장치가 되어 주는 역할을 한다. 그러나 반면 새로운 유입자의 등장에는 보수적인 것을 볼 수 있다. 공동체의 폐쇄적인 면모는 이권을 나눠 가져야하기 때문이라는 주장이 설득력이 없지 않으나, 중층적 사회관계 안에서 살아가는 이들의 생활세계에서 보면 그들은 노동이나 음식 등의 사회적 재화와 용역을 주고받고 되갚는 행위들을 통해 서로의 관계를 형성해 간다. 서로의 관계란 통성명의 인사로 이뤄진 것이 아니라, 생활세계 안에서 구체적 경험을 나눔으로써 만들어지는 것인 셈이다. 때문에 새로운 유입자와의 사이에서 이뤄질 경험이 선행되기 전 새 유입자는 여전히 이방인처럼 간주된다. 일상적 생활세계 안에서 서로 공유하고 있는 경험들이 그녀의 호혜성을 이끌어 내는 것이다. 그런데 이 같은 중층적 사회관계 속에 개인이 위치함으로써 공동체는 보수적인 면모를 띠게 된다. 해녀들의 물질 문화가 지속되어 온 데에는 호혜적인 공동체 문화가 있었고 이는 이들 사이의 중층적으로 엮인 사회관계 위에서 이뤄져 온 것이라고 하겠다.

다섯째, 바다의 생업자로서 이들에게는 어로자로서 전승되어 온 해양 민속지식이 있다. 수중 속에 서식하는 해양생물들은 육상에서는 보이지 않는 것으로, 해녀들은 수중세계의 경험담을 일상적으로 주고받으며 자신의 물질지식을 체계화시켜 간다. 세대를 거치며 전승되어 온 전통적 지식이 이들에게 존재하는 것이다. 수중에서 각종 조개들을 채집하고 물고기를 어획하는 행위가 끊임없이 요동치는 바닷물 속에서 한정된 호흡에 의해 이뤄진다. 잡은 것들이 많을수록 더 많은 소득을 얻는 경제적 동기가 이들로 하여금 해양생태 및 생물에 대한 지식을 더욱 축적시키는 요인이라고 할 수 있다. 해양 생물의 서식지와 그 생태적 특징, 마을어장의 해저지형, 물때 지식 등은 하루하루의 일기와 계절에 따라 변동하며 이에 관한 지식을 축적시킴으로써 그녀 자신의 장기적인 물질작업을 가능케 하고 있는 것이다. 이 지식은 해양 특성을 반영한 오래된 민속지식이라고 할 수 있다. 현대 사회에서 전통적 민속지식은 지구온난화 및 해양 문제에 대해 실험이나 추산된 '과학적' 수치로 제시함으로써 문제의 심각성을 제시한다면, 민속지식은 문제의 해결 방향과 대안 모색에 도움을 준다. 또한 문제의 심각성을 나타내는 바로미터의 역할을 한다. 첨단 과학기술의 발달은 전통적 민속지식의 무게를 상쇄시켰음에도 이 지식은 과거처럼 기능적 측면에서 효능을 입증하는 것이 아니라, 인간적 삶을 구축하는 지식으로서 그 가치가 재조명되리라 본다.

지금까지 제주해녀문화를 중심으로 하여 해녀문화의 특징에 대해 간략히 언급하였다. 이외 여러 특징들을 지적할 수 있겠으나, 이상의 내용은 2016년 유네스코에 등재되는 과정에서 언급된 주요 내용을 중심으로 언급한 것이다. 이러한 해녀문화의 특징이 한국 전체 해녀들의 보편적 문화인가라는 점에서는 좀 더 숙고되어야 하는 점이 없지 않다. 그럼에도 불구하고, 기본적으로 물질이라는 어로법이 여성들에 의해 전개되고 있으며, 어로기술과 어로도구가 대동소이 하고, 무엇보다 현대 한국 해녀의 기틀을 마련한 것은 제주해녀들의 출어와 정착에 의해 이뤄졌다는 점에서 제주해녀문화를 한국 해녀문화의 전형으로 고려하는 것이 타당하리라 본다. 이상의 해녀문화의 특징을 초점에 두어, 전국 여러 곳의 해녀들의 상황을 살펴봄으로써 한국 해녀문화의 전승 실태를 진단해 보고자 한다.

2. 국가무형유산 지정 목적과 의의

한국의 해녀는 우리나라 전통적 해양문화와 여성 어로문화를 대표하는 산증인이라고 할 수 있다. 한국의 해녀는 고대로부터 현대산업사회에 이르기까지 긴 시대의 변천을 넘어 해양어로 공동체 문화를 만들어 왔다. 이들의 생업과 문화에서 우리는 자연과 인간의 공존 및 공유지의 지속적인 이용과 분배에 관한 여러 가지 지혜들을 발견할 수 있다.[10] 해녀[Haenyeo, Women Divers]는 2017년 5월 1일, 국가무형유산[전통지식/생산지식]으로 지정되었다.[11] 이에 앞서 제주어민들과 해녀들의 의례인 제주칠머리당영등굿이 1980년 11월 17일 국가무형유산[의례·의식/ 민간신앙의례]으로 지정되기도 하였다. 국가무형유산으로 〈해녀〉가 지정됨에 따라, 한국 해녀문화에 대한 보전과 전승 활동이 보다 체계적이고 공식적으로 이뤄지게 되었다.

한국 해녀에 관한 문헌 기록은 조선시대 중후반기에 보이며, 이에 앞서 삼국시대의 탐라 진주에 대한 기록과 여러 전설들이 전해져 왔다. 역사성을 가진 해녀들의 물질은 원초적 어로 형태로서 현대산업사회에서 찾아보기 어려운 우리나라 전통적인 어로법이다. 물질경험에서 축적된 생태환경에 대한 민속지식이 상당하고 동료해녀에 대한 배려와 협업, 해녀들의 신앙과 의례 등 해녀만의 독특한 공동체적 생활문화를 이루고 있다. 이처럼 해녀와 관련된 문화는 무형유산으로서 역사성, 예술성, 고유성 등의 가치가 탁월하므로 이 종목을 보존·전승하고자 국가무형유산으로 지정하게 된 것이다.[12]

우리나라 「국가유산기본법」에 따르면, "국가유산"이란 인위적이거나 자연적으로 형성된 국가적·민족적 또는 세계적 유산으로서 역사적·예술적·학술적 또는 경관적 가치가 큰 문화유산·자연유산·무형유산을 말한다[제3조 정의]. 그리고 "무형유산"이란 여러 세대에 걸쳐 전승되어 공동체·집단과 역사·환경의 상호작용으로 끊임없이 재창조된 무형의 문화적 유산을 말한다[제3조 4항]. 무형유산은 구체적으로 가) 전통적 공연·예술, 나) 공예, 미술 등에 관한 전통기술, 다) 한의약, 농경·어로 등에 관한 전통지식, 라) 구전 전통 및 표현, 마) 의식주 등 전통적 생활관습, 바) 민간신앙 등 사회적 의식[儀式], 사) 전통적 놀이·축제 및 기예·무예 등이 있다.[13]

10 국가유산청(https://www.heritage.go.kr) 참조.

11 2023년 8월 8일 「국가유산기본법」의 제정으로 '무형문화재' 용어를 '무형유산'으로 변경하였다.

12 국가유산청(https://www.heritage.go.kr) 참조. 해녀와 관련된 문화가 협업을 통해서 이루어지는 공동체 성격이 강하다는 점에서 특정 보유자나 보유단체를 인정하지 않는 공동체종목으로 지정하였다.

13 「무형유산의 보전 및 진흥에 관한 법률」 제2조.

「국가유산기본법」 제4조에는 국가와 지방자치단체의 책무를 밝히고 있다. 국가는 ① 국가유산의 보존·관리 및 활용에 관한 종합적 정책을 수립·시행하여야 하고, ② 지방자치단체는 국가의 국가유산 정책과 지역적 특성을 고려하여 국가유산 시책을 수립·시행하여야 하며, ③ 또한 지방자치단체는 관할하는 지역에 위치한 국가유산의 보존·관리 및 활용을 위한 조직 또는 부서와 전담인력을 두어야 한다. ④ 그리고 국가와 지방자치단체는 국가유산을 보존·관리 및 활용함에 있어 해당 유산의 소유자, 관리자 또는 관리단체의 의견을 들어야 한다[제4조 국가와 지방자치단체의 책무].

한편, 국민의 권리와 의무 조항도 두고 있는데, ① 모든 국민은 국가유산을 알고 찾고 가꾸어 새로운 가치를 더하며, 이를 차별 없이 자유롭게 향유할 권리를 가지며, ② 모든 국민은 국가유산의 보존·관리 및 활용을 위한 국가와 지방자치단체의 정책 및 시책에 협조하여야 한다[제5조 국민의 권리와 의무].

이와 같이「국가유산기본법」이 정비됨에 따라 국가나 지방자치단체는 국가유산을 적극적으로 보호하고 창조적으로 계승하여 국민의 문화향유를 통한 삶의 질 향상에 이바지하도록 법적 근거가 마련되었다. 국가무형유산을 지정하는 목적은 전통문화를 창조적으로 계승하고, 이를 활용할 수 있도록 함으로써 국민의 문화적 향상을 도모하고 인류문화의 발전에 이바지하기 위해서이다.

이에 따라 국가 또는 지방자치단체에서는 무형유산의 보전 및 진흥을 위하여 예산의 범위에서 여러 지원활동을 하여야 한다. ① 전승자의 전승공예품 원재료 구입 지원, ② 전승자의 공연 또는 전시 등에 필요한 시설 및 장비 지원, ③ 전승자의 초·중등학교 교육 및 평생교육 활동 지원, 그리고 ④ 무형유산의 전승, 교육, 공연 등의 활성화를 장려하기 위한 전수교육시설을 마련하도록 노력하고, ⑤ 사회문화예술교육을 지원하거나 문화강좌를 설치하는 경우에 무형유산에 관한 교육이나 강좌가 포함되도록 노력하여야 한다. ⑥ 공공기관은 각종 행사 및 축제에 무형유산의 전승자가 참여할 수 있도록 노력하여야하고, ⑦ 국가와 지방자치단체는 국가무형유산 또는 시·도무형유산이 관광 활성화에 기여하도록 필요한 시책을 마련하여야 한다. 또 ⑧ 무형유산 전승자의 창업·제작·유통 및 해외시장의 진출 등을 촉진하기 위하여 필요한 지원을 할 수 있다. 그리고 ⑨ 국가유산청장은 무형유산 중 공예, 미술 등에 관한 전통기술의 진흥을 위하여 원재료, 제작공정 등의 기술개발 및 디자인·상품화 등에 필요한 지원을 할 수 있고, ⑩ 무형유산의 국제교류 및 협력에 필요한 비용의 전부 또는 일부를 지원할 수 있다. 끝으로 ⑪ 국가는 국제기구 및 다른 국가와의 협력을 통하여 전통공연·예술 분야 무형유산의 해외공연, 전승공예품의 해외 전시·판매 등 무형유산의 국제교류를 적극 추진하여야 한다.[14]

이상과 같이, 국가무형유산으로 지정됨에 따라 여러 권리와 책무가 따르고 있으며 그 목적은 앞서 밝힌 바와 같이, 국민의 문화향유를 통한 삶의 질 향상과 전통문화를 창조적으로 계승, 활용하여 국민의 문화적 향상을 도모하고 인류문화의 발전을 위해서이다.

3. 기록화의 목적과 중요성

국가유산의 가치와 성격을 규명하고, 이를 보존·관리할 수 있는 방안을 연구하는 것은 필수불가결한 과정이다. 국민에게 국가유산에 대한 올바른 교육을 제공하기 위해서는 관련한 실태조사가 뒤따라야만 한다. 국가유산을 국내외에 널리 홍보하고 국가유산을 매개로 하는 콘텐츠나 상품의 개발·제작·유통 등을 통하여 새로운 부가가치를 창출하기 위해서도 정기적인 조사활동이 뒷받침되어야 한다.

2022년 해녀 정기조사사업을 바탕으로 본 〈해녀〉에 관한 보고서는 현대 산업사회에서 해녀 어로 및 어업 공동체의 문화가 가지는 역사성과 현재성에 의의를 두고 이 문화의 보전과 전승의 실태를 알아보며, 무형유산으로서 지속적 가치에 대한 분석을 목적으로 한다.

국가무형유산으로서 해녀의 현황[2024년 기준]을 살펴보게 될 것이며, 보전과 전승의 실태를 파악하여 유산으로서의 지속성에 대해 알아보고자 하는 것이다. 나아가 고대로부터 이어진 한반도의 해양 어로가 오늘날 한반도에서 해녀들에 의해 꽃을 피움으로써 한국 해녀문화는 한국을 넘어 세계적으로 인류의 다양한 해양문화로서 그 위상을 높이고 있다고 하겠다.

14 「국가유산기본법」, 「무형유산의 보전 및 진흥에 관한 법률」(약칭: 무형유산법)을 참조.

이에 이 책은 현재의 시점에서 이뤄지고 있는 한국 해녀들의 어업 활동과 문화를 기록하는 현재성에 초점을 두고자 하며, 나아가 이 문화의 역사성을 짚어보고 미래의 지속가능성을 진단하는 데 중점을 둘 것이다.

II

한국 해녀의 역사와 전형성

1장

한국 해녀의 유래와 어로문화의 전승

이 장에서는 고대유물을 통해 알 수 있는 인류의 수중어로의 양상과 더불어 중세 문헌을 통해 나타나는 다양한 잠수부들에 대한 기록들을 살펴보게 될 것이다. 고대에서 중세를 지나 오늘날에 이르기까지 긴 과정에서 해녀의 문화적 계보 및 역사적 흐름을 알아봄으로써 오늘날 존재하는 한국 해녀의 전형성을 밝힐 수 있을 것이다. 한국 해녀가 세계 여러 곳의 잠수부들과 어떻게 다르며, 어떠한 문화적 특성을 가지고 있는지 규명해보고자 하는 것이 이 장의 목적이라고 할 수 있다.

오늘날 해녀의 존재가 형성되기까지 과거 한반도에서 어떠한 수중 잠수부들의 활동이 있었는지 알아보는 것은 해녀의 역사성을 밝혀줄 뿐만 아니라 해녀의 역사 문화적 계보를 알게 해 준다. 나아가 유사한 다른 지역의 수중어로 문화들과 비교하여 한국 해녀문화의 특수성을 밝혀준다는 점에서도 의의가 있다.

1. 고대 한반도 잠수 어로

한반도에서 수중 잠수는 언제 어떻게 이뤄졌을까? 그들은 누구이며 오늘날의 해녀와 어떤 상관성이 있는가? 이 물음은 오늘날 한국 해녀의 역사문화적 특징과 계보를 밝히는 동시에 한국 해녀의 어로문화의 전승 역사를 파악하는 데 있어 수반되어야만 하는 질문이다. 지금까지 밝혀진 고고학적 유물들은 우리가 짐작할 수 있는 인류의 잠수어로에 대한 가장 오래된 기록이라고 할 수 있다.

이를 살펴보기 위해 우리의 시선이 먼저 향하는 곳은 한반도의 바다이다. 이 바다에는 어떠한 해양생물들이 서식하는가? 한반도의 주변 해역은 잠수업자들이 채취하는 "해양무척추동물의 보고[寶庫]"로 밝혀지고 있다.[15] 송준임은 한반도 주변 해역을 해저지형과 해류, 수온, 염분도, 투명도 등의 해황조건에 따라 4개의 해역[동해, 서해, 남해, 제주]으로 나누고 그 가운데 제주도 주변 해역에는 다른 지역에 비해 이 해역에만 서식하는 생물의 수가 많음을 밝혔다. 한반도 주변 해역에는 해양무척추동물 1,040종이 분포하고 있으며 이 가운데 남해에 648종이 서식하고, 제주에 503종이 서식하지만, 특산종이라고 할 수 있는 생물은 제주에 240종, 남해에 167종이 서식하고 있다고 하였다. 한반도 주변 해역에 전체적으로 분포하고 있는 여러 해양생물들 가운데에서도 제주도 주변 바다에만 서식하는 종들이 많다는 것이다. 해조류에 있어서도 제주 주변 해역에는 남방계 해조류가 많고, 단위면적당 생물양 또한 상대적으로 많은 것으로 알려지고 있다.[16]

신석기시대 어로 기술은 울산 반구대암각화에 나오는 고래, 바다표범, 바다사자, 물개 외에도 패총을 통해 다양한 어로가 있었음을 알 수 있다. 인류의 잠수어로 또한 오랜 역사를 가지고 있음을 추정할 수 있는 근거는 제주도와 남해안에서 발굴되는 유적과 유물들을 통해서이다. 이를 몇 가지 사례로 살펴보기로 하자.

첫 번째, 남해안에서 발굴된 외이도골종을 가진 인골의 발견을 들 수 있다. 외이도골종은 의학적으로 외골증[exostosis]과 구분되기도 하지만 동시에 발견되기도 하는데, 이 외골증은 외이도에서 가장 흔하게 나타나는 골성 병변이

15 송준임, 「濟州島의 海洋資源 - 海洋無脊椎動物資源」, 『濟州島義 陸上 및 海洋資源』(제주도연구회 제7차 전국학술대회 자료집), 1991, 139쪽.

16 김영환, 「제주도 해양식물자원: 해양식물자원의 보물섬 제주도」, 『제주도의 육상 및 해양자원』(제주도연구회 제7차 전국학술대회 자료집), 1991, 147~148쪽.

외이도골종을 가진 인골(자료제공 : 안미정)

라고 한다. 이러한 현상은 유전 또는 찬물에 의해 반복적인 자극에 의해 유발되는 것으로 알려져 있다. 대부분 양측에 발생하고 외이도 협부 내측의 고실륜 근처에서 광범위한 골의 융기를 보이는 것을 말한다.[17] 선사시대 해양활동의 양상을 짐작케 해주는 이 외이도골종은 일본 죠몬시대 고인골에서도 대략 15~20% 비율로 나타나는 것으로 보고되고 있으며, 대략 15~19℃ 수온에서 장기간 활동할 경우 발생빈도가 높아진다.[18] 이러한 점에 미뤄보아 외이도골종의 인골들은 고대부터 잠수어로가 있었음을 말해주고 있다. 경상남도 통영시에는 욕지도 돌무덤2호에 묻힌 장년기의 남성과 산양읍 연대도 집단무덤에 묻힌 성년 여성은 외이도골종을 앓았던 두개골이 발굴된 바가 있다.

둘째, 무덤유적과 패총 등에서 발굴된 여러 유물들 가운데 동물뼈로 만든 골각기와 전복으로 만든 화살촉 등이 잠수가 행해진 것이 아닌가 고려해보

17 남부현·장재웅·변상내·박찬일,「외이도 골종」, *Korean Journal of Otorhinolaryngology - Head and Neck Surgery* 2000;43(4): 373-376.

18 이하얀,「선사시대 해양 이용에 대한 인골고고학적 검토」,『동북아문화연구』 제79집, 2024, 119쪽.

게 된다. 제주도의 북촌리 유적, 하모리 유적, 상모리 유적, 곽지 패총 등에서 출토된 골각기는 어로와 관련된 유물이 많은데 그 가운데 작살과 전복채취에 사용되는 빗창[비창]이 확인되었다.[19] 또한 제주도 김녕리 궤네기 동굴에서는 나온 30여 점의 화살촉은 전복껍질으로 만들어져 주목을 받았다. 동물뼈로 전복을 채취할 도구를 만들었고 잡은 전복의 껍데기로 화살촉을 만들어 사냥을 한 것이다.

셋째, 조개팔찌는 제주도 상모리 무덤유적 외에도 부산의 동삼동 패총, 여수의 안도 패총, 부산의 가덕도 장항유적에서 발굴된 것이 대표적인 예라 할 수 있을 것이다. 부산과 여수의 이들 유적에서는 흑요석이 함께 출토되어 일본과의 교류가 빈번하였을 것이라 추정되고 있다. 그런데 이러한 조개팔찌는 우리나라의 남부지방과 일본의 규슈, 그리고 오키나와에 이르기까지 널리 나타나고 고대사회의 바다를 통한 교류를 짐작케 해본다. 한편, 조개팔찌로 알려진 것들 가운데에는 인도네시아 알로르[Alor] 섬에서 나온 고리형 조개낚싯바늘과 흡사한 것들도 있어 향후 더 많은 비교연구가 필요해 보인다. 인도네시아 알로르 섬의 낚싯바늘은 같은 이매패류 조개[Vasticardium]로 만들어졌으며, 그 모양이 매우 흡사하기 때문이다.[20]

팔찌와 낚싯바늘을 만든 이 조개는 장항유적의 인골을 덮고 있던 조개와도 같다. 이 조개는 인도-서태평양과 호주, 팔라우와 뉴칼레도니아 등지에 서식하는 것으로 알려지고 있다. 그리고 이들 지역은 바다의 유목민으로 알려진 바자우족처럼 잠수어법이 탁월한 해양민족이 분포한 지역들이기도 하다. 또한 멕시코만에서 적도를 따라 태평양을 횡단한 쿠로시오 난류는 북서태평양으로 흘러 일본열도에 이르는 거대한 흐름을 만들고 있어 이들 지역에 해산물을 채취하는 잠수자들이 넓게 분포할 수 있었던 자연환경이 조성되었다.

한반도 주변 해역의 수중잠수자들은 넓게 보면 인류의 보편적 어로법이

19 한국학중앙연구원 향토문화전자대전(http://www.grandculture.net/korea) 참조.

20 Sue O'Connor, Mahirta, Sofía C. Samper Carro, Stuart Hawkins, Shimona Kealy, Julien Louys, Rachel Wood, "Fishing in life and death: Pleistocene fish-hooks from a burial context on Alor Island", Indonesia, Antiquity, Vol. 91(360), 2017, pp.1451~1468(Published online by Cambridge University Press). 이러한 낚싯바늘은 호주와 일본, 인도네시아, 뉴칼레도니아 등 인도 태평양 지역에 서식하는 조개로 만들어졌다.

오늘날까지 이어지고 있다는 데에 그 의의가 있는 동시에 여성잠수자들이 발달한 한반도의 역사적 특수성을 살핌으로써 오늘날 한국 해녀문화의 가치와 전승의 중요성을 이해할 수 있으리라 본다. 다음으로 문헌을 중심으로 이들의 역사를 살펴보도록 하겠다.

2. 기록 속의 수중잠수부들

1) 삼국시대의 진주

한반도에서 오늘날 해녀와 같은 잠수부들의 존재양상은 바다의 보석인 '진주[眞珠, 珍珠]'와 관련해 알아볼 수 있다. 진주는 일찍이 약용으로 쓰이는 약재이기도 하거니와 왕과 귀족들이 애용품이자 친교와 조공에 쓰이는 등 고대로부터 중요한 해산품[海産品] 중의 하나였다. 진주는 수중의 진주조개 속에서 자라는 것으로 이를 얻기 위해서 반드시 잠수해야 하는 것이 뒤따른다. 담수와 해수 모두에서 얻을 수 있으나 바다의 진주가 그 빛이 영롱하여 더 귀한 것으로 친다. 일찍이 『삼국사기[三國史記]』에는 야명주라고 하여, 밤을 밝힐 듯이 그 빛이 빛났다고 비유되곤 하는 진주가 등장한다. 『삼국유사』에도 허황후가 가야국으로 들어올 때 진주보석을 가지고 왔다는 기록이 있는 등, 여러 사료들을 토대로 조선시대 이전 한반도에 이를 채취하기 위한 잠수부들이 존재했음을 추정할 수 있다.

① 『삼국사기』〈신라본기〉에 기록된 진주

신라왕 일성 이사금[逸聖尼師今]은 신라 제7대 왕이며, 서기 134년에 즉위하여 154년에 사망하였다. 기록에 따르면, 이사금 11년[144년] 2월에 제방 수리와 농지 개척을 명하고, 사치에 대한 금령을 내렸다고 전한다. 이 가운데 민간에서 주옥[즉 진주] 사용을 금하는 내용이 있다. 이로 미뤄보아 세간에 진주조개 속 진주가 퍼져 있었던 것을 알 수 있다.

> 11년[144년] 봄 2월에 영을 내리기를, "농사는 정치의 근본이며, 먹는 것은 백성이 하늘로 여기는 바이다. 여러 주[州]와 군[郡]은 제방을 수리하고 완

성하며, 농사지을 들판을 넓게 개척하라."고 하였다. 또 영을 내려 민간에서 금은[金銀]과 주옥[珠玉]을 사용하는 것을 금지하였다.[21]

또한『삼국사기』에는 신라의 진골 여자들이 복식에 사치스러운 치장을 금하는 내용이 있다. 이에 따르면, 내의와 겉옷, 신과 버선, 모자와 비녀 등에 대해 금, 은 실등을 사용하는 것을 금하고, 비녀에 진주를 다는 것을 금한다는 내용이다.[22] 그러나 이러한 사치 풍속은 조선 초까지도 나타나고 있었음을 볼 수 있다.[23]

이외에도 신라 어민의 잠수에 관한 기록은 유득공[柳得恭, 1748~1807]의《고운당필기[古芸堂筆記]》에서 잘 드러난다. 그는 말하길, "신라에서는 바닷가 어민들이 허리에 줄을 매고 잠수하여 채취한다. 5월 이후로는 사람을 해치는 거대한 물고기가 다녀서 채취할 수 없다."고 설명하고 있다.[24] 이러한 사실로 보아, 바닷가에서 미역을 채취할 때 잠수법으로 채취되었음을 알 수 있다. 오늘날에도 곽암[藿巖]이라는 미역바위에서 해녀들이 물질로 미역을 채취하는 것도 같은 맥락에서 이해할 수 있을 것이다. 다만, 이들의 성별에 대해서는 알 수 없으나, 이 미역 채취자들은 해안 가까운 곳에서 일을 하였던 것으로 알 수 있다. 허리에 줄을 매고 잠수하는 것은 파도가 없는 얕은 바다에서 가능하고, 맨 줄의 끝에는 오늘과 같은 테왁[부이 역할]과 망사리[그물자루]를 달아매어 여기에 미역을 담았을 것으로 짐작된다. 이처럼 허리에 끈을 매어 수중의 해산물을 채취하는 것은 제주도 해안가에서 나이 든 해녀들 또는 주로 "하군[下軍]"들이 하였던 물질 방법이기도 하다. 한반도의 긴 동남해안을 끼고 있던 신라는 외부와 바닷길로 소통하였을 뿐만 아니라, 오늘날과 같은 미역채취가 신라 때부터 이뤄져 왔던 것을 알 수 있다.

이 외에도〈신라본기〉에는 헌강왕 8년[882년] 여름 4월에 일본 국왕이 사신을 보내 황금 300냥과 명주 10개를 바쳤다는 기록이 있으며,[25] 또 백제 왕에

21 국사편찬위원회 한국사데이터베이스(https://db.history.go.kr/ancient/level.do)

22 『삼국사기』 제33권 잡지, 色服.

23 태조 7년 무인(1398) 9월 12일(갑신) 기사.

24 《古芸堂筆記》 제4권.

25 『삼국사기』〈신라본기〉.

게도 진주를 보내는 등 진주 외교를 펼쳤던 것이 〈백제본기〉를 통해 알 수 있다.

② 『삼국사기』 〈백제본기〉에 기록된 진주

전지왕[腆支王] 5년[409년] 기사에 따르면, 백제의 전지왕에게 일본에서 진주를 보내왔다는 기록이 있다. 전지왕[腆支王]은 직지[直支]라고도 하였으며, 즉위 전에 일본에 볼모로 갔었다. 야명주[夜明珠]는 어두운 밤에도 빛을 낸다고 전해지던 귀중한 구슬을 말한다.

> 전지왕 5년[409]에 왜국이 사신을 파견하여 야명주[夜明珠]를 보내니 왕이 도타운 예로 대우하였다.[26]

또한 비유왕이 신라와 화친을 도모하였는데, 그 때 신라에서 진주를 보내왔다는 기록이 있다. 백제의 비유왕 7년[433년] 가을에 사신을 신라에 보내 화친을 청하였는데 이듬해인 434년 2월에 그 의미로 좋은 말을, 그리고 9월에는 흰 매를 신라왕에게 보냈다. 이에 신라왕[눌지 마립간]이 답례의 의미로 금과 구슬[明珠]을 보냈다고 전한다.

> 비유왕 8년[434] 겨울 10월에 신라가 좋은 금과 구슬로 답례하였다.[27]

③ 『삼국사기』 〈고구려 본기〉 문자왕 13년[503년] 기록

고구려에서는 사신 예실불을 북위에 파견하여 조공한 기록이 있으며, 이때에 섭라의 옥을 바쳤다고 한다. 이때의 옥이 곧 진주라고 해석되는데, 그 내용은 다음과 같다.

> 13년[504] 여름 4월에 사신을 보내 북위[北魏]에 가서 조공하니, 세종[世宗, 북위 7대 황제]이 사신 예실불[芮悉弗]을 동당[東堂]에 불러들여 만났다. 예실불이

26 이외에도 아신왕 11년 402년에는 왜국에 사신을 보내 큰구슬을 구했다는 내용이 있다.

27 『삼국사기』 〈백제본기 제3 비유왕〉. 아신왕 11년(402) 5월조에도 큰 구슬로 나오며 왜국의 특산물이었다.

나아가 아뢰기를, "소국은 정성껏 대국[天極]과 관계를 맺어 여러 대에 걸쳐 지극한 정성으로 〔우리〕 땅에서 나는 토산물을 조공하는 데 허물이 없었습니다. 다만 황금은 부여에서 나고, 가옥[珂玉]은 섭라[涉羅]에서 생산되는데, 부여는 물길[勿吉]에게 쫓기는 바가 되었고, 섭라는 백제에게 병합되는 바가 되었습니다. 이 두 물품이 제왕의 부고[府庫]에 올라오지 못한 이유는 실로 두 도적 때문입니다."라고 하였다.[28]

2) 고려시대의 진주 기록

고려시대[918~1392년]를 대표하는 『고려사』를 통해 진주에 관한 기록을 살펴보면, 탐라의 진주와 관련한 기사가 나온다. 1079년[문종 33년]에 구당사 윤응균이 보고한 큰 진주 두 개가 그것이며 이를 야명주라고 하였다. 이어 1276년 충렬왕 때에 이르러 원나라의 간섭을 받을 때, 페르시아인 아실미리가 탐라에서 진주잡이를 하였던 사실과 그것이 여의치 않자 민간에서 100여 개의 진주를 가지고 돌아갔다는 기사도 있다.

○ 문종 33년[1079년] 11월 8일
임신년, 탐라 구당사[耽羅勾當使] 윤응균[尹應均]이 큰 진주 두 매[枚]를 바쳤는데, 빛이 별같이 반짝여서 당시 사람들이 야명주[夜明珠]라고 하였다.
壬申 耽羅勾當使尹應均獻大眞珠二枚, 光曜如星, 時人謂夜明珠.

○충렬왕 2년[1276년]
윤삼월 2일, 정유 元에서 임유간[林惟幹]과 회회인[回回人] 아실미리[阿室迷里, 아시미리]를 보내와서 탐라에서 구슬을 채취하게 하였다.

6월 9일, 임유간[林維幹]이 탐라[耽羅]에서 진주[眞珠]를 채취하다가 얻지 못하자, 백성들이 가지고 있던 100여 개를 취하여 원[元]으로 돌아갔다.

28 『삼국사기』, 〈고구려본기〉 문자왕 13년(504년).

이 같은 기록으로 미뤄 짐작할 때, 탐라에서 진주산지로 알려져 있었다는 것과 채취하러 온 이가 회회인[페르시아인]이란 점은 흥미로운 사실이다. 걸프만은 세계적인 진주산지이며 남자 잠수부들이 채취한 진주는 중세 유럽사회에서 유통되었던 것으로 유명하다.[29] 이미 고려 때 회회인이 탐라에서 진주를 채취하러 왔던 것과 이를 가지고 갔다는 기사는 13세기 원 제국으로 통해 동서[東西]의 양단에 있던 잠수부들의 존재를 확인할 수 있다.

한편, 일본 헤이안시대[794~1185년]의 유적지에서 출토된 한 목간에는 "탐라복[耽羅鰒]"이라는 글자가 새겨져 있어 연구자들의 주목을 받았다.[30] 탐라복이라는 것이 탐라에서 생산되던 전복의 한 종류인지, 아니면 탐라인들이 잡아 교역했던 전복인지는 알 수 없으나, 일본과 제주 사이에 교역이 있었던 것을 보여주는 증표임은 분명하다. 흥미로운 점은 이 목간이 발견된 지역은 오늘날 일본에서 여성 아마들의 활약이 두드러진 지역과 겹쳐진다는 점이다.

3) 조선시대의 전복

조선시대[1392~1910년] 수중에서 해산물을 채취하는 것은 자급적 식량 생산을 위해서라기보다는 관이나 조정에 바쳐야 할 진상품을 생산하는 활동이었으며, 그 대표적인 해산물이 전복[全鰒]이었다. 전복은 날 것을 생복[生鰒]이라고 하며, 한자로는 복[鰒] 또는 포[鮑]로 표기한다. 조선시대 전복은 단순히 국내 소비용이었기보다 조공체제 하에서 사례품, 또는 왕의 하사품 등으로 이용되었다.[31] 『조선왕조실록』에서 전복과 관련한 기록들은 다수 등장한다.

『世宗實錄地理志[세종실록지리지]』[1454년], 『新增東國輿地勝覽[신증동국여지승람]』[1530년], 『輿地圖書[여지도서]』[1757~1765년]에 따르면, 전복 산지는 경상도에 가장 많았으며, 생산 지역은 계속 증가하여 통제영과 좌병영을 포함해 21곳이나 되었다.[32] 그러나 18세기 이후 진상할 전복이 모자라거나 품질이 미치지 못

29 山田篤美, 『真珠の世界史』, 中公新書, 2013 참조.

30 德島縣立博物館, 『海人の見た世界』, 2006 참조.

31 복(鰒), 또는 포(鮑)라고 한다. 정약전의 『자산어보』에는 전복을 복어(鰒魚)라는 이름으로 소개하며, "맛이 달고 날로 먹거나 익혀 먹어도 좋다. 말려서 포로 만들어 먹으면 더 좋다."고 전한다.

할 때에는 진상량을 채우기 위해 다른 지방으로부터 들여오는 경우가 있었다. 가령 말린 전복의 경우 경상도 울산의 것이 작아서 사천, 거제에서 매번 사들이는 데 그것도 제주도에서 생산된 것이라는 기록이 이를 뒷받침한다.[33] 1776년, 정조가 즉위하던 해 7월에 각 지방과 관청별로 진상 물품들의 종류와 액수를 규정한 『貢膳定例[공선정례]』에 기준해 각 지역별 진상 전복 수량을 정리하면 다음 표와 같다.

〈표 1〉『貢膳定例(공선정례)』에서 본 지역별 전복 진상 물량

구분	수량(개)	백분율(%)
충청도	3,600	1.653
전라도	8,520	3.911
함경도	0	0.000
황해도	1,250	0.573
강원도	0	0.000
경상도	15,100	6.932
제주도	189,340	86.928
계	217,810	100.000

※ 자료: 강영삼, 「조선시대 전복(全鰒) 진상 연구」, 제주대학교 석사학위 논문, 2012, 26쪽.

위 표에서도 드러나듯이, 진상된 전복이 약 87%가 제주도에서 이뤄지고 있었으며 타 지역의 전복까지 우회적인 경로로 진상된 경우를 감안한다면 90% 가까이 제주도는 전복진상의 역을 담당하던 섬이었다고 해도 과언이 아닐 것이다. 한양과 지리적으로 근접한 충청도와 황해도 외에, 전라도와 경상도에서 전복을 진상하였고, 가장 먼 제주도에서 가장 많이 진상하고 있었다.

제주도의 해산물 진상은 관에서 장부를 마련하여 1년에 포작인은 20필, 잠녀는 7~8필에 해당하는 많은 액수를 부과하였다. 포작인들은 괴로움을 견디지 못하여 조선 초부터 가족을 거느리고 육지로 도망가는 현상이 빈번하

32 강영삼, 「조선시대 전복(全鰒) 진상 연구」, 제주대학교 석사학위 논문, 2012, 16쪽.

33 정조실록 37권, 정조 17년 5월 27일 무오(한국학중앙연구원 디지털 장서각, https://jsg.aks.ac.kr).

였다. 영조 14년[1738]에 포작인의 역을 경감시키고자 하였으나 성과를 거두지는 못하였고, 1843년[헌종 9]에는 포작인에게 맡겨지던 역이 다른 곳에서 대행하게 하는 조치가 마련되었다. 그러나 포작인들은 관아 선박의 사공으로 차출되는 등 그들의 고통은 사라지지 않았다. 또한 1794년[정조 18]에는 잠녀의 고통을 덜어주기 위해 말리지 않은 미역의 경우, 정해진 액수 외에는 거두지 못하도록 하는 한편, 지방 관아에서 무역을 위해 마련했던 말린 미역의 수납을 폐지하는 결정이 내려졌으나, 1814년[순조 14]에야 실행에 옮겨졌고 그럼에도 잠녀의 고통이 완전히 사라지지는 않았다.[34]

이와 같은 전복에 대한 공납제의 실시는 조선 초기인 1408년[태종 8]에 시작되었다. 제주는 큰 전복이 나는 곳으로 실제 조선정부에서 필요한 많은 수량의 전복은 제주에서 생산되고 있었다. 그 역이 고되어 이를 혁파하는 제주목사도 있었고,[35] 미납된 전복을 갚아야 하는 내용도 기록으로 전해지는 등,[36] 이렇듯 조선시대를 통틀어 전복[全鰒]은 민간에서 고된 신역을 상징하는 해산물이었다.

제주도에서 진상되는 전복의 형태도 다양하였다. 추복[槌鰒]의 경우에는 제주도에서 진상된 그것을 각 도에 나누어 보내어, 본대로 추복을 만들어 바치도록 하는 경우도 있었다.[37] 전복 진상품으로는 인복[引鰒], 추복[槌鰒], 조복[條鰒], 세인복[細引鰒] 등이 있었으며, 껍질이 있는 채 싱싱하게 한 유갑전복[有匣全鰒], 회전복[灰全鰒], 모양이 큰 원전복[圓全鰒] 등이 있었다. 이외에도 전복어젓, 전복껍데기도 진상품의 하나였다.[38]

다음은 실록에서 전복과 관련한 기사를 시기별로 간추린 것이다.[39]

34 한국향토문화전자대전(https://www.kmou.ac.kr/kmou/main.do).

35 1844년 제주목사(濟州牧使) 이용현(李容鉉)의 〈영목제복포무혁파절목(營牧祭鰒浦貿革罷節目)〉은 목사의 명의로 반포된 절목이다. 營門과 官牧에서 쓰이는 祭需의 마련이 苦役이 되므로 이에 대한 浦貿를 革罷한다는 내용이다(디지털장서각 https://jsg.aks.ac.kr).

36 상납받아야 할 말린 생선과 전복 등 해산물의 미납사항을 기록한 해남윤씨 녹우당의 고문서에 따르면, 현물이 아니라 돈으로 대납(代納)하도록 하며, 건어의 경우 받아야 할 4束 5尾의 代金은 67냥 5전이었고, 전복은 156개에 대한 대금이 31냥 2전이었다(디지털장서각 https://jsg.aks.ac.kr).

37 연산군일기 35권 연산 5년 11월 18일. "分送濟州槌鰒于各道, 諭觀察使曰: '依樣曝乾以進.'"(https://sillok.history.go.kr).

38 강영삼, 앞의 논문, 6쪽.

① 15-16세기 조선 초기 전복 진상 기록

○ 세종 3년[1421년] 1월 13일조

예조에서 계하기를, "진상하는 물목[物目] 속에 경상도와 전라도에서는 홍시[紅柿]는 기재하였으나, 건시[乾柿]는 기재하지 아니하였고, 인포[引鮑]는 기재하였으나, 생전복은 기재하지 아니하였고, 함길도에서는 고등어는 기재하였으나, 내장젓은 기재하지 아니하였으며, 백산[白繖]엿은 오직 전주[全州]에서만 만드는 것인데, 역시 등록되지 아니하였으니, 상의 여러 종류 물건들을 의당 진상하게 할 것이오며, 또 평안도의 고치[膏雉]와 냉동어[冷凍魚]와 제주의 감자[柑子]와 유자[柚子]와 동정귤[洞庭橘]과 유감[乳柑]과 청귤[靑橘]과 표고[標蒿]와 비자[榧子]와 조곽[早藿]과 원포[圓鮑]와 인포[引鮑]와 조포[條鮑]와 추포[搥鮑]와 오징어 등 물건도 또한 그 시절을 따라서 진상하게 하소서." 하니, 임금이 제주도에서 진상하는 것은 면제하도록 명하였다.

○ 세조 6년[1460년] 12월 29일조

중추원 기건[奇虔]이 제주를 안무하는데 백성들이 전복을 바치는 것을 괴롭게 여기니 역시 3년 동안 전복을 먹지 않았다고 한다.

○ 성종 5년[1474년] 9월 11일조

전라도 관찰사[全羅道觀察使] 이극균[李克均]에게 하서[下書]하기를, "이제 듣건대 도내[道內]의 광양[光陽]·순천[順天]·흥양[興陽]·낙안[樂安] 등의 고을 사람들이 세인복[細引鰒]·원전복[圓全鰒]을 마련하기 위하여 바다 가운데 먼 섬에 깊이 들어가서 큰 전복을 따다가 왜선[倭船]과 만나서 서로 죽이고 노략질 한다고 하니, 장차 변경에 분란이 날까 깊이 염려된다. 가까운 섬에는 큰 전복이 나지 아니하는지 여부와 전복을 따는 먼 섬의 지명[地名]과 기타 채취하는 해산물의 명목[名目]을 자세히 물어서 계달하라." 하였다.

39 여기에 제시한 기록들은 한국고전종합DB(https://db.itkc.or.kr)에서 참조하였다.

○ 성종 13년[1482년] 1월 14일조

지사[知事] 이극증[李克增]은 아뢰기를, "상아[象牙]뿐만 아닙니다. 전복[全鰒]은 바다에서 잡아야 하는데, 지금 만약 실마리를 열어 놓는다면 그 폐단이 작지 않을 것입니다. 주달하여 (중국 황제에게) 면해 주기를 청하는 것이 어떻겠습니까?" 하니, 임금이 말하기를, "전복을 잡는 데 대한 폐단은 나도 들었다. 그러나 칙서에 그 물품의 이름을 열거하였으니, 따르지 않을 수가 없다." 하였다.

○ 연산 11년[1505년] 7월 24일조

전교하기를 왜 전복이 있다 하니 사서 바치도록 하라. 이 물건 뿐 아니라 모든 특이하게 맛난 것은 널리 구해서 바치라 하였다.

○ 중종13년[1518년] 3월 9일조

양진[楊震]이 아뢰기를 "제주의 전복 생산이 지금은 예전만 못합니다. 다만 상정할 때 대 · 중 · 소의 분별이 있기 때문에 해사[該司]에서 전례에 의해 받으나, 그 중 갖추기 어려운 대전복은 다소 감하는 것이 어떠하겠습니까?" 하니, 상이 이르기를, "전복을 대 · 중 · 소로 분별할 필요는 없다. 백성에게 폐가 있으면 마땅히 조처가 있어야 할 것이다." 하였다.

조선 초기 조정에서는 전복 진상과 관련해, 세종은 제주도의 전복 진상을 면제하라고 명하였고 반면에, 성종대에 이르러서는 중국 황제에 조공품으로 불가피하다는 입장이었다. 연산군은 맛난 것을 적극 구해 바치라고 하는가 하면, 중종 대에 이르러서는 전복의 크기를 구별하는 폐단을 불필요하다고 하였으나 그 후는 알 수가 없다. 이처럼 조선 초기부터 진상의 폐단과 조공의 문제를 안고 있었다. 백성을 긍휼하게 여겨 이를 면하기도 한 반면, 적극 진상하도록 하기도 했고, 조공이 중요했기에 폐단문제 앞에서는 미온적이기도 하였다.

② 17-18세기 조선 중기 전복 진상 기록

○ 광해 즉위년[1608년] 8월 20일조

영접 도감이 아뢰기를, "조사[詔使]가 나올 적에 쓸 각종 전복·어물 및 녹비·초석[草席] 등의 물산으로서 제주도에서 나는 것들을 사들이기 위하여 호조가 무명 8동[同] 34필[匹]을 차사원을 정하여 내려보내고 나서, 무명 8동 34필을 또 내려보내어 종전의 수량 만큼을 더 사 보내도록 하였습니다만, 생각건대 복어[鰒魚]는 잡기가 가장 어려운 것으로서 하루 종일 물 속에 들어가 보아도 겨우 한두 개를 얻는다고 하니, 이번에 무명 한 필에다 대전복[大全鰒] 두 첩[貼]씩을 복정[卜定]한다면, 필시 관가에서 억압으로 사들이게 될 것입니다. 그 많은 물량을 수납하려면 외딴 섬의 백성들이 어떻게 원망을 하지 않을 수 있겠습니까. 이미 사들인 어물만 해도 두 사신의 지공에는 쓸 만하고, 설령 모자란다 하더라도 서울에서 사다 사용하는 것이 옳겠습니다. 추후에 내려보낸 무명 8동 34필로 다시 어물을 사들이도록 하여 외딴 섬의 백성들이 이중의 곤욕을 치르게 하여서는 아니 됩니다. 또 전일 사들인 물량 중에도 필시 제값을 다 주지 않고 사들인 것이 있을 터이니, 그 무명을 가지고 모자라게 준 값을 마저 치르도록 하여, 해외의 쇠잔한 백성들이 조정의 은택을 입을 수 있도록 하는 것이 좋겠습니다." 하니, 윤허한다고 전교하였다.

○ 숙종 28년[1702년] 7월 12일조

제주수신이 장계를 올려 아뢰기를, "본도의 세 고을은 가난하여 의지할 바가 없고 역이 다른 곳의 배나 되어 심지어는 부모를 팔고 처자를 팔며 자기 자신이 품을 살고 동생을 파는 지경에까지 이르렀는데 팔린 자가 모두 58명이 되었습니다. 청컨대 상평청의 공회에 붙인 모곡을 참작해서 나눠 주어 속환하는 밑천으로 삼게 하소서" 하고 또 말하기를, "이른바 어호로서 배를 부리는 일을 겸하는 격군[格軍]의 아내는 잠녀라고 일컫는데, 1년 동안 관아에 바치는 것이 포작은 20필을 밑돌며, 잠녀도 또한 7,8필에 이르게 되니, 한 가족 안에서 부부가 바치는 바가 거이 30여 필에 이르게 됩니다. 그런데 전복, 각종 오징어, 분곽 등을 따는 역이 모두 이로부터 나와서 경영되고, 본 고을의 장수와 병졸에 대한 지공[支供]과 공사[公私]의 수

응[酬應]은 또한 이 숫자 이외에 있으니, 만약 별도로 변통하지 않는다면 무리들이 수년 동안 지탱하기가 어려울 것입니다. 청컨대 본도에서 회록[會錄]하는 상평청의 모전미[耗田米] 3백석을 얻어 물건을 바꾸어서 바치는 밑천으로 삼게 하소서."

○ 숙종 42년[1716년] 5월 10일조

제주 별견 어사 황귀하[黃龜河]가 장계하여 회전복을 해마다 봉진하는 어려움을 말하니, 임금이 우선 감면하라고 특별히 명하고 이어서 본도에서 진상하는 물건은 모두 3분의 2를 줄이라고 명하였다.

○ 정조 즉위년[1776년] 5월 20일조

하나, 잠수하는 여인이 포작한 것을 서울에 바칠 때에 조등[刁蹬]하는 폐단은 준엄하게 금한다.

○ 정조 14년[1790년] 10월 14일조

제주의 절인 전복을 특별히 공납에서 면제하라

○ 정조 18년[1794년] 3월 2일조

제주 위유안핵순무시재 어사[濟州慰諭按覈巡撫試才御史] 심낙수[沈樂洙]를 특별히 승진시켜 제주 목사[濟州牧使]로 삼았다. 심낙수가 장계하기를, "(중략) 한평생 배 부리는 일에 익숙한 섬 안의 사공이나 격군이라도 미역을 옮겨 갈 때 배가 침몰하는 경우가 많습니다. (중략)." "(왕이 말하길) 더구나 섬의 백성들을 위해 폐단을 제거해 준 사안 가운데 가장 우위에 두고 내린 명령이 바로 왕위에 오른 초기에 공물(貢物)을 감면해 준 일이었다. 그중에서도 아주 큰 전복을 공물로 바치는 것을 영원히 없애는 일에 대해서 그때 얼마나 엄하게 하교를 내렸던가. 그런데도 그는 감히 서울에서 쓰기 위해 요구한다고 핑계 대면서 큰 것을 억지로 징수하였을 뿐만 아니라 구멍이 뚫리지 않은 전복을 요구하여 이 하소연할 곳 없는 백성이 하늘에 호소하고 싶어도 할 수 없게 하였으니, 너무나 흉포스럽다. 이 밖의 잡다한 범죄는 오히려 부차적인 일에 속한다."

○ 정조 24년[1800년] 4월 7일조

"…전복을 잡지 말도록 한 제주의 규례에 의해 다시는 거론하지 말도록 하라. 봉진과 복정을 해서는 안 될 뿐만 아니라, 당해 고을에서라도 만일 한 마리라도 사들여 쓰는 폐단이 있을 경우에는 그 고을 수령을 균역청 사목[均役廳事目]이 은결[隱結罪]로 다스리겠다." 하였다.

18세기에 들어 전복 진상의 폐단은 진상 역[役]을 진 백성들의 원성이 높아졌다. 이에 폐단을 해결하기 위한 방책들이 제시되고 있었다. 그러나 그 효과에 대해서는 알려진 바가 없고, 정조에 이르러 공물의 폐단을 준엄히 금하도록 하였다. 1776년 즉위한 해부터 조등[刁蹬][40]을 하는 것이나, 1790년 전복 진상을 면제시키는 조치를 취했음에도 30여년이 지난 시점인 1800년의 기사처럼 전복 진상을 둘러싼 폐단은 제값을 주지 않거나 억지 징수 등의 문제는 없어지지 않고 있었다. 그리고 정조는 한 마리라도 전복을 사들이는 자는 죄로 다스리겠다고 하였다.

4) 조선시대 잠수부들

조선시대 여러 지방에서 진상되었던 해산물 가운데 잠수와 관련이 깊은 것은 단연 전복이라고 할 수 있다. 경상남도 거제도의 경우 전복과 해삼 홍합 등의 진상이 이뤄졌고 특히 전복은 날 것을 그대로 진상한 생인복[生引鰒] 외에도 단인복[短引鰒]과 생복식해[生鰒食醢], 건복[乾鰒], 소염생복[小鹽生鰒] 등 여러 방법으로 진상되고 있었다. 이외에도 충청도에서는 갑인전복, 생복, 전라도에서는 생복, 건숙복, 건전복, 인복, 원전복, 건원복, 울산 좌병영에서는 생복, 숙복[熟鰒], 경상도 기장현과 동래현에서는 생복, 숙복, 반건전복 등으로 주로 전복을 삶거나 건조하는 방식이 주를 이루고 있었다.[41] 이처럼 여러 지역에서 전복 진상이 이뤄지고 있었는데, 이것은 곧 여러 지방에서 잠수했던 이들이 존재했다는 것을 말한다. 이는 문헌을 통해서도 확인된다.

40 물건 값을 조작하여 높게 책정하는 것.

41 황경숙, 「부산 기장군 토박이 해녀의 전통성과 지역성 - 조선 후기를 중심으로」, 『한국문학논총』 91집, 한국문학회, 2022, 214쪽.

① 거제도의 잠수부 〈몰인설[沒人說]〉

거제도의 경우, 『거제부읍지』[1759년]와 『영남읍지』「거제부읍지」[1864년과 1899년] 등에서 당시 진상되고 있던 전복과 해삼, 홍합 등의 진상 횟수와 수량을 시기별로 확인할 수 있다.[42] 이처럼 전복 진상을 하고 있었던 이들은 누구인가? 1689년에서 1694년까지 거제도에서 유배 생활을 하였던 김진규[金鎭圭, 1658~1716년]의 『죽천집[竹泉集]』[1776년]에는 거제도의 풍속을 담은 글이 전해지고 있으며, 그 가운데 〈몰인설〉에는 거제도 죽림포의 "몰자[沒者]"에 대한 이야기가 있다.

> 내가 물었다. 이 일이 이로운 건 무엇인가? 가로되, "이건 천한 일입니다." 얼마나 넉넉한지 물었다. "지아비가 바다에 죽을 정도로 위험하여 전복은 반드시 바다 깊은 곳에만 있습니다. 그물로 싸서 잡는 게 아니라 나뭇가지 갈고리로 사로잡으며, 반드시 바다 밑에까지 잠수하는 동안 호흡을 참고 머물며 탐색하고 찾아, 손에 넣으면 중단해 올라오고, 또 반드시 작살 칼날로 인한 상처가 생기면서 비로소 가히 잡습니다. (중략) 또한 바다엔 사악한 물고기가 많아 사람을 물어뜯기도 잘하며, 바다 밑에는 심히 물이 차가워, 아무리 더운 계절에도 물에 빠지는 사람은 항상 차가움에 두려워한답니다. 그래서 모두 물에 잠수하는 걸 꺼립니다. (중략) 가만히 살펴보니, 잠수부[沒者]는 항상 바다에 있어 그 머리털이 그을려 매마르게 보이고 그 살갗이 거칠어 얼룩얼룩하다. 흉겹게 사는 모습인데도 보통의 사람과 다르다 한다. 이런 연고로 오랑캐는 아니지만 천하게 보인다. (중략) 모닥불을 피워 놓고 있음은 물에서 나오면 차디찬 몸을 녹이기 위해서다. 관소안 공관의 세금을 내고 다행히 남길 수 있게 되었다. 남은 걸로 돌아가서는 팔아 처자식을 먹여 살린다.[43]

이 글을 보면, 거제도의 잠수부는 자기 일에 대한 여러 이야기를 해주고 있다. 우선 햇볕에 그을린 모습 외에도 스스로 천한 업이라고 인식하고 있으

42 신은제 역, 『거제고문헌총서 I 지리지집성』, 거제문화원향토사연구소, 2013, 207쪽.

43 고영화 편, 『거제도유배고전문학총서』, 거제시, 황금알, 2014, 851~852쪽.

며, 깊은 곳에서 전복을 잡는 것은 반복하며 능숙하게 된다는 점, 그리고 숨비소리와 몸을 녹이기 위한 모닥불을 지피는 것 등, 제주도의 잠녀와 크게 다르지 않은 모습을 연상할 수 있다. 다만 이 몰자의 이야기에서는 자맥질 중에 사용하는 부이 역할의 테왁[곽]이 등장하지 않는다는 점에서 다소 다르나 그 이유가 애초에 이것을 사용하지 않기 때문인지는 정확하지 않다. 그리고 이 잠수부는 진상용 전복을 관과 영[營]에 바친 후 그 나머지로 생계를 꾸려가고 있음을 엿볼 수 있다.

그런데 이들 역시도 통영 통제영이 사역까지 감당하는 이중고를 겪었으며 그로 인해 상당수는 고역을 견디다 못해 거제도를 떠나기도 했다. 1694년 7월, 임금에게 말한 아래의 내용이 이를 알려주고 있다. 김진규의 〈몰인설〉은 17세기 전복을 채취하는 거제도 남자 잠수부의 모습과 생활을 알 수 있는 자료이자 잠수부에 관한 기록으로 그 의의가 자못 크다.

> "전복은 다른 어채[漁採]에 비할 바가 아니어서 바다 밑 10여 길 아래로 들어가야 겨우 얻을 수 있는데 이는 사람이 할 바가 아니니 이를 착취함은 진실로 온당치 못한 일이며, 더구나 통영에는 전복을 채취하는 해부가 있으나 오히려 부족하다하여 해변 각 읍의 해부[海夫]에게 두루 사역을 시키며 그 지급하는 본전도 역시 3~4분의 1에 지나지 않는다. 1년 사이에 여러 차례 울력을 시키고, 한 차례 세금이 매번 자그마치 1백 여첩[貼]에 달한다. 뭍에 있는 물산[物産]도 잇대기 어려움을 걱정하는 데 바다 밑에서 구하는 것이 더 말할 게 있겠는가? 이러므로 연해 해부들은 그 고통을 감당하지 못한다. 거제 한 읍의 전선[戰船] 수호도 오로지 해부에 의지하고 있다. 해부는 사실 예사 백성이 아님에도 통영의 착취로 인하여 사방으로 흩어질 수밖에 없다 하니 크게 한심스럽다."[44]

② 조선 후기 동해안의 해부[海夫]들

정조 22년 1798년 강원도 관찰사 홍인호[洪仁浩]는 임금의 "바다에 관련된 폐단들을 바로잡으라"는 명을 받아, 고을 수령들에게 관문[關文]을 보내어 해

44 고영화 편, 위의 책, 850쪽.

호[海戶]에서 거두어들이는 것을 모두 보고하게 하였다. 모두 아홉 개의 해안 마을의 어가[漁家], 즉 해호[海戶]에 대해 보고하였는데, 정조는 시정되고 있지 않은 폐단을 없앨 방도와 적용할 법조문을 조목조목 적어서 올리도록 명하고 있다. 그리고 정조는 같은 날 잘못된 규례를 따라 폐단을 일으킨 전임 평해 군수들 7명을 모두 유배 보냈다.[45]

> **평해**[平海] 고을은[46], 해부[海夫]의 명수가 해마다 각각 달라 많을 경우에는 1백 40명이 되고 적을 경우에는 80, 90명이 되는데, 한 사람이 1년에 바치는 것이 70, 80냥이 되거나 60, 70냥이 되기도 합니다. (중략) 1년 동안에 각종 명목으로 더 거두는 것을 통틀어 계산하면 신해년[47]의 절목 외에 바르지 못한 명색으로 거두는 것이 합하여 3천 3백 62냥입니다.
>
> **울진**[蔚珍]의 경우는, 물선[物膳]을 봉진하는 즈음에 색리[色吏]에게 주는 인정가[人情價]와 각 관청에 주는 것, 병영이나 감영의 관속들이 요구하는 것, 서울에 있는 관청의 종들이 거두는 것, 사신 일행이 요구하는 것, 감영이나 고을에서 필요 경비를 거두는 것, 사들이는 값이 배로 들어가는 것, 쓸 데 없는 비용을 더 거두는 것 등 그 가짓수가 한두 가지가 아니어서 한 사람당 1년에 거두는 것이 거의 80냥이나 됩니다. (중략) 신해년에 일체 혁파하였다가 계축년 이후에 예전대로 잘못된 규례를 답습하고 있다고 합니다.
>
> **삼척**[三陟]의 경우는, 진상[進上]하는 물선[物膳]을 상납할 때 퇴짜맞은 것을 다시 마련할 자본을 만들기 위하여 더 거두는 폐단이 없지 않으므로 현 부사 유한준[兪漢雋]이 부임한 뒤 줄여버렸으며, 이 외에 더 거두던 것도 많이 혁파하였습니다. 그런데도 봉진[封進]하는 예조의 서리가 1년을 통틀어 덧붙여 보태는 돈은 해마다 증가하여 5백 냥이나 되므로 현재 한 사람이 1년

45 정조 22년 무오(1798) 11월 26일(을유).

46 조선시대에는 평해 부근 해안에 수군만호(水軍萬戶)가 주둔하는 월송진(越松鎭)이 있었고, 1895년 8도제를 폐지하고 23부제를 시행하면서 평해군은 강릉부에 속하였고, 이듬해인 1896년 23부제를 폐지하고 13도제를 시행하면서 강원도에 속하였다. 1914년에 평해 지방은 울진군에 병합되었다. 한국학중앙연구원 위키실록사전(https://dh.aks.ac.kr/sillokwiki/index. php) 참조.

47 정조 15년(1791년)을 말함.

에 내는 것이 12냥이나 된다고 합니다.

강릉[江陵]의 경우는, 신해년에 바로잡은 것 외에 1년 동안 더 거두는 수효가 합하여 1천 3백 62냥이나 되므로 이번에 조사를 할 때 부사 이경명[李景溟]이 더 거두는 명색을 일체 혁파해 버리니, 한 사람에게 1년에 드는 것이 3냥 안팎에 지나지 않는다고 합니다.

양양[襄陽]의 경우는, 절목 외에 더 거두는 숫자가 합하여 5백 18냥으로, 한 사람이 1년에 부담하는 것이 22냥이라고 합니다.

간성[杆城][48]의 경우는, 각 분기마다 진상하는 것과 사신이 요구하는 것, 감영에서 필요로 하는 물품, 인정으로 주는 숫자를 일체 신해년의 절목에 따라 시행하고 있는데, 원래 감영에서 필요로 하는 것 외에 별지정[別卜定]이 있을 경우는 상납할 때 역시 인정가가 있으며, 퇴짜맞은 것을 다시 마련하는 즈음에는 값도 따라서 더 들어갑니다. 그리고 진상하는 물품이 아주 귀할 때에는 해부[海夫]들이 먼 지방까지 가서 사오느라 비용이 적지 않게 들므로 한 사람에게서 1년에 으레 징수하는 것이 22, 23냥이 됩니다. 그리하여 절목 외에 더 거두는 숫자가 합하여 6백 냥이라고 합니다.

고성[高城]의 경우는, 절목 외에 1년을 통틀어 더 거두는 숫자가 합하여 6백 71냥으로, 한 사람이 1년에 부담하는 수량이 16냥인데, 그 유래가 오래되어 지금까지도 잘못된 규례를 답습하고 있다고 합니다.

통천[通川][49]의 경우는 해호[海戶]가 얼마 안 되어 아침에 모였다가 저녁에 흩어지는 형편이므로, **원래부터 거주하고 있는 해호에게만 각종의 부역을 책임지우고 있어, 이것만으로도 이미 불공평하게 고통**을 받고 있습니다. (중략) 해호에서 부담하는 것은 한 사람당 24, 25냥에 이릅니다. 1년 동안에 절목 외에 더 거두는 것이 모두 9백 21냥이라고 합니다.

흡곡[歙谷][50]의 경우는, 고을이 작은 까닭에 공물로 바치는 물품과 제반 잡비[雜費]가 다른 고을에 비하여 조금은 적습니다만, (중략) 절목 외에 더 거두는 것을 모두 따져보면 한 사람이 1년에 부담하는 것이 13냥이라고 합

48 현 강원특별자치도 고성군에 속한 지역이다.

49 북한의 강원도에 속하는 해안 지역이다.

50 흡곡(歙谷)은 현재 북한의 강원도 통천군 북부와 안변군 상음리에 해당한다.

니다."

하니, 하교하기를,

"이 장계를 절반도 채 보지 않고도 기강이 전혀 없다는 것을 알겠다. **제대로 다스려지는 나라에 기강이 없다는 말은 들어보지 못하였다**. 신해년 이후에도 이처럼 죄를 범했다는 말이 있다는 것이 이미 보고까지 되었다. 그 사이에 감사나 수령으로 있던 자들에게 어떤 죄를 주어야만 하겠는가. 경들은 이를 잘 살펴보고 아울러 **폐단을 없앨 방도와 적용시켜야 할 법조문을 특별히 조목조목 적어서 아뢰라**." 하였다.[51]

*강조는 필자의 표시임.

이들 해호[海戶]의 해부[海夫]는 모두 전복을 진상했던 이들로, 이들이 곧 잠수부였는지는 정확히 알 수 없다. 그럼에도 이들 해부의 당시 상황을 미뤄짐작컨대, 자맥질하는 이가 명확히 구분되어 있었던 것은 아니라고 여겨진다. 마을별로 보면, 해부 1인당 연중 내야 하는 세금이 일정하지 못하고 작게는 3냥에서 많게는 80냥에 이르기까지 그 편차가 컸다. 가장 심했던 지역이 울진이었다.

③ 전라도의 남녀 무레꾼들

전라남도는 우리나라에서 많은 섬들을 가진 다도해가 있어 일찍이 수중어로가 발달해 왔음을 보여주는 곳이다. 제주도의 잠녀와 별개로 다도해 지역에는 "무레꾼"이라 불리는 수중잠수어로자들이 있다. 이들은 제주도의 잠녀[해녀]처럼 해산물을 채취하는 잠수어업인으로 무레꾼은 남녀 구분 없이 잠수하는 이들을 일컫는 말이다.

서유구[徐有榘, 1764~1845]의 『임원경제지[林園經濟志]』, 『전어지[佃漁志]』에는 "전복과 홍합 그리고 해삼을 잡을 때 잠수어법으로 행하였다."는 기록이 있다. 전복잡이에 대해서는 "매월 상하현에 바람이 잔잔하고 날씨가 따뜻해지면 바닷가의 단호[蜑戶]에서는 부녀자들이 복[鰒]을 채취"하였다고 하며, 해삼 역시 "단호[蜑戶]에서는 송곳을 가지고 헤엄쳐 물속으로 들어가 쑤셔서 잡는데

51 정조 22년(1798년) 11월 26일.

담채를 채취하는 법과 같다."라고 하였다. 또한 홍합[담채]은 "7 · 8월 사이에 어부들은 헤엄쳐 바닷속 돌이 많은 곳에 들어가 채취하는 데 복[鰒]을 채취하는 법과 같다."라고 하였다. 이 일을 한 사람들을 단호와 어부라고 지칭하고 있는데, 흥미로운 점은 '단[蜑]'이라는 한자어가 쓰이고 있다는 점이다.

전복과 해삼을 잡은 단호는 중국 남부의 단민[蜑民] · 단가[蜑家]와 일본의 단부[蜑夫] · 단인[蜑人]처럼 이 한자는 국내에서 잘 사용되지 않는 한자였다. 곧 이방의 어민을 지칭하는 것으로 볼 수 있다. 중국에서는 이들은 주로 선상생활을 하는 수상민으로 알려지며, 일본에서 단은 단[蜑]과 단[蛋]의 두 한자를 모두 사용하여 해녀[海女] · 해사[海士] 등과 함께 모두 "아마"로 불렸다. 『전어지[佃漁志]』에 등장하는 단호가 본래 토박이인지 아니면 이방인이었는지 분명하지는 않다. 다만 전남 신안군과 완도군 일대에서는 무레꾼으로 불리는 남자 잠수부들이 1950~1960년대까지 존재하였던 것으로 보고되고 있는데, 이들은 여자 무레꾼들과 함께 일하였던 것으로 알려지고 있다. 이들이 하는 어로행위를 "잠질" 또는 "봉채질"이라고도 하고, 특히 봉채질은 전라남도 신안군 흑산군도에서 비교적 얕은 곳에서 남자가 하는 무레질을 일컫는 말이다. 다도해지역을 중심으로 중세 문헌 속의 어부, 단호들은 무레꾼이라는 이름으로 그 역사가 이어져 왔다고 볼 수 있을 것이다.[52]

④ 경상도 병영의 채복군[採鰒軍]과 서원의 해부[海夫]

1895년 의정부에서 경상좌수영과 좌우병영의 영지[營誌]와 사례[事例]를 모아 편찬한 지리서 『영남영지[嶺南營誌]』에는 전복과 관련한 기사가 나온다. 생복과 숙복을 각각 150개씩 두 달에 한 번씩 봉납을 하는데 이것이 폐지되었다 복원되기를 반복하는 양상을 보인다.

> 생복[生鰒] 150개와 숙복[熟鰒] 150개를 두 달에 한 번씩 봉납한다. 가경 신유[1801년]에 폐지하였다가 기묘[1819년]에 복원하였다. 도광 임오[1822년]에 처음 30개씩 추가로 봉납하였다. 봄에 반건조전복 11첩 5관과 가을에 15첩 5관을 한 번씩 봉납하다가 신유[1861년]에 폐하였다가 기묘[1879년]에 복원하

52 국립민속박물관, 『한국생업기술사전: 어업편』, 2022.

였다. 전복을 캐는 군사[採鰒軍] 30명의 일이 매우 힘들었기 때문에 도광 병신[1836년]에 공문으로 보고하여 순영의 연름[捐廩] 1,000냥과 본영의 구폐전 700냥의 이자를 취하여 폐해를 보충하였다.[53]

그리고 병영 내에서 채복군 30명이 있었다. 이들이 자맥질을 하였다는 것은 '침군[沈軍]'이라고 표현한 데에서 알 수 있다.[54]

공복[貢鰒] 6등[等]과 **침군**[沈軍]의 식량으로 쓰는 쌀 54섬 10말은 순영에 보고하고, 지방관에게 조회문을 보내어 대동미 중에서 줄 일.

공복[貢鰒] 구폐전 600냥은 울산 동남쪽의 각 포구에 준다. 십삼식리[十三殖利]하여 1년의 이자 216냥을 침군이 전복을 캘 때 술과 안주로 관례에 따라 보내고, 또한 배지군관[陪持軍官]에게도 관례에 따라 보낼 일.[55]

한편, 경상좌병영의 채복군들은 해부들이었던 것으로 짐작된다. 전해지고 있는 병마절도사의 〈완문[完文]〉은 옥산서원 유생들의 요청으로 병영 소속의 해부 6명을 획급[劃給] 해준다는 것을 확인하고 있다. 이로 보아, 병영에 채복군 가운데 해부[海夫] 6명은 서원에 소속된 해부들로 고려된다. 임진왜란 이후 옥산서원에 관계하는 향촌 양반들이 병영에 입속되었던 원속을 다시 환속시켜 줄 것을 지방관에게 요청하였는데, 전후 서원 재건 과정에 재정 회복을 위한 것이었다고 고려된다.[56] 따라서 채복군이라 언급된 침군은 본래 해부이고, 그는 서원과 병영에서 모두 전복을 채취하였다.

53 『경상좌병영지(慶尙左兵營誌)』, 方物, 貢鰒(울산광역시 중구, 『역주 경상좌병영 관련 문헌 집성』, 울산대학교 출판부 2014, 33쪽).

54 필사본이며 2책이다. 제1책의 표제는 『영지영남좌수영부사례(營誌嶺南左水營附事例)』이며, 내제는 『경상좌수영지(慶尙左水營誌)』이다. 2책의 표지명은 『영지영남좌병영부사례(營誌嶺南左兵營附事例)』, 내제는 『좌병영지(左兵營誌)』이다(한국민족문화대백과사전 https:// encykorea.aks.ac.kr 참조).

55 울산광역시 중구, 『역주 경상좌병영 관련 문헌 집성』, 울산대학교 출판부, 2014, 48쪽.

56 〈完文〉, 한국학 자료센터(http://kostma.net, 경주 옥산서원 소장).

⑤ 울산의 두모악[頭毛岳]

당초 제주에서 전복을 잡았던 이들은 포작간[鮑作干], 포작인[鮑作人], 포작[鮑作][57]이라고 부르는 남자 잠수부였다. 이들이 섬을 빠져나가는 출륙 현상이 심화되면서 조정에서는 도민의 출륙을 금지하는 한편,[58] 그 역[役]은 미역이나 청각 등을 채취하던 잠녀[潛女]에게로 넘어갔다. 18세기 후반에 이르러서는 조정에 바칠 전복 물량을 채우기 위해 제주관아에서는 잠녀안[潛女案]을 마련하여 관리하고 있었다.[59] 15세기부터 17세기에 걸쳐『조선왕조실록』에 기록되고 있는 포작인들은 제주도를 나가 전라도와 경상도의 바닷가를 전전하고 있었다. 조선의 조정에서는 이들의 곤궁한 생활과 본토[육지]에 정착시킬 것인지 다시 섬으로 돌려보낼 것인지, 되돌아가지 않으려는 이들을 내보냈을 때 왜적에 합류하게 될 우려가 있고 오히려 이들을 정주시켜 기술을 활용하자는 등 다양한 논의들이 있었다. 섬에서 나간 포작인들은 경상도의 여러 해안마을에 처자를 거느리고 선상생활하는 등 아직 고을에 정착하지는 못하고 있었다는 것을 알 수 있다. 그런데 울산의 한 지역에는 제주에서 출륙한 이들이 지역에 정착하고 있었다. 이들을 두모악[頭毛岳]이라고[60] 불렀다.

한영국 교수는「경상도울산부호적대장」을 근거로 17세기에서 18세기 초에 걸쳐 울산에 살고 있던 제주도 출륙민, 즉 두모악의 존재를 그의 논고「'豆毛岳' 考」에서 밝히고 있다. 15세기 중엽부터 제주도를 나와 전라도, 경상도 해안에 정착하는 도민이 많아지자 이들 출륙 제주도민을 가리켜 "두모악[豆

57 민간에서 "보재기"라고 하는 말이 여기서 유래한 것으로 알려지고 있다.

58 1629년(인조 7년)~1823년(순조 23년) 2월 24일. 16세기 들어서 제주도에는 흉년과 전염병이 빈발하였고, 굶고 병들어 죽는 사람이 많았다. 지방관들의 실정과 진상의 가중 등 도민의 삶이 피폐해졌다. 이로 인해 유민이 증가하였고, 제주도의 인구는 격감하였다. 조정에서는 왜적의 방어와 인구 격감을 막기 위해, 16세기 후반에 제주 목사들은 제주도인의 본토 출입을 통제하였다. 1629년에 제주목사의 시책이 공인되어 출륙금지령이 내린 것이다(양정필,「16세기 제주도의 위기와 流民 증가 그리고 출륙금지령」,『제주도연구』제59권, 제주학회, 2003, 269~296쪽).

59 권인혁 · 김동전,「조선후기 제주지역 수취체제와 주민의 경제생활」,『탐라문화』19호, 제주대 탐라문화연구소, 1996, 188쪽.

60 두모악은 조선시대 한라산의 별칭으로 널리 사용되었던 것으로 보이며, 두무악, 두모악 등 두 가지 형태로 불린다. 이를 한자화 한 표기는 더욱 다양하여『조선왕조실록』에는 '두모악(豆毛岳)', 울산『학성지』와「경상도울산부호적대장」에는 '두모악(頭毛岳)', 허목(許穆)의『기언(記言)』〈탐라지(耽羅誌)〉(1667년)에는 '두무악(頭無嶽)' 등으로 표기하고 있다. 필자는 울산에 기록으로 남아 있는 두모악(頭毛岳)으로 사용한다.

毛岳]"이라 불렀으며, 이는 한라산의 별칭이 두무악[頭無岳], 두모악[豆毛岳]이라고 부르는 데에서 유래한다고 하였다. 두모악은 '頭無惡', '豆毛惡', '豆毛岳', '頭毛惡', '頭禿也只'라고도 쓰였으며, 이들에게 진상해물을 채납하게 하는 특정의 역이 부여되어 이들의 칭호는 경우에 따라 그 같은 역 자체를 뜻하는 의미로도 사용되게 되었다고 말하고 있다.[61]

15세기 중엽 제주도민의 출륙이 발생한 것은 공물진상에 과다한 부역과 수탈이 겹쳐진 데에다, 미곡과 의복이 육지로부터 수급충족되지 않을 없는 생활환경 등으로 말미암아 도민의 곤궁한 생활이 이어졌기 때문이다. 즉 조선왕조의 집권적 지배체제가 확립됨에 따라 발생한 결과인 것이다.[62] 이러한 두무악의 출현에 대해 조선정부는 이들의 조선과 항해 기술을 이용하는 안정적 정착 정책이 아닌 쇄환정책을 폈으며, 정책의 효과없이 도민의 출륙은 더욱 격렬하게 전개 되었던 것이다.[63]

『조선왕조실록』에 전하는 "두모악[豆毛岳]"은 임진왜란 때에 왜장을 만나 밀약내용을 전하고,[64] 적에 가담했다 도망쳐 적의 정보를 준 두모악[65] 등 전란을 통해 두모악의 역할이 전략적으로 중요했다는 것을 보여준다. 그리고 이들은 실록에 성과 이름이 없이 단지 "두모악"이라고만 칭해지고 있었다. 전란 후 이들은 정착기에 들어섰으며,[66] 이를 보여주듯 이들이 호적대장에 포함되기 시작했다. 이는 사회적으로 이들이 정주자로서 간주되기 시작했다는 의미로도 해석할 수 있다. 또 1710년대 이후 두모악이라는 별칭이 나타나지 않으며, 양인 신분의 순영군[巡營軍], 병영군[兵營軍], 부군[府軍] 등에 편성되었던 점을 미뤄볼 때, 두모악의 사회적 신분의 안정과 상승에 전란의 영향도 자못 컸으리라 짐작된다.

울산 최초의 사찬 읍지인 『학성지[鶴城誌]』[1749년]에서도 "두모악[頭毛岳]"에 관한 기록이 있다. 울산 도호부사를 역임했던 부사 권상일이 기록한 것으로

61 한영국, 「'豆毛岳' 考」, 『韓沽劤博士停年紀念 史學論叢』, 지식산업사, 1981, 823쪽.
62 한영국, 위의 논문, 1981, 810~811쪽.
63 한영국, 위의 논문, 1981, 814쪽.
64 선조 30년 정유(1597, 만력 25) 2월 20일(신사).
65 선조 30년 정유(1597, 만력 25) 3월 24일(갑인).
66 한영국, 앞의 논문, 1981, 820쪽.

서 18세기 중반 울산의 두모악의 거주지역과 모습을 엿볼 수 있다. 특히 이들은 울산에서도 부내면[府內面]의 내성황당[內城隍堂]에 집단적으로 거주하고 있었다.[67]

> 두모악[頭毛岳]이 세상에 전해지기로 일찍이 조정에 채복[採卜]하여 진상하기 위해 제주의 해민[海民] 약간 호를 옮겨 왔다. 그 자손들이 성황당에 살면서 5채복하는 것을 생업으로 삼고 있는데, 풍속과 형상이 다른 해부[海夫]들과는 같지 않아서 두발이 모두 붉다. 양녀[良女]는 흰 머리에 쪽을 짓고 사천[私賤]은 땋은 머리로 머리를 두른다. 성품이 강직하고 속이지 않는다. (제주의 한라산을 頭無岳이라고도 하는데, 아마 근본을 잊지 않고자 이와 같이 된 듯하다)[68]

이 글로 미뤄볼 때, 흥미로운 점은 이들이 출륙하여 전전하였던 어민이라기보다는 조정에 전복을 진상하기 위해 제주로부터 이주되어 온 어민들이라는 것이다. 그러나 고기를 잡고 미역 채취를 주업으로 삼아 생활하는 등 육지인들 사이에서는 천인시 되었다. 말과 의복이 육지인과 달랐으나 스스로 두모악이라 하여 정체성을 유지하였으며 모여 살며 그들 사이의 혼인율 또한 매우 높았다.

출륙 포작인과 두모악은 모두 조선시대의 전복 진상제도가 낳은 제주 해민들이었으며, 문화사적 측면에서 중세 제주의 잠수[潛水] 문화가 이들을 따라 한반도로 전파되었다고 할 수 있다.

5) 조선시대 제주도 잠녀

기존의 여러 자료들을 토대로 할 때, 가장 널리 그리고 일반적으로 알려진 한국의 수중 잠수부에 대한 역사적 존재는 제주도의 잠녀가 가장 두드러지다고 할 수 있다. 또한 이들은 오늘날 한국 해녀의 산파역할을 하였던 역사적

67 성범중 역, 『국역 학성지(鶴城誌)』, 울산남구문화원 부설 향토사연구소, 2010, 15쪽.

68 성범중 역, 위의 책, 56쪽.

존재로 이들에 대한 역사를 좀 더 구체적으로 살펴볼 필요가 있다. 널리 알려진 바와 같이, 제주도는 창조신화 및 삼성[三姓]의 건국신화를 가진 탐라 왕국의 역사가 있는 섬이다. 그러나 고려시대 제주라는 이름으로 정치적 복속이 이뤄지기 시작하여, 조선시대와 일제시기를 거쳐 해방 이후 1990년대에 이르기까지 중앙에서 관리가 파견되어 이 섬을 통치하였다. 특히 조선시대의 제주도는 중앙에서 가장 멀리 있는 변경이자 바다를 건너야 하는 섬으로 대표적인 유배지였다. 섬이며 유배지의 역사를 가지고 있는 제주의 잠녀에 관한 기록들을 살펴보기로 하겠다.

① 김상헌[金尙憲]의 『南槎錄[남사록]』[1602년]

『남사록』은 청음[淸陰] 김상헌[金尙憲, 1570~1652년]의 제주안무어사[濟州按撫御史]로 임금과 비변사의 임무를 수행하기 위해 제주에 왔다가 남긴 기록이다. 1601년[선조 34] 9월 22일 제주 애월포에 도착해 이듬해 1월 25일 제주 조천관에서 출발할 때까지 약 4개월간 제주에 머물며 체류 내용을 일기체 형식으로 기록되어 있다. 여기에 수록된 일 부 내용을 보면 아래와 같다.[69]

> 내가 살펴보니, 본주[本州] 성안의 남정[男丁]은 500이고, 여정[女丁]은 800이다. 여정이라고 하는 것은 제주의 말이다. 대개 남정이 매우 귀하여 만약 유사시 성을 방어하게 될 때면 민가의 건강한 부녀자를 골라 성가퀴[성위에 낮게 쌓은 담]에 내세워 여정이라 하니, 삼읍[三邑]이 모두 그렇게 한다. 고을의 풍속이 처첩을 아울러 둔 자가 많은데, **포작배[鮑作輩]들은 홀아비로 살다 늙어 죽는 자가 많다. 그 이유를 물으니, "본주가 공물로 바쳐야 할 전복의 수량은 매우 많고, 관리들이 공무를 빙자하여 사리[私利]를 도모하는 것이 또한 몇 배나 됩니다. 포작배들은 그 고역을 견디지 못하여 유망[流亡]하거나 익사하여 열에 두셋만이 남게 됐었습니다**. 그런데도 공물을 거두는 것이 옛날보다 줄어들지 않습니다. 이 때문에 자신은 오래도록 바다에 있고, 그 처는 오래도록 감옥에 갇혀서 원한을 품고 고통을 감내하는 실상

69 김상헌, 『역주 남사록』 상, 홍기표 역, 제주문화원, 2008, 100쪽(제주학연구센터 제주학아카이브 http://www.jst.re.kr/jejustudiesDetail).

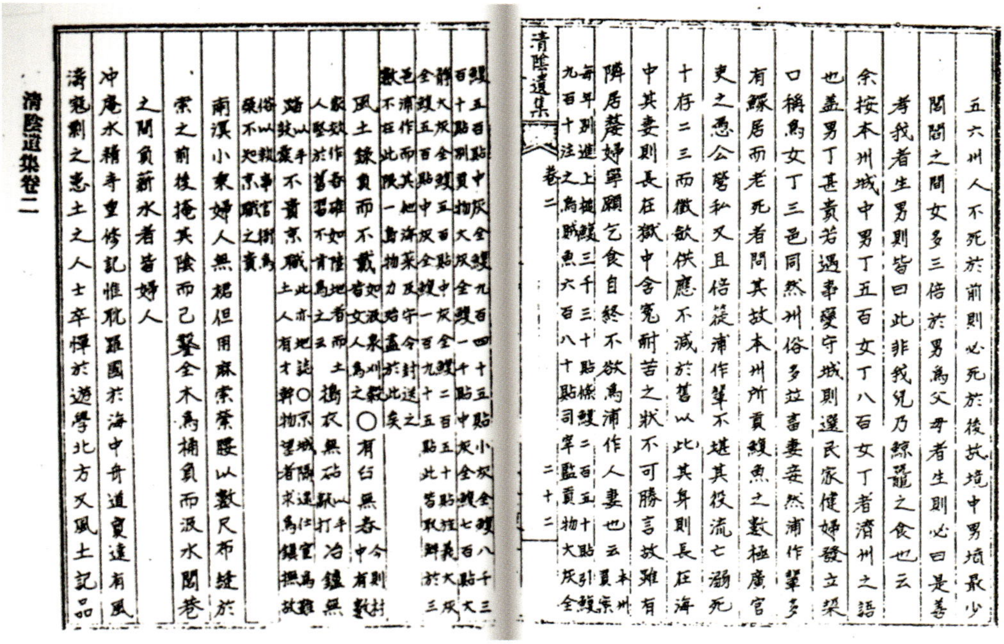

『역주 남사록』 상 〈남사록〉 원문의 일부(자료제공 : 제주문화원)

> 이 이루 말로 다 할 수가 없습니다. 그러므로 비록 이웃에 과부가 있다해도 오히려 걸린 행세를 하다가 죽을지언정 포작인의 아내가 되려고는 하지 않습니다."라고 한다. (● 본주의 공안[貢案]은 해마다 별진상[別進上]이 추복[搥鰒] 3,030첩, 조복[條鰒] 250첩, 인복[引鰒] 910주지[注之], 오징어 680첩이다. 사재감[司宰監]에 바치는 공물로는 대회전복[大灰全鰒] 500첩, 중회전복 945첩, 소회전복 8,310첩이다. 별공물[別貢物]이 대회전복 1,000첩, 중회전복 700첩이다. 대정[大靜: 제주 서남쪽]은 대회전복 500첩, 중회전복 250첩이다. 정의[旌義: 제주 동남쪽]는 대회전복 500첩, 중회전복 195첩이다. 이는 모두 삼읍의 포작에게서 거두어들이는 것인데, 그 밖에 미역과 수령이 봉송하는 수량은 별도이다. 온 섬의 물력[物力]이 이 때문에 거의 없어진다)
>
> *강조는 필자의 표시임.

② 이건[李健]의 『葵窓集[규창집]』의 〈제주[齊州] 風土記[풍토기]〉

1628년부터 1635년까지 제주에 유배왔던 이 건은 선조의 손자로 인성군[仁城君] 이공[李珙]의 아들이다. 1628년 인성군이 역모 혐의로 대역 처분을 받았을

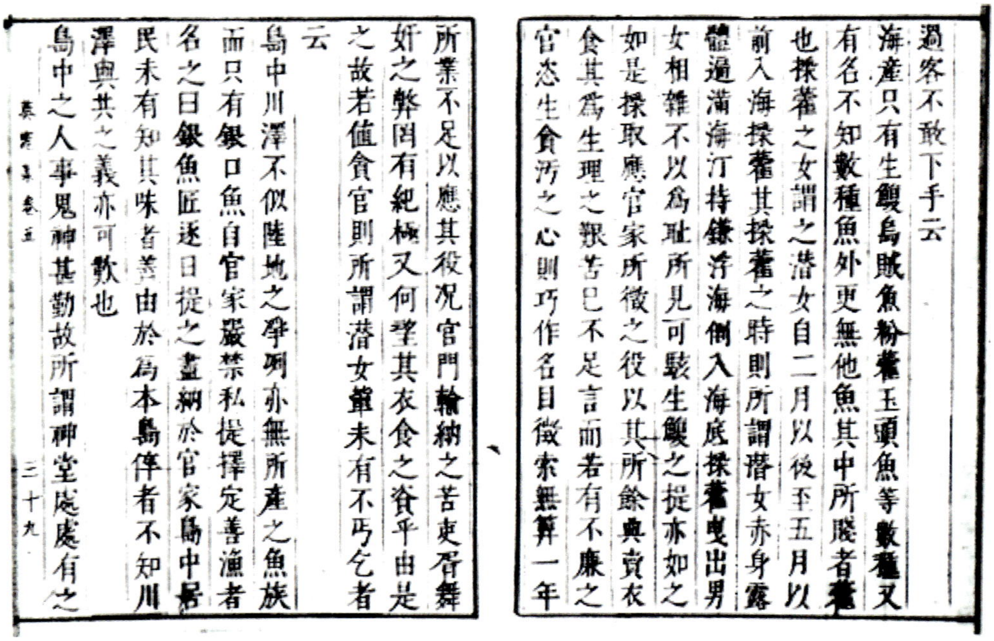

過客不敢下手云
海産只有生鰒烏賊魚粉藿玉頭魚等數種又有名不知數種魚外更無他魚其中所賤者藿也採藿之女謂之潜女自二月以後至五月以前入海採藿其採藿之時則所謂潜女赤身露體遍滿海汀持鎌浮海倒入海底採藿曳出男女相雜不以爲耻所見可駭生鰒之捉亦如之如是採取應官家所徵之役以其所餘與賣衣食其爲生理之艱苦已不足言而若有不廉之官恣生貪汚之心則巧作名目徵索無算一年所業不足以應其役况官門輸納之苦吏胥舞奸之弊因有紀極又何望其衣食之資乎由是之故若値貪官則所謂潜女輩未有不丐乞者云

島中川澤不似陸地之孳[illegible]亦無所産之魚族而只有銀口魚自官家嚴禁私提擇定善漁者名之曰銀魚匠逐日提之盡納於官家島中居民未有知其味者蓋由於爲本島倅者不知川澤與共之義亦可歎也

島中之人事鬼神甚勤故所謂神堂處處有之

葵窓集卷五　三十九

『규창집』 〈제주풍토기〉 원문의 일부(자료제공 : 제주문화원)

때 두 형과 함께 15세의 나이로 제주도에 유배되었다. 인조의 특별한 배려로 1635년 제주도에서 울진으로 이배되고, 1637년에는 귀양에서 풀려나 해원군[海原君]에 봉해졌다. 『규창집』은 그의 사후 막내아들이 초고를 엮어 1712년에 발간한 것으로 알려지고 있다. 〈제주풍토기〉는 당시의 제주 생활상을 담고 있다는 점에서 중요한 사료로 언급되고 있으며, 여기에 잠녀에 대한 기록이 있어 살펴보기로 한다.[70]

> 바다에서 나는 것은 다만 전복, 오징어, 말린 미역, 옥돔 등 몇 종류가 있고, 또 이름을 알 수 없는 몇 종류의 고기가 있지만, 그 외 더 다른 고기는 없다.
>
> 그 가운데 흔한 것이 미역이다. 미역을 캐는 여자를 '잠녀[潛女]'라고 하는

70 이건(李健, 1614~1662), 『역주 葵窓集(규창집)』, 김익주 역, 제주문화원, 2010, 296쪽(제주학아카이브 https://jejucc.kr/pub/site/jejucc/ebook/).

데, 2월 이후부터 5월 이전까지 바다에 들어가 미역을 캐는데, **그 미역을 캘 때는 소위 잠녀들은 발가벗은 몸으로 바닷가에 가득 널려, 낫을 지니고 바다에 떠다니다가 바다 밑으로 거꾸로 들어가 미역을 캐어 끌고 나온다. 남녀가 서로 섞여도 부끄럽게 여기지 않으니 보기에 의아하다. 전복을 잡는 것도 또한 그와 같다.**[71] 이와 같이 채취를 하며 관가[官家]가 징수하는 부역에 응하다 봐도 그래도 남는 것 때문에 옷이나 먹을 것을 저당 잡히거나 팔게 된다. 그들이 살아나가는 방법의 괴롭고 쓰라림이란 이루 다 말을 할 수 없다. 만약 청렴하지 못한 관원이 탐오[貪汚]하는 마음을 제멋대로 일으키면, 교묘하게 명목을 만들어 마구 징수를 하면 일 년 종사한 것으로는 그 역에 응하기에도 부족하다. 그 관문[官門]에 실어다 납부하는 괴로움과 이서[吏胥]들의 농간을 부리는 폐단은 다 적을 수가 없으니 또한 어찌 옷과 먹을 것을 마련하기를 바라겠는가. 이런 까닭에 만약 탐관[貪官]을 만나게 되면 소위 잠녀들은 빌어먹지 않은 자가 없다고 한다.

위 내용에서 잠녀는 당초 미역을 캐던 여성들이라는 점과 이들이 전복도 채취하였다는 것이 암시되고 있다. 또한 남녀가 서로 섞여 일을 하는 것에 대한 놀라운 시선이 투영되어 있으며, 무엇보다 이러한 부역으로 인한 생활고에다 탐관오리의 횡포가 더해져 그 폐단이 심했다는 것을 지적하고 있다.

③ 제주목사 이원진[李元鎭]의 『耽羅志[탐라지]』[1653년]

이원진[1594~1665]은 효종[孝宗] 때 제주목사[濟州牧使]로 하멜 등 표류한 네덜란드인들을 서울로 압송하고 『耽羅志[탐라지]』를 편수하였다.[72] 이 『탐라지』에 따르면,[73] 포작은 해산물을 잡는 역을 하는데 주로 남자들이었음을 알 수 있다. 그리고 이들은 잠녀를 아내로 삼는 일이 많은데, 세력을 부리는 자들이

71 짙게 표시한 부분은 필자가 강조한 것이며, 원문은 "入海採藿. 其採藿之時. 則所謂潛女. 赤身露體. 遍滿海汀. 特鎌浮海. 倒入海底. 採藿曳出. 男女相雜. 不以爲恥. 所見可駭. 生鰒之捉. 亦如之." 번역에서 '벌거벗다'는 해석은 나체로 오인할 수 있으나 원문을 보면, '붉게 타고 젖은 몸'이라는 의미로 해석할 수 있다.

72 담수계 편, 『증보 탐라지』, 제주문화원, 2004; 한국고전종합DB 참조(https://db.itkc.or.kr).

73 제주특별자치도 해녀박물관, 『제주해녀사료집』, 2009, 25~27쪽.

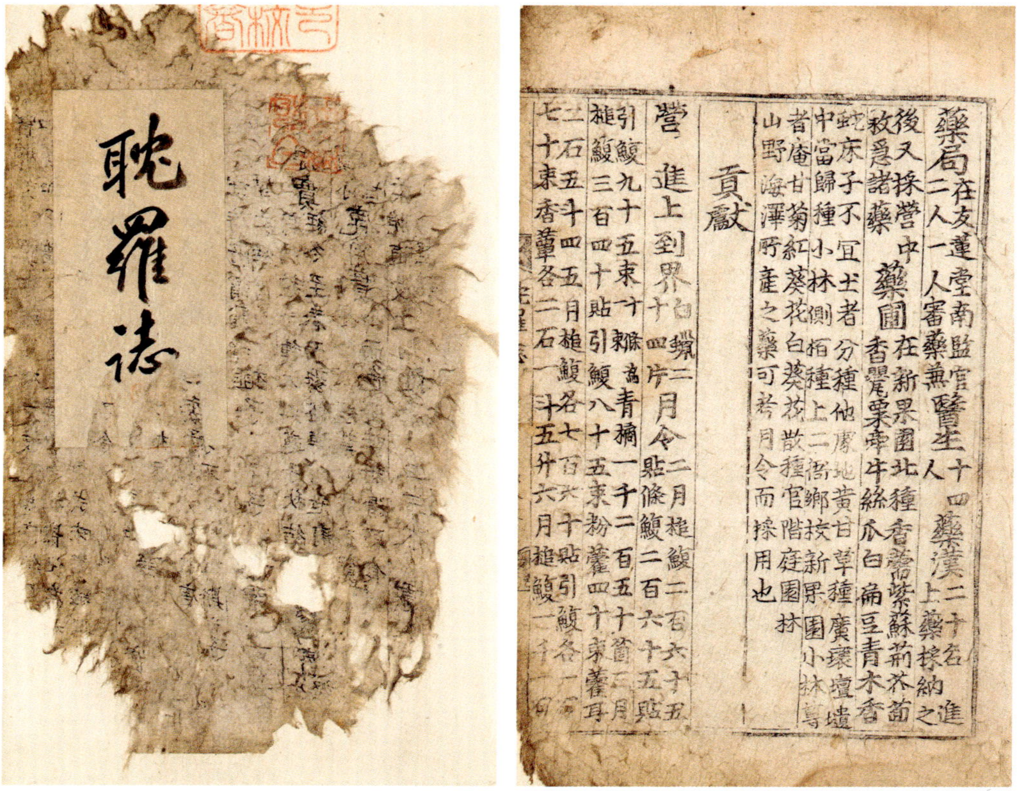

『탐라지』의 표지와 일부(자료제공 : 서울대학교규장각한국학연구원)

관의 역을 면하고 의지할 사람 없는 이들만이 진상의 고역을 당하고 있음에 균역법으로 이 문제를 해결할 수 있을 것이라고 보았다.

> 포작: 물에 들어가 어물을 잡는 일을 하는데, 남자는 적고 여자는 많다. 고을의 풍속에 잠녀를 첩으로 얻는 일을 능사로 하고, 세력에 의지하는 자는 관가의 부역을 면하여, 자식이 없고 의지할 곳이 없는 사람만 진상하는 노력에 동원되니 괴로움이 매우 심하다. 균역법을 두루 시행하는 것이 옳을 것이다.[74]

74 鮑作 - 泳水採取之業男少女多士風以泳女作妾爲 能事依勢者圖免官役只令子孑無憑者獨當 進上之役偏苦莫甚通同均役似可.

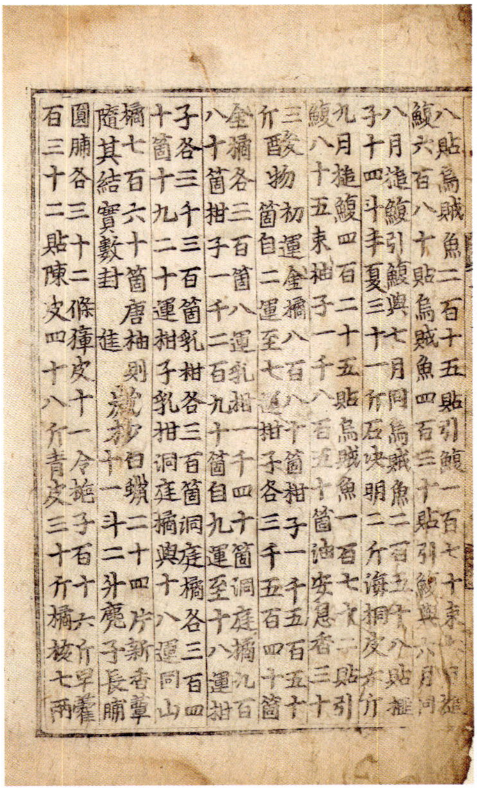

그리고 동시에 진상하는 물품 가운데 영[營]에 바치는 것 외에도, 연중 매월 전복을 진상하고 있다는 것을 알 수 있다.

월령: 2월에는 추복 265첩, 조복 265첩, 인복 95속[10마리가 1속], 청귤 1250개, 3월에는 추복 340첩, 인복 85속, 미역 40속, 미역귀 2석5두, 4월과 5월에는 추복 각 760첩, 인복 각 170속, 향 2석1두 다섯 되, 6월에는 추복 1208첩, 오징어 215첩, 인복 170속, 7월 추복 680첩, 오징어 430첩, 인복 6월과 같이 8월에 추복 인복은 7월과 같고, 오징어는 258첩, 비자 14되, 반하[半夏][75] 31근, 석결명자 1850개, 유안식향[油安息香] 33근을 진상한다.[76]

④ 제주목사 이익태[李益泰]의 『知瀛錄[지영록]』[1696년]

1694년부터 1696년까지 제주목사를 지냈던 이익태[李益泰, 1633~1704년]의 『知瀛錄[지영록]』[1696년]을 보면, 전복 진상에 차질이 없도록 잠녀에게 전복채취를 시킨 내용이 나온다.[77] 당초 미역을 채

75 제주에서 삼마라고 불리는 야생 약초.

76 貢獻 - 營 進上到界白蠟二十四片. 月令 - 二月槌鰒二百六十五貼條鰒二百六十五貼引鰒九十五束十條爲一束青橘一千二百五十箇三月槌鰒三百四十貼引鰒八十五束粉藿四十束藿耳二石五斗四五月槌鰒各七百六十貼引鰒各一百七十束香蕈各二石一斗五升六月槌鰒一千一百八貼烏賊魚二百十五貼引鰒一百七十束七月槌鰒六百八十貼烏賊魚四百三十貼引鰒與六月同八月槌鰒引鰒與七月同烏賊魚二百五十八貼榧子十四斗半夏三十一斤石決明二斤海桐皮六斤九月槌鰒四百二十五貼烏賊魚一百七十二貼引鰒八十五束柚子一千八百五十箇油安息香三十三斤.

77 이익태, 『역주 지영록』, 김익주 역, 2010, 제주문화원, 114쪽. 조선조 숙종 때 제주목사를 지냈던 이익태는 1694년부터 1696년 제주를 떠날 때까지 각 진(鎭)의 순력, 공마(貢馬), 귤과 유자, 전복의 진공(進貢) 및 연무정(演武亭)과 우련당(友蓮堂) 중수기, 하멜표류 기록을 포함한 효종~숙종 대의 외국인 표류기록 등을 남겼다. 원문 가운데 槌引鰒이 "퇴인

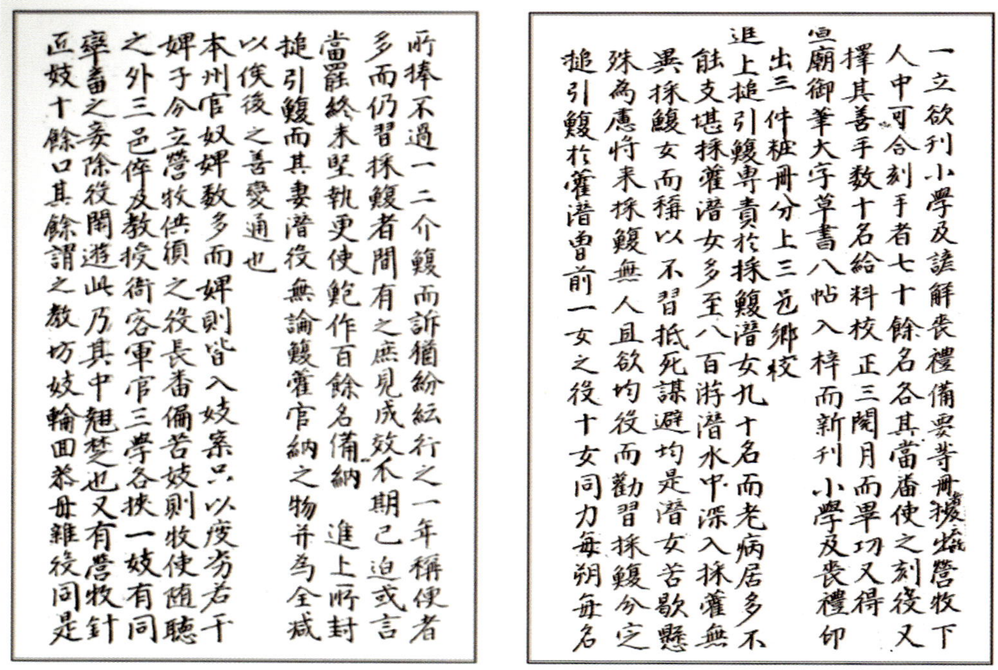

一立欲刊小學及諺解喪禮備要幷冊擬營牧下
人中可合刻手者七十餘名各其當番使之刻役又
擇其善手數十名給料校正三閱月而畢功又得
宣廟御筆大字草書八帖入梓而新刊小學及喪禮印
出三件粧冊分上三邑鄕校
進上搥引鰒專責於採鰒潛女九十名而老病居多不
能支堪採藿潛女多至八百游潛水中深入採藿無
異採鰒女而稱以不習抵死謀避均是潛女苦歇懸
殊爲慮將來採鰒無人且欲均役而勸習採鰒分定
搥引鰒於藿潛曾前一女之役十女同力每朔每名

所捧不過一二介鰒而訴猶紛紜行之一年稱使者
多而仍習採鰒者間有之庶見成效不期已迫或言
當罷終未堅執更使鮑作百餘名備納 進上所封
搥引鰒而其妻潛役無論鰒藿官納之物幷爲全減
以俟後之善變通也
本州官奴婢數多而婢則皆入妓案只以疲劣若干
婢子分立營牧供頉之役長番備苦妓則牧使隨聽
之外三邑倅及教授衙容軍官三學各挾一妓有同
𤨏畜之奚除役閒遊此乃其中翹楚也又有營牧針
匠妓十餘口其餘謂之教坊妓輪回叅毋雜役同是

『역주 지영록』의 원문(자료제공 : 제주문화원)

취하던 잠녀 8백 명 외에 전복을 잡는 잠녀 90명이 있었고, 이들 사이의 고됨이 너무나 달랐다고 한다. 균역으로 전복잡이를 익혀 진상토록 미역을 채취하던 잠녀들에게도 추인복 역을 배정하였고, 대신 관에 바치는 역을 감하였던 것을 알 수 있다. 이러한 일이 어느 정도 효과를 보였으나 유지되기 힘들 것이라고 보는 이들도 이미 있었다.

> **진상하는 추인복**[搥引鰒: 말려 두드려 늘인 전복]을 전복 잡는 **잠녀 90명**에게 전적으로 책임을 지워왔는데, 늙고 병들어 거의가 담당할 수 없게 되었다. **미역 캐는 잠녀가 많게는 8백 명**에 이르는데, 물속에 헤엄쳐 들어가 깊은 데서 미역을 캐는 것은 채복녀[採鰒女]나 다름이 없다. 익숙하지 못하다고 핑

복"이라고 번역되었으나, 필자가 추인복으로 고쳐 표기하였다. 『知瀛錄(지영록)』은 2018년 국가보물 2002호로 지정되었다. 제주학아카이브 https://jejucc.kr 참조함.

계를 대어 위험한 것을 고루 피하려고만 한다. 잠녀의 고되고 헐함은 현격하게 다르다. **장래에 전복 잡는 사람이 없게 될 것을 염려하고 또한 균역**[均役]**으로 전복 잡이를 익히도록 권장하려고 미역잠녀에게도 추인복을 나누어 배정하였다.**

종전에 한 여자의 역은 10명 여인이 힘을 합쳐야 매달 매 사람이 바치는 게 한두 개 전복에 지나지 않았다고 호소하며 오히려 옥신각신하더니 일 년을 행하고 나니 편리하다고 하는 자가 많아졌고 그러고 나서 그 다음에는 전복 잡는 데 익숙해 진 사람들이 더러 있게 되었다. 거의 효과를 보기에 이르렀는데 임기가 이미 임박하자, 어떤 이는 말하기를 없어져 끝내 유지되지 않을 것이라고 하였지만, 다시 **전복잡이 백여 명에게 추인복을 봉하여 진상소에 준비하여 바치도록 하였다.** 그러고서 그 처잠[妻潛]의 역[役]은 전복과 미역을 논할 것 없이 **관에 바치는 물건을 아울러 전부 감하여**, 뒤에 좋은 변통이 있을 때까지 기다리도록 하였다.

*강조는 필자의 표시임.

⑤ 제주목사 이형상의 세 가지 기록

가. 『耽羅巡歷圖[탐라순력도]』[1702년]

문헌을 통해 알 수 있는 기록들 가운데, 특히 제주목사 이형상이 자신의 순력을 화공 김남길을 통해 그림으로 남긴 『탐라순력도』[1702년]는 조선시대의 대표적인 잠녀에 대한 기록이라고 할 수 있다. 이 서책에는 총 41편의 그림이 실려 있다. 주로 방위시설과 훈련 모습이 21편, 귤과 말의 진상 등의 그림 5편, 충효사상을 고취하는 그림 6편 외 명승지 탐방과 풍류를 보여주는 그림 7편, 한라산 등 제주 일반 그림 2편 등이다. 이 순력도에는 제주도의 주요 군사시설인 당시의 진[鎭]을 중심으로 시설을 점검하고, 활쏘기를 하여 군사기량을 향상시키는 것이 주요 부분을 차지하고 있다. 진상에 관한 것은 귤과 말에 관한 그림이 있고, 다만 전복에 관해서는 별도의 언급은 없다. 18세기 초 제주도 전체에 대한 실상을 그림으로 이해할 수 있을 뿐만 아니라 당대의 통치이념과 관리들에 비친 제주도에 대한 시선도 엿볼 수 있다. 그림에 언급된 시설은 주로 군 시설들이며 그림 속 사람들은 병사이거나 관리들이다.

이 서책 가운데 *屛潭泛舟*[병담범주] 제목 하에 "*潛女*[잠녀]"와 "*龍頭*[용두]"라고 적힌 글과 자맥질하는 다섯 명의 잠녀 그림이 그려져 있다. 그리고 자맥질 하는 해안에는 긴 장막이 쳐져 있는 것을 볼 수 있다. 한눈에도 전복을 채취하는 잠녀들이 제주도 명승지 용두암에서 자맥질하고 있는 것이다. 이들은 전복 채취를 담당하는 군역을 진 이들로 보인다. 그 이유는 해안에 쳐져 있는 긴 장막이 암시하고 있다. 더욱이 흥미로운 점은 같은 잠녀들의 자맥질 반대 편에서는 뱃놀이하는 선비들이 있다. 유희와 노동, 남자 선비와 여자 부역군으로 대비되는 신분사회의 한 장면이 화공의 그림 속에 드러나고 있는 것이다. 다섯 명의 잠녀들은 두렁박을 띄워 놓고 몸을 솟구쳐 수중으로 들어가는, 명백히 잠수하는 모습이 담겨 있어 단연코 이 그림은 "잠[潛]"의 행위를 명확히 보여주고 있다고 하겠다.

『탐라순력도』의 잠녀들

이 책은 다분히 이형상 목사의 '순력'이라는 명백한 의도 하에 제작된 것으로 그의 치적을 담은 것이겠으나, 문자 중심의 사회에서 그림을 동시에 삽입함으로써 당시의 모습을 사실적으로 전하고 있다는 점에서 더욱 돋보이는 중세 문헌이라고 할 수 있다. 이외에도 잠녀에 대한 기록은 다수 있는데, 이들은 단지 해산물을 채취하는 것만이 아니었다. 문헌《탐라록 중[耽羅錄 中]》[78], 신축년[1841년] 11월 5일 기록에 보면, "장교[將校]를 도두포[道頭浦]에 보내어 잠녀[潛女]를 시켜 난파된 배의 자질구레한 물건들을 끌어올려 건져

78 이원조(李源祚),『역주 탐라록(耽羅錄) 중(中)』(영인본), 백규상 역, 제주문화원, 2017.

(자료제공 : 제주특별자치도 세계유산본부)

내도록 하였다."고 한다.

나. 『南宦博物[남환박물]』[1704년]

이형상 목사의 『남환박물』 〈지속[誌俗]〉 항목에는 다음과 같이 당시의 남녀 풍속을 기술하고 있다.

> 여자의 역할이 매우 무겁다. 관에 「잠녀안[潛女案]」이 있는데 진상하는 미역, 전복은 모두 여기에 책임을 지운다. 정의 대정에서 사비[寺婢]로써 목비[牧婢]를 정하기까지 한다. 마을에서는 물 떠오는 일, 곡식 장만하는 일, 땔감하여 오는 일, 전복 따는 일 등 무릇 모든 힘든 일은 전부 여인으로 하여금 떠맡게 한다.[79]

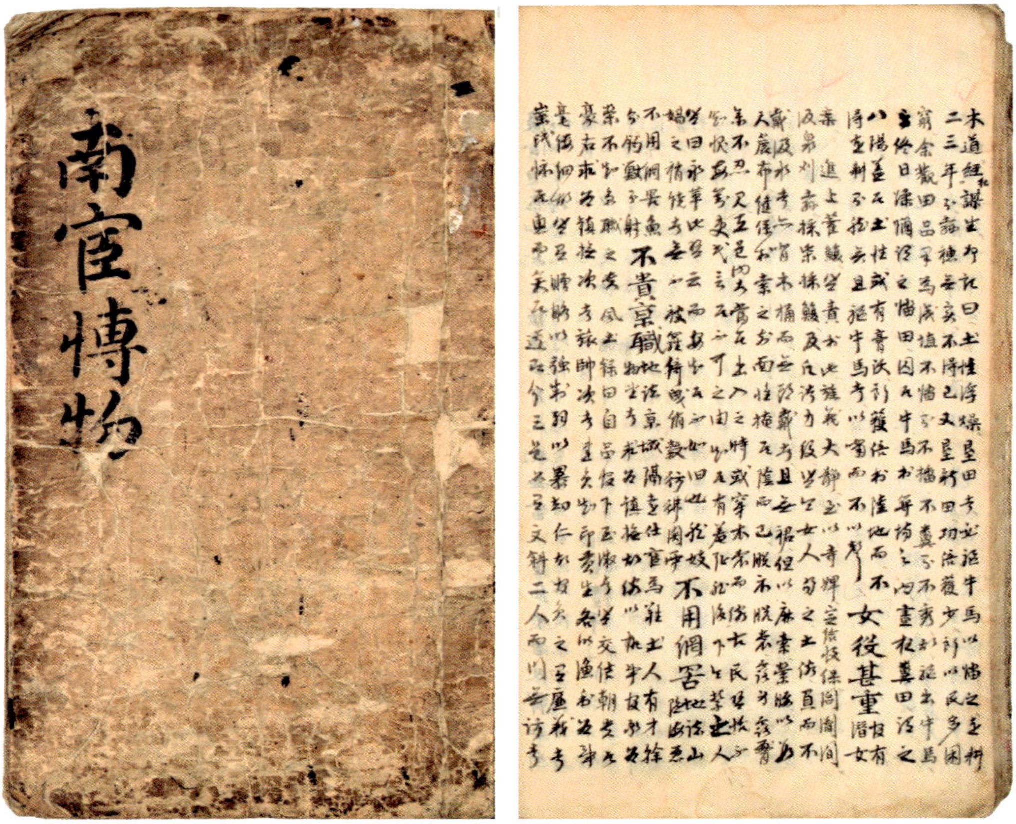

『남환박물』〈지속(誌俗)〉편의 원문(자료제공 : 제주특별자치도 민속자연사박물관)

다. 『耽羅狀啓抄[탐라장계초]』의 잠녀

목사 이형상의 『탐라장계초』는 제주의 중요한 실상을 조정에 상신한 것이 반영돼 복계[覆啓, 임금에게 복명해 아뢰]한 것을 초록[抄錄]한 1권 1책의 육필본이다. 이형상이 제주목사로 부임할 당시 제주도민들이 부담해야 하는 공납제도의 문제, 노비 관계, 음사[淫祠] 철폐 등 당시 제주의 다양한 현안 문제를 해결하기 위한 노력 등을 소개하고 있다.

이 장계에는 여자들이 전복 진상을 전적으로 맡고 있음과 전복 진상의 폐단을 지적하고 있다. 이러한 전복 진상 부역은 우선, 다른 지방에서는 겸역이

79 이형상, 『續耽羅錄(속탐라록)』, 김봉옥 역, 제주문화방송, 1994, 332쪽(제주특별자치도 해녀박물관 『제주해녀사료집』, 2019, 재인용).

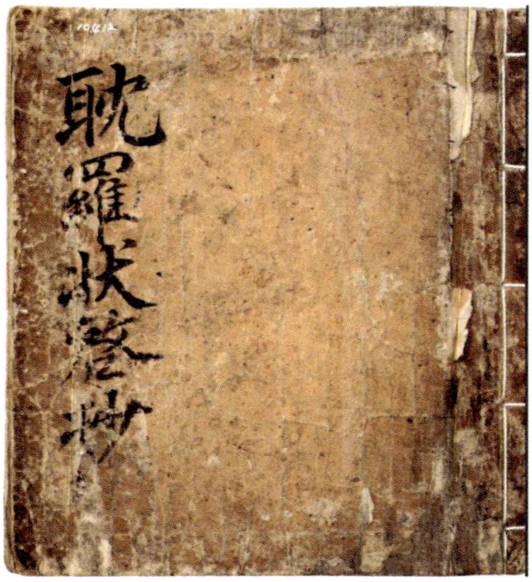

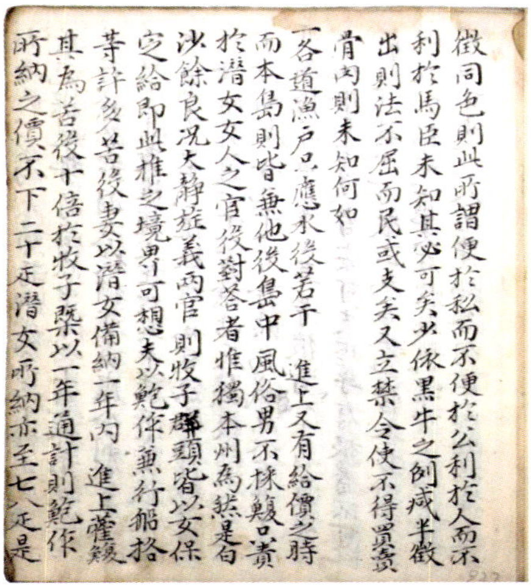

徵同色則此所謂便於私而不便於公利於人而不
利於馬臣未知其必可矣必依黑牛之例減半徵
出則法不屈而民或支矣又立禁令使不得買賣
肯內則未知何如
一各道漁戶只應水役若干 進上又有給價之時
而本島則皆兼他役島中風俗男不採鰒只責
於潛女女人之官役對答者惟獨本州爲然是白
沙餘良況大靜旌義兩官則牧子頭頭皆以女保
定給即此推之境界可想夫以鮑作兼行船格
等許多苦役妻以潛女備納一年內 進上藿鰒
其爲苦役十倍於牧子槩以一年通計則鮑作
所納之價不下二十疋潛女所納亦至七八疋是

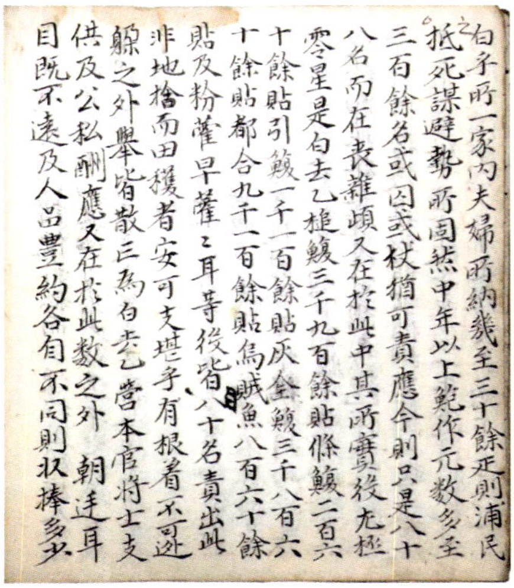

白之所一家內夫婦所納幾至三十餘疋則浦民
抵死謀避勢所固然中年以上鮑作元數多至
三百餘名或因或杖猶可責應今則只是八十
八名而在喪雜頉又在於此中其所實役尤極
零星是白去乙搥鰒三千九百餘貼條鰒二百六
十餘貼引鰒一千一百餘貼灰全鰒三千八百六
十餘貼都合九千一百餘貼烏賊魚八百六十餘
貼及粉藿早藿藿耳等役皆以八十名責出此
非地搶而田穫者安可支堪乎有根着不可逃
鰒之外擧皆散亡爲白去乙營本官將士支
供及公私酬應又在於此數之外 朝廷耳
目既不遠及人品豐約各自不同則收捧多少

『탐라장계초』 표지와 원문
(자료제공 : 제주특별자치도 민속자연사박물관)

없음에도 제주에서 모두 이중의 역을 겸하고 있음도 지적하고, 그 폐단을 없앨 방안도 함께 제안하고 있다. 그 내용을 살펴보면 다음과 같다.

섬 안이 풍속은 남자는 전복을 캐지 않고 단지 잠녀[潛女]에게 책임 지웁니다. 여자가 관역[官役]에서 대답하는 경우는 유독 본주만이 그러할 뿐더러, 더군다나 대정과 정의 두 관[官]에서는 목자[牧子]의 우두머리가 모두 여자로서 정원을 책임지고 있습니다. 즉 이로 미루어 보면 한계를 상상할 수 있습니다. 남편은 포작에다 선격[船格] 등의 허다한 힘든 역을 겸하여 행하며, 처는 잠녀로서 일 년 내내 진상하는 미역과 전복을 마련하여 바쳐야 하니 그 고역 됨이 목자[牧子]보다 10배나 됩니다. 대강 일 년을 통틀어 계산하면 포작으로 바치는 값이 20필에 밑돌지 않으며, 잠녀가 바치는 것 역시 7, 8필에 이르니, 한 집안 부부가 바치는 것이 거의 30여 필에 이른즉, **갯가 백성이 죽음을 무릅쓰고 도피하려고 꾀하는데 형세가 당연하다 할 것입니다.** 중년[中年, 숙종대를 말함] 이전에는 포작[鮑作] 본디의 수는 많게는 3백여 명에 이르러서 가두거나 혹은 매를 쳐서 여전히 책임에 응하게 할 수 있었으나, 지금은 다만 88명 뿐인데, 상[喪]이나 잡탈이 있거나 또 이런 중에 있으면서 실제로 역[役]을 한다 해도 더욱 아주 보잘 것이 없습니다. 추복 3천 9백여 첩, 조복 2백 60여 첩, 인복 1천 1백여 첩, 회전복[灰全鰒] 3천 8백 6십여 첩, 도합 9천 1백여 첩, 오징어 8백 60여 첩 및 분곽[粉藿], 조곽[早藿], 곽이[藿耳] 등의 일이 모두 80여 명에게 내놓으라고 다그칩니다. **이것이 땅에서 줍거나 밭에서 거두는 것이 아니니, 어찌 지탱하여 견딜 수 있겠습니까.**

뿌리가 박혀 도피를 못하는 자 이외에는 모두 흩어져 도망했거늘 영[營]의 본관[本官], 장사[將士]의 지공[支供] 및 공사[公私]의 요구에 응하는 것은 또한 이 수량에 있는 밖입니다. 조정의 이목이 이미 멀리 미치지 못하는 데다 인품의 넉넉함과 검소함이 각각 같지 않은즉 거두고 받는 것의 많고 적음을 모아 조사할 수 없습니다. **이로 미루어 보면, 80명이 1년에 바치는 것이 거의 1만여 첩에 이릅니다. 만약 형태를 달리해 변통을 하지 않는다면, 이런 부류가 몇 년을 지탱하리라 보기는 아마 또한 어려울 것입니다.** 귀로 듣고 눈으로 보니, 해괴하고 가련합니다. 밤낮으로 생각하고 헤아려도 한결같이 좋은 대책이 없습니다. 그네들이 지탱하며 견뎌내느냐 여부는 비록 논할 틈이 없지만, 막중한 진상[進上]이 끝내는 반드시 봉진을 못하기에 이른 다음 끝나고 말 것입니다. (중략) 본도 회록[會錄]의 상평청 모전미[耗田米]를 3백 석으로 특별히 기한을 제한하여 주시면, 3읍에서 받은 추복, 인복, 조복, 오징어를 이것으로 곧 값을 주고 사들이며, 회전복, 분곽, 조곽, 곽이만을 수량을 나누어 정해 바치게 하여, 조정의 가엽게 여겨 동정하는 뜻을 보인다면 혹시 버텨낼 수 있을 것입니다.[80]

*강조는 필자의 표시임.

⑥ 김춘택의 『北軒居士集[북헌거사집]』〈潛女說[잠녀설]〉[1710년]과 물질

김춘택[金春澤, 1670~1717년]은 인경왕후[仁敬王后]의 부친 김만기[金萬基]의 장손으로서 남인[南人]과 소론[少論]에 의해 대표적인 척신[戚臣]으로 지목받아 평생 옥사와 유배됐다고 할 수 있으나 동시에 많은 저술이 남겼다.[81] 그는 제주에 유배된 부친을 보러 22살[1691년]에 갔었고, 37세[1706년]에 흑산도로 유배 갔었으나 같은 해 제주로 이배[移配]되었다. 〈잠녀설〉은 그가 제주에서 만난 잠녀와의 이야기를 나눈 내용이 주를 이룬다. 당시 잠녀들의 물질하는 법과 관련된 것으로 오늘날과 비교할 수 있는 정보를 담고 있어 그 내용을 살펴보기로 하겠다.

어떤 잠녀라고 하는 사람이 물에 잠겨 미역을 채취하거나 혹은 전복을 따

80 이형상, 『耽羅狀啓抄(탐라장계초) 영인본』, 김익수 역, 제주특별자치도민속자연사박물관, 제주콤, 2021, 22~23쪽.

81 한국고전종합DB해제 참고.

는 것을 업으로 하였다. 그런데 전복을 따는 것은 미역을 채취하는 것과 비하여 매우 어렵고 고되어, 잘못하면 그 얼굴이 시커멓게 초췌하게 되어 걱정과 고난으로 죽다가 살아난 모습을 하게 된다. 나는 그녀를 위로한 다음 **그 일 하는 것에 대해 자세히 물어보았다**.

대답하기를, "나는 갯가에 가서 땔감을 놓고 불이 지피어, 나는 내 몸을 빨갛게 달구고는 가슴에 곽[테왁]을 붙이고 끈으로 짠 주머니[망사리]를 곽에 묶습니다. 이전에 잡았던 전복껍질을 주머니에 채우고 손에는 쇠꼬챙이[빗창]을 잡고 이리저리 헤엄치다가 마음 내키면 물 속에 잠깁니다. 물 밑에 이르러 한 손으로 바윗돌을 쓸어보면 전복 있는 것을 알게 됩니다. 전복이 돌에 붙어있는 것은 단단해서 껍데기로 엎드려 버리면, 딱 붙기 때문에 즉시 딸 수가 없게 엎드려 버리므로 그 색깔이 검어서 도로가 혼동하게 됩니다. 바로 묶은 껍데기를 올려다보게 놓아 그곳을 알 수 있게 하면, 그 뒷면이 빛을 받아 물 속에서도 찾아볼 수가 있습니다. 이때 나는 숨이 급해지면 즉시 나와 그 곽을 안고 숨을 쉬게 되는데 그 소리가 '휘익' 하며 오래 나는 것이 얼마인지 모릅니다. 그런 후에 생기가 돌면 곧 다시 물에 잠깁니다. 그 먼저 알아두었던 곳에 가서 쇠꼬챙이로 따서 끈으로 짠 주머니에 넣고 출발하여 갯가에 도착하면 추위에 얼어서 오돌오돌 떨려서 참을 수가 없습니다. 간혹 한 번 물에 잠겨 전복을 발견 못하면 다시 물에 잠기곤 하는데, 결국 따지 못하는 경우도 있습니다. 무릇 전복 하나를 따려다가 몇 번이나 죽을 뻔한 경우가 많았습니다. 더구나 물 밑의 돌은 간혹 모질고 날카롭기도 하여 접촉하였다가 죽기도 합니다. 거기에 있는 벌레와 뱀 같은 악한 동물에게 물리면 죽는 경우도 봅니다. 그러므로 나와 함께 작업하던 사람이 급히 죽거나 얼어 죽거나 돌과 벌레 같은 동물 때문에 죽는 것을 보게 됩니다. 나는 비록 요행히 살아났지만 병으로 고생하고 있습니다. 시험 삼아 제 얼굴을 살펴보십시오."라고 하였다. 나는 가엾게 여겼다.[82]

82 김춘택, 『北軒居士集』 卷之十三, 〈潛女說〉, 한국고전종합DB 참조; 제주특별자치도해녀박물관, 사료집, 57쪽. [원문: 有所謂潛女者. 業潛水. 採藿或採鰒. 然採鰒比採藿. 甚難而苦有過之. 其容黧悴. 有憂困求死之狀. 余爲勞之. 仍問其事之詳. 對曰. 吾就浦邊. 置薪而爇火. 吾赤吾身. 着匏於胸. 以繩囊繫於匏. 以舊所採者鰒之甲. 盛于囊. 手持鐵尖. 以游以泳. 遂以潛焉. 及乎水底. 以一手撫其厓石. 知其有鰒. 而鰒之黏於石者. 堅而以甲伏焉. 堅故不可卽採. 伏故其色黑. 與石混. 乃以舊甲. 仰而置之. 以識其處. 爲其裏面光明. 在水中

*강조는 필자의 표시임.

위 이야기 속의 잠녀는 18세기 초 전복진상의 폐단 속에서 전복을 잡기 위해 물질하는 잠녀의 고됨이 고스란히 담겨 있다. 또한 당시 잠녀들이 이용하는 도구와 물질법도 보여주고 있다. 특히 빈전복껍데기[일명 "조갱이"]를 물 속에 놔두고 물 위로 올라왔다가 다시 그곳으로 내려가 전복을 잡는 것은 예나 지금이나 다름이 없다. 망사리와 곽[테왁], 빗창을 이용하는 것이나, '휘익' 휘파람으로 폐 속의 숨을 비워내는 숨비소리, 그리고 물질 후 몸을 녹이기 위해 불을 쬐는 것 등도 오늘날까지 전승되고 있는 그대로이다.

조선의 전복 진상은 문화적으로 오늘날 한반도 연안의 해녀와 어떠한 상관성이 있는지 잠시 살펴볼 필요가 있다. 앞서 보았듯이, 조선시대의 전복 진상은 이전 시대의 진주와 달리 공납제 체제 안에서 부역이라는 고역과 더불어 신분제 안에서 피할 수 없는 바닷일이었다. 그리고 이는 조선시대를 통틀어 그 폐단이 지적되고 있었고, 임금의 치세에 따라 혹은 100여 년에 걸쳐 확산된 대동법이 시행됨에 따라[83] 신역으로서의 고역을 벗어나는 지방의 어민들이 있었는가 하면, 제주의 경우에는 줄곧 이 부역에서 벗어나지 못하였다.

한편, 당초 전복을 잡던 남자잠수부인 포작인의 역[役]이 어떻게 미역을 채취하던 잠녀가 하게 된 것인가? 앞서 본 1696년 제주목사 이익태[李益泰]의 『知瀛錄[지영록]』에서 나타나듯이, 당초 포작들은 이익태 목사가 부임 당시 격군을 겸하는 등 이중의 역을 감내하고 있었고 이러한 고역을 방지하기 위해 오로지 한 역만을 담당케 하였다.[84] 그리고 그는 제주목사로 부임한 동안 증

可察見也. 於是吾氣甚急. 卽出而抱其匏以息之. 其聲劃然久者. 不知凡幾. 然後得生. 遂復潛焉. 以赴其嘗識處. 以鐵尖採之. 納於繩囊而出. 至浦邊則寒凍. 戰慄不可堪. 雖六月亦然. 遂就溫於薪火以得生. 或一潛不見鰒. 再潛不果採者有之. 凡採一鰒. 其幾死者多. 且水底之石. 或廉利. 。觸之則死。其虫蛇惡物。噬之則死。故與吾同業者。以急死。以寒死。以石與虫物死者相望。吾雖幸生而苦病焉。試觀吾容色也。余爲之憫然(이하생략).]

83 1608년(광해군 즉위년) 경기도에 선혜법이라는 이름으로 시험적으로 실시되기 시작한 이후 1623년(인조 1) 강원도, 1651년(효종 2) 충청도, 1658년(효종 9) 전라도의 해읍(海邑), 1662년(현종 3) 전라도의 산군(山郡), 1666년(현종 7) 함경도, 1678년(숙종 4) 경상도, 1708년(숙종 34) 황해도의 순으로 100년 동안에 걸쳐 확대 실시되었다. 1894년(고종 31) 세제개혁 때 지세(地稅)로 통합되기까지 약 3세기 동안 존속했다(한국민족문화대백과사전 https://encykorea.aks. ac.kr/Article/E0014246, 검색 대동법, 검색일 2024.10.30.).

84 이익태, 『역주 지영록』, 김익주 역, 제주문화원, 2010, 111쪽.

감한 열 가지 일[增減十事]을 기록하였고 그 가운데 하나가 전복 진상에 관한 것이었다. 당시 조정에 진상할 전복을 잠녀 90명이 잡도록 하고 있었으며, 그 역은 10명이 힘을 합쳐야 할 정도로 고된 것이었다. 제주목사는 장래에 전복진상이 계속 이뤄지기 위해서는 전복을 잡을 인력이 필요하고, 이에 미역을 채취하는 잠녀들에게 균역으로 전복을 잡도록 권장하여 추인복을 진상하게 하였다. 그리하여 1696년 어간에 제주도에서 전복을 진상하는 잠녀는 약 100여 명으로 늘었다. 대신 관에 바치는 미역과 전복은 모두 줄였다.

그럼에도 익히 알고 있듯이, 잠녀들의 전복 진상은 조선 말기까지 대표적인 고역 중의 하나였다. 이익태 목사의 치정기간 동안 전복 진상이 계속 이뤄지도록 포작을 대신해 여자 잠수부인 잠녀들에게 그 역을 부과하였고 다만 관에 바치는 미역이나 전복을 줄였다. 1702년 이형상 목사는 "섬 안의 풍속이 남자는 전복을 따지 않으므로 다만 잠녀에게 맡긴다"고 하였던 것으로 보아,[85] 18세기 초에 이르러 전복 진상은 잠녀의 역으로 고착화되기 시작하였고 이를 보여주는 것이 『탐라순력도』에 나온 "잠녀"였다.

이러한 점을 미뤄 짐작하건대 중앙과 먼 "바다 가운데서 이름난 지역으로 저 하늘 밖의 웅대한 변방"인 제주에서[86] 탐관오리들의 횡포로 말미암아 전복 진상은 고역인 채 19세기 말까지 이어졌던 것이라고 할 수 있다. 또한 제주 외의 한반도 여러 지역에서는 대동법이 시행되기도 하였으나,[87] 제주도의 경우 대동법이 시행되지 않았다. 그 이유는 그곳이 "번속[藩屬]으로 여겨진 연유"에서였다.[88]

85 李衡祥(이형상), 「耽羅狀啓抄(탐라장계초)」(문화재청, 『해녀 국가무형문화재 지정가치 조사 보고서』, 2016, 27쪽 재인용).

86 이익태, 『역주 지영록』, 김익주 역, 제주문화원, 2010, 22쪽.

87 대동법은 공물에 대한 현물납을 폐지하고 그 대신에 지역별로 쌀 · 베 · 돈으로 납부하게 한 세금 및 재정 제도이다. 광해군 즉위 초에 선혜법(宣惠法)이라는 이름으로 경기도에서 제도의 시험적 형태를 실시했다. 1654년(효종 5년)에 대동법 시행 세칙을 수정 · 보완하여 충청도에서 다시 실시하였고, 그 성공적인 결과를 토대로 각 도에 확대 되었다. 대동법은 백성들에게 규정된 세액만을 징수하여 민생을 안정시켰고, 지방 재정을 처음으로 확립했으며, 상업 발전을 촉진 시켰다(한국민족문화대백과사전 참조(https://encykorea.aks.ac.kr, 검색어: 대동법, 2024. 10.22.검색).

88 한국민족문화대백과사전 참조(https://encykorea.aks.ac.kr, 검색어: 대동법, 2024.10.22.검색).

2장

제주 잠녀의 전국적 확산

고대 한반도의 여러 지역에 존재하였던 수중 어로의 양상은 중세를 지나 근대에 이르는 과정에서 점차 여성 잠수부로 바뀌었다. 조선시대 지역에 따라 채복군과 해부, 포작과 잠녀와 무레꾼 등으로 일컬어지는 어민들에 의한 전복 채취가 이뤄졌으나, 다른 지역과 달리 대동법이 시행되지 않았던 제주도에서는 전복 진상의 부역이 지속되었다. 19세기 말에 이르러, 전복과 같은 특정 해산물의 진상을 통해 지속적으로 고역에 시달리면서도 수중 자맥질로 '특화된' 잠수부는 제주도의 잠녀들이었다.

조선 왕들의 치세동안 전복 진상의 폐단으로 이를 금지하는 경우가 있었음에도 완전히 진상품으로 전복을 채취하는 것이 끝난 것은 1894년 갑오개혁 때 공납제가 폐지에 의해서라고 봄이 타당할 것이다. 이로써 잠녀들은 고된 부역에서 벗어날 수 있었다. 동시에 이미 시장에서 거래되고 있던 전복은 값나가는 해산물이었으므로 이를 채취하기 위해 어장을 찾아다니는 일들이 나타났다. 1910년 한일병합이 일어나기 전, 이미 일본 어민들이 한반도 주변 바다에서 어로행위가 빈발하여 분쟁이 일어나고 있었다.

새로운 근대적 시스템을 갖춰나가던 19세기 말, 전복은 시장의 상품으로 바뀌었기에 이를 채취해 화폐 소득이 가능해졌다. 필자가 제주해녀구술사 채록을 위해 인터뷰했던 제주 우도의 한 해녀는 19세기 말 즉, 그녀가 젊었을 때 마을 해녀들과 함께 남해안으로 물질 갔었다고 하였다. 당시 남편이 이 배의 사공 역할을 하였다. 이처럼 먼 어장을 찾아 얼마간씩 출어하는 것을 잠녀들은 흔히 "난바르 간다"고 하는데 곧 먼 바다로 출어하는 것을 말한다. 이처럼 출어가 가능한 것은 이들이 이미 바닷길을 알기 때문이었을 것이다.

20세기에 들어 한반도 및 주변 해역으로 이동하는 양상은 크게 늘었다. 이 장에서는 제주 잠녀들의 이동이 급증하게 된 이유와 이에 따라 한반도에서 늘어난 한국 해녀의 양상에 대해 살펴보기로 하겠다.

1. 출어 배경과 사회적 요인

일제의 조선 병합이 이루어진 1910년부터 1945년 해방되던 해까지 제주도에서 일본제국주의 해역, 즉 오늘날 동북아시아 바다에 제주 여성들의 출어[出漁]가 이뤄졌다. 이러한 역사가 제주 여성들의 구전[口傳]으로 전해져 왔으며 근래 여러 지자체에서 여성들의 구술사[口述史] 채록 사업을 통해서도 점차 알려지고 있다. 이같이 섬을 떠나 다른 지방의 바다에서 물질하는 것을 '바깥물질'이라 명명하여 왔으며, 이는 제주섬 밖으로 물질 가는 것을 말한다.[89] 일제강점기에는 일본 한자어인 '데카세기[출가, 出稼]'로 표기되어 왔다.

바깥물질의 시점에 대해서는 여러 주장들이 있다. 1879년 전라남도 청산도였다고 하거나,[90] 1880년경 경상남도 울산과 기장을 비롯하여 전라남도 다도해 각 도서와 거제도, 부산 근해, 경상북도 각 연해와 강원도, 함경도까지 이르게 되었다고도 하며,[91] 1895년 부산의 영도였다는 주장도 있다.[92]

1929년 〈제주도해녀어업조합연혁〉에 따르면, "35년 전부터 경상남도에 출어해, 점차 다도해, 경상북도, 강원도, 함경도, 황해도에 미쳐 조선각도 연안은 물론 내지[일본], 러시아, 지나 등의 연해에도 출어해 출어인원 3천 5백

89 제주도, 『濟州의 海女』, 제주도인쇄공업협동조합, 1996 참조.

90 최성애, 「해녀의 이주생활사: 부산 용호어촌계 해녀에 관한 사례연구」, 『水産業史研究』 2, 1995, 65쪽.

91 강대원, 『濟州潛嫂權益鬪爭史』, 제주문화, 2001, 106쪽.

92 진관훈, 『근대제주의 경제변동』, 각, 2004, 259쪽.

인, 어획고 50여만 원의 거액에 달하여, 도내 있어서 작업하는 자 7천 3백인이 어획고 25만원을 거두어 본도의 경제계에 미친 영향은 위대하다"고 밝히고 있다. 이 자료에 근거해 제주도에서 여성들이 물질을 위해 타지로 나가기 시작한 것은 1894년이라고 할 수 있다. 그런데 이 또한 정확한 연도를 언급하는 것이 아니어서, 이전부터 여성들이 타지의 여러 곳으로 나가 물질을 해왔음을 짐작할 수 있다. 그리고 이렇게 물질한 어획고가 당시로서는 경제적으로 큰 영향을 미치는 것이었다. 이러한 사실은 여러 신문기사로 확인된다.

> 그런데 이와 같이 매년 바다에 나가서 해조류와 어물을 잡는 여자의 수효는 만여 명에 달하고 그 중에 매년 사월부터 구월까지 부산 울산 등지에 나가서 활동하는 여자의 수효가 사천명 이상이나 되며 육칠장 이상이나 물 속으로 들어가서 전복과 기타 해조를 따내는 동시에 여러 가지로 바다 속의 발견도 많이 하였다. 그런데 이네의 수입은 한 사람이 평균 삼백 원 값어치를 생산함으로 사천 명의 총수입은 실로 일백이십만 원의 큰 돈을 생산 하여 실로 조선 수산에 적지 안히한 수자를 차지할 뿐 아니라 적게 말하면 그네의 활동은 제주도의 생명이오 다시 말하면 조선 산업계에 중대한 현상이다.(동아일보 1920.4.22)

1920년 4월 봄, 바깥물질을 간 여성들의 물질 어획고는 평균 300원가량이고, 4,000명의 총 수입이 120만 원이었으며, 이것은 4월부터 9월까지 물질한 6개월간의 소득이었다. 이 같은 어획고는 "제주도의 생명"임은 물론 "조선 산업계의 중대한 현상"이라고 언급되고 있다. 그런데 당시 '여성들이 높은 어획고를 거두는 것'이나 이들이 소득을 '바깥물질로 얻어진 것'이라는 점은 이전에는 없었던 것이었으며, "산업계에 중대한 현상"으로 보고 있었다.

일제는 한일병합 후 조선인들의 '생활상태'를 조사하였는데, 1929년 간행된 이 자료에는 제주도 해녀들이 여럿이 함께 물질하는 모습이 있다.

또 같은 자료에는 1929년 일본으로 일하러 간 제주도민의 수가 나온다. 그리고 3년간의 시차가 있지만, 1926년 제주도의 인구는 45,394가구[家口]에 총 209,841명으로 이 가운데 남자가 101,033명이며 여자는 108,808명이었다. 따라서 두 자료를 대비하여 보면, 1920년대 후반 제주도민의 11.23%가 일본으로 돈을 벌러 나갔고 그 가운데 남자의 13.46%, 여자의 9.17%가 일본으로 간 것으로 추정된다. 이들이 간 곳은 주로 오사카시와 고베시를 아우르는 한신지방이었다. 그리고 이들은 다음 표에서와 같이, 남자는 1인당 평균 13.00원을, 여자는 평균 7.10원을 고향의 가족에게 보냈다.

〈표 2〉 1929년 일본으로 일하러 간 제주도민 수와 송금액

구분	일본으로 일하러 간 도민 수	송금액
남자	13,600명	176,900원
여자	9,984명	70,899원
계	23,584명	237,999원

※ 출처: 朝鮮總督府, 〈調査資料第二十九輯, 生活狀態調査 其2 濟州島〉, 昭和4年(1929년), 22쪽.

1920~30년대 제주도 여성 가운데 일본으로 가는 간 여성인구의 증가는 제주해녀들의 출어와 깊은 상관성을 가지며, 국내보다 출어자의 수도 많았다. 다음 표를 보면 출어자의 수는 계속 증가하였고, 이는 출어증을 가진 이들에 한정된 것으로 보기에 개별적으로 출어하는 자까지 고려할 때 출어자의 수는 더욱 많았을 것이다. 이들은 돈을 벌어 송금하였음은 물론, 여러 구술자료에 의하면, 귀향 후 밭을 사서 재산 증식이 이뤄지기도 하였고 자신의 혼수비용을 부담하는 등 가족과 자신의 경제적 자립을 도모하였다.

〈표 3〉 1920-1930년대 제주해녀의 출어 현황

연도	출어 제주해녀 수(명)	송금액(원)	일본과 국내 출어자 수(명)	1인당 평균 송금액
1929	4,310	-	-	-
1930	3,860	908,000	-	235.23원
1931	3,950	687,350	-	174.01원
1932	5,078	1,100,000	일본 1,600/ 국내 3,478	216.62원
1936	3,360	770,000	-	229.16원
1937	4,402	-	일본 1,601/ 국내 2,801	-
1939	4,132	-	일본 1,548/ 국내 2,584	-

※ 출처: 제주도청, 『제주도세요람』, 1939(진관훈, 2004: 266 재인용). 1인당 평균 송금액은 필자가 추가.

여성이 현금소득을 할 수 있다는 것은 일제시기 제주해녀에게 일어난 변화였다. 일의 고됨을 뒤로 하고, 이처럼 여성이 자신의 노동으로 돈을 벌수

있는 기회가 생겼다는 것이 여성들의 바깥물질을 촉진시켰다. 1930년대 후반 바깥물질 간 제주해녀들은 지속적으로 증가하였다. 이들이 물질하였던 범위는 동아시아 해역 주변으로 확산되었음을 확인할 수 있다. 구체적으로 바깥물질 간 지역들을 보면, 아래와 같다.

〈표 4〉 1930년대 후반 제주도 잠녀들의 출어자 현황

(단위: 명)

<table>
<tr><td rowspan="4">1937</td><td rowspan="2">한반도</td><td>전남</td><td>전북</td><td>경남</td><td>경북</td><td>충남</td><td>강원</td><td>함남</td><td>함북</td><td>황해</td><td>합계</td></tr>
<tr><td>408</td><td>19</td><td>1,650</td><td>473</td><td>110</td><td>54</td><td>32</td><td>5</td><td>50</td><td>2,801</td></tr>
<tr><td rowspan="2">일본</td><td>스시마
(對馬島)</td><td>고지
(高知)</td><td>가고시마
(鹿兒島)</td><td>도쿄
(東京)</td><td>나가사키
(長崎)</td><td>시즈오카
(靜罔)</td><td>치바
(千葉)</td><td>에히메
(愛媛)</td><td>도쿠시
(德島)</td><td>합계</td></tr>
<tr><td>750</td><td>130</td><td>55</td><td>215</td><td>65</td><td>265</td><td>51</td><td>10</td><td>50</td><td>1,591</td></tr>
<tr><td rowspan="4">1939</td><td rowspan="2">한반도</td><td>전남</td><td>전북</td><td>경남</td><td>경북</td><td>충남</td><td>강원</td><td>함남</td><td>함북</td><td>황해</td><td>합계</td></tr>
<tr><td>367</td><td>7</td><td>1,581</td><td>308</td><td>141</td><td>60</td><td>106</td><td>-</td><td>14</td><td>2,584</td></tr>
<tr><td rowspan="2">일본
내외</td><td>스시마
(對馬島)</td><td>고지
(高知)</td><td>가고시마
(鹿兒島)</td><td>도쿄
(東京)</td><td>나가사키
(長崎)</td><td>시즈오카
(靜罔)</td><td>치바
(千葉)</td><td>에히메
(愛媛)</td><td>칭따오
(靑島)*</td><td>합계</td></tr>
<tr><td>686</td><td>95</td><td>18</td><td>144</td><td>54</td><td>365</td><td>67</td><td>35</td><td>28</td><td>1,492</td></tr>
</table>

※ 1939년 *靑島(청도)는 중국의 칭따오를 말한다.

※ 일본 내외 지역의 합계는 인용 원문(강대원 2001: 146)의 오차를 정정하였다.

한반도 연안은 물론, 일본의 각 지역으로 나가 물질한 여성들은 현지에서 해산물을 채취해 돈을 벌었으며, 당시 이들은 여럿이 함께 일을 나갔다. 여럿이 모여 일을 하는 것은 물질의 오래된 전통이자 바닷일의 특성에서 비롯된 것이다. 그런데 일제시기 바깥물질 간 여성들이 채취한 것은 당시 일제의 산업 원료로 쓰여 이에 대한 높은 수요가 이들의 집단적 출어의 급증을 불러 왔다.

제주해녀들의 구술사에 자주 등장하는 바깥물질에 대한 이야기는 모집이나 소개로 여럿이 모여 함께 현지로 이동한 후 귀향하는 일명 “해녀사업”의 한 양상을 보여준다. 해녀사업이란 수중에 잠수하여 해초를 채취할 수 있는 잠수기술을 가진 여성들을 수산업자들이 이들을 “모집”하여 여럿이 집단적으로 어장을 찾아다니며 해산물을 채취하여 돈을 버는 것이다. 구술사에서 자주 등장하는 “모집으로 갔다왔다”라는 말은 1938년 이후 국가총동원령에 따라 전 산업분야에 나타난 인력동원이 제주 잠녀들에게도 나타났다는 것을 확인시켜준다.

일제시기 제주도 종달리 고봉래씨가 물질 갔던 지역

*그림의 ①,②,③,④는 물질 갔던 순서.

필자가 오사카에서 만난 제주도 종달리 출신, 고봉래 할머니는 1941년, 열여섯 살이 되던 해에 쓰시마로 미역을 채취하러 갔다 왔다. 오사카로 돈 벌러 간 부모와 헤어져 할머니와 살던 그녀는 늘 부모님을 그리워하며 마을에서 조부모와 함께 소금을 만들고 소를 치는 일을 하는 등 그녀는 언제나 일만하는 "소"와 같았다고 한다. 1944년, 열아홉살이 되던 해, 일본으로 가는 해녀들을 "모집"한다기에 부모를 만날 수 있다고 생각한 그녀도 모집으로 물질을 갔다. 그렇게 시모노세키[下関]와 오키노시마[隠岐の島], 모지[門司] 등지에서 모집자인 인솔자=업자가 가는대로 여러 제주해녀들과 물질을 하였다. 여러 곳의 바다를 다녔지만 어획고는 그다지 좋지 않았다. 그러다 해방 소식을 듣고 일행은 고향으로 돌아갔으나 고씨는 오사카로 향했다. 그곳에서 부모님과 어린 동생들을 만났다. 그토록 그리던 부모님과 재회할 수 있었다. 이후 그녀는 부모가 소개하는 고향출신의 남자를 만나 혼인하였다. 어렵게 자녀를 낳아 새 가족을 일구었으나 고향을 가거나 방문하는 것은 이후 불가능하였다. 그들의 국적이 "조선[朝鮮]"이었기 때문이었다.[93] 인생 말기에 그녀는 단 한 차례 고향을 갈 수 있었고 그것이 마지막이었다.

일제시기 제주도 잠녀들의 출어가 급증한 데에는 한일병합이라는 외적인 변화가 큰 영향을 미쳤다. 구체적으로 보면, 첫째 일본인 어업자들의 한반도 진출에 따른 어장의 황폐화가 일어났고, 이는 제주 잠녀들이 출어하게 되는 압박 요인으로 작용하였다. 1883년 〈재조선일본인민통상장정[在朝鮮日本人民通商章程]〉에 의해 일본은 전라, 경상, 강원, 함경도 연안에 대한 통어권[通漁權]과 함께 포획한 어개[魚介]를 매매할 수 있게 되었다.[94] 해산물에 대한 매매권을 가진 일본 업자들의 진출은 경제적 측면 외에, 생태적으로 중요한 변화를 초래하였다. 나가사키[長崎]에서 조선으로 진출한 잠수기선[潛水器船]에 의한 어장 황폐화가 대표적인 예이다. 경상북도 지역에서는 이에 대한 항의가 있었으나 '식민지 바다'에서 자원 재생산을 위한 규제는 실제 이뤄지지 않았다.

또한 개항 이전부터 일본인들은 전라도와 경상도 연안 일대를 중심으로 와서 밀어[密漁] 행위를 일삼았으며 제주도의 가파도, 우도, 비양도 등 주변의 섬들을 근거지로 삼아 연안 어장을 빈번히 침탈하였다. 일본어민들의 한반도 주변 연안 어장에서 어획량을 늘렸으며, 동시에 어장의 황폐화가 일어났다. 더욱이 잠수기선의 잠수부들이 잡은 것은 전복과 해삼으로 이는 잠녀들이 채취하던 주요 해산물이었다. 물질보다 더 오랫동안 수중에서 작업할 수 있는 잠수기 어업은 실상, 일본이 명치[明治] 초년에 영국 잠수부의 기술을 개량한 것으로,[95] 헬멧을 쓰고 수중에서 더 깊이 더 많은 시간 동안 채취하여 생산량에 있어서 압도적이었다. 남성 잠수부들이 잡은 것은 대개 1차 가공을 통하여 일본 국내와 중국, 홍콩으로 수출되었다.

일본 잠수기 어업은 한반도 주변 어장을 구획지어 팽창했으며, 제주도에서는 동서남북에 거점을 두고 연안 어장 구역이 겹쳐지도록 하여 대량어획이 이뤄졌다.[96] 결국 자원 고갈이 제주해녀들의 타지 출어[출가]를 낳은 주요 요인이었던 것이다.[97] 가령, 1900년부터 1903년에 이르기까지 제주도내에

93 이에 대한 자세한 내용은 필자의 「국경이 놓인 오사카 재일한인 여성의 가족과 친족」(『지방사와 지방문화』 13권 1호, 역사문화학회, 2010, 403~440쪽)을 참조.

94 강만생, 「韓末 日本의 濟州어업 침탈과 島民의 대응」, 『濟州島研究』 3, 1986, 105~106쪽.

95 稻井秀左衛門, 『朝鮮潛水器漁業沿革史』, 近澤商店印刷部, 1937, 130쪽.

96 잠수기선의 한반도 진출에 관해서는 稻井秀左衛門(1937)을 참조.

서 이뤄진 잠수기어업은 18척에서 30척으로 증가하였으며,[98] 1905년 제주도 연안에 출어하던 일본어선은 200척에 이르렀었다. 이렇게 진출한 잠수기선들의 전복과 해삼 채취는 거의 "자원말살적"이었다고 평가되고 있다.[99]

둘째, 제주도 주변의 해상 교통수단이 발달하여 도민들의 이동이 촉진되고 있었다. 1912년 조선우선주식회사[朝鮮郵船株式會社]는 목포와 제주 사이에는 월 9회를, 부산과 제주 사이에는 월 5회 기선을 운항하였으며, 이밖에도 오사카항을 모항으로 하여 부산을 경유 제주도를 일주하는 항로가 월 2회, 이어서 오사카항을 모항으로 목포를 경유 제주를 월 3회 회항하는 항로가 개설되었다. 이러한 해상교통의 혁신은 많은 제주인들이 일본과 육지부로 이주하는 것을 가능케 하였다.[100] 특히 1924년 개설된 제주도와 시모노세키[下關]를 경유한 오사카[大阪] 간 항로는 제주해녀들의 일본행을 더욱 용이하게 하였고, 오사카가 제주도민의 주요 집거지가 된 것도 이처럼 교통수단이 놓여 있었기 때문이다. 왜 하필 오사카로 정기선이 놓였는가하면, 오사카는 중세 이래 상업도시로 발달하였으며 근세에 이르러 일본의 군수공업지대로 노동력의 수요가 높은 곳이었기 때문이었다. 이곳으로 제주도민들의 일자리를 찾아 노무자로 이동하는 물결 속에 제주해녀들의 출어도 동시에 이뤄지고 있었던 것이다.

셋째, 일본의 산업원료 및 군수산업의 팽창으로 수산물에 대한 높은 수요와 더불어 채취노동자에 대한 수요도 높아졌다. 대표적으로 우뭇가사리와 감태를 들 수 있다. 많은 수의 잠수들이 바깥물질을 가게 된 데에는 해초 우뭇가사리를 채취하기 위해서였다.

> 우뭇가사리의 1톤 당 가격은 다른 해조류와 비교되지 않을 정도로 월등히 높(았)다. 우뭇가사리 가격이 가장 낮았던 1916년 조선인이 가장 선호하

97 후지나가 다케시(藤永 壯), 「1932년 濟州島 海女의 鬪爭」, 『'濟州島'의 옛 記錄: 1878년~1940년』, 제주시우당도서관 편, 경신인쇄사, 1999, 93쪽; 진관훈, 앞의 책, 2004, 259쪽.

98 석주명, 『濟州島隨筆』, 寶晉齊, 1968(1949), 172쪽.

99 강만생, 앞의 논문, 1986, 108쪽. 잠수기선이 제주도 연안에 집중적으로 진출하였던 것은 제주도산 전복이 타 지역에 비해 크기와 질적으로 상등품에 속해 있었기 때문이었다(稻井秀左衛門, 앞의 책, 1937, 13쪽).

100 이기욱, 『제주 농촌경제의 변화』, 집문당, 2003, 59쪽.

고 특별한 가치를 부여했던 미역과 비교해보면 우뭇가사리는 미역가의 66배이다. 또한 우뭇가사리 가격이 가장 좋았던[높았던] 1930년과 비교해 보면 우뭇가사리는 미역가의 1,066배였다. 우뭇가사리 어장은 제주해녀에게는 전복어장 이상으로 생계를 의지할 수 있는 곳으로, 이곳은 경상남도였다.[101]

우뭇가사리 가격은 미역 가격에 비할 바가 아니었다. 1916년에는 66배가 높았다면 1930년에는 1,066배나 높았으며 이것은 전복보다 높은 가격이었다. 이처럼 가격이 폭등한 우뭇가사리는 어떠한 해초인가? 해안 가까이 얕은 물 속 암반에서 자라는 우뭇가사리는 붉은 홍조류로, 천초[天草]라고 불리기도 하는데 양갱이나 과자 등을 만드는 재료로 쓰인다. 또한 비단에 바르는 풀이나 건축용 자재로 이용되었다.[102] 이에 우뭇가사리 및 가사리 같은 해초가 일찍이 부산항을 통해 일본으로 수출되고 있었다. 뿐만아니라 해삼과 상어지느러미, 전복 등 역시 대일 수출에서 두각을 나타내던 품목이었고, 이는 곧 당시 일본이 한반도에서 얻고자 하는 자원들이었음을 의미하고, 한일병합에 이르러 우뭇가사리 채취에 대한 높은 수요로 나타났던 것이다.

〈표 5〉 1874~1875년 조선의 대일무역 수출액

(단위: 韓錢)

순위	품목	액수
1	우피(牛皮)	11,512관 921문
2	목편(木棉)	6,670관 705문
3	덖은 해삼(煎海鼠)	3,094관 620문
4	쌀(白米)	2,768관 166문
5	미인삼(尾人蔘)	2,443관 50문
6	콩(大豆)	1,285관 610문
7	가사리(布海苔)	1,159관 400문

101 김수희, 「日帝時代 濟州 海女의 海藻類 採取와 入漁」, 『濟州海女: 抗日運動, 文化遺産, 海洋文明』(제주해녀박물관 개관 기념 국제학술회의 자료집, 2006.6.7.~8.), 제주해녀항일운동기념사업위원회, 2006, 78쪽.

102 김수희, 앞의 논문, 2006, 71쪽.

8	우뭇가사리(天草)	973관 900문
9	상어지느러미	563관 300문
10	산수유	435관 520문
…	…	…
28	말린 전복	4관 800문

※ 출처: 김동철, 「19세기 牛皮貿易과 東萊商人」, 『한국민족문화』 제6집, 1993, 406쪽.

그런데 우뭇가사리는 단지 식용이나 비단제조 및 의료 산업에 필요한 산업원료에서 나아가 태평양전쟁 이후 군수 원료로 사용되었다. 결국 이 해초에 대한 수요는 일제시기 동안 지속적으로 상승하였고, 채취를 위한 제주해녀들의 이동도 지속되었던 것이다.

다양한 쓰임새를 가졌던 산업원료인 천초는 19세기 후반 고가에 거래되고 있었고, 1910년 한일병합 이전부터 일본은 이미 조선의 천초어장을 주목하고 있었던 것으로 보인다. 조선의 천초가 일본으로 수출된 것은 1877년부터이고, 1893년 오사카 비단제조상들과 상인조합에서는 조선산 가사리의 품질 향상을 도모하며 부산 총영사관에 문서를 보내 가사리 품질 검사를 의뢰하기도 했었다. 당시 천초는 비단의 광택을 내기 위해 바르는 원료였고, 일본산에 비해 품질이 좋아 일본 비단 제조상들이 선호하고 있었다. 게다가 태평양전쟁 발발 후, 일본정부는 천초를 판매 금지시키고 전량 납입하도록 함으로써 전시체제 하에서 군수용으로 이용하였다.[103]

전쟁 발발로 적극적으로 채취된 해초로는 감태를 들 수 있다. 미역보다 수심 깊 은 곳에서 자라는 감태는 전복이 먹는 주요 해초였다. 감태에는 염화 칼륨 성분을 함유하고 있어 이를 이용해 화약과 요오드[상처 소독제]를 만드는 데 사용되었다.[104]

103 三浦定之助, 『海草』, 東京: 佃書房, 1943, 184쪽.

104 자세한 내용은 안미정의 논문(「식민지시대 한·일해역의 자원과 해녀의 이동」, 부산대학교 한국민족문화연구소, 『한국민족문화』 58권, 2016, 481~517쪽)을 참조.

넷째, 높은 시장가격의 형성은 이를 채취하기 위한 상업적 비즈니스가 창출되어 해녀들의 이동을 촉발시켰다. 제주해녀들은 남편을 사공으로 삼아 2~3인이 공동으로 어선을 매입하여 가족, 친척이 승선해 이동하는 "독립형 출가[出稼, 바깥물질]"가 있었는가 하며, 일본 해조상[海藻商]과 거래하는 객주들의 "모집형 출가"가 있었는데, 후자가 4:6으로 더 많았다.[105] 제주해녀를 모집하여 특정 어장으로 이동해 해산물의 어획고를 올리는 이른바 "해녀사업"에는 여러 사람들이 직간접적으로 관여하고 있었다. 우선 이들의 물질을 위해는 선주[船主]가 있어야 하는데, 그는 해녀를 모집, 인솔의 역할을 동시에 할 수도 있지만 각기 다른 이들이 그 역할을 수행하기도 하였다. 이들은 거의 남성들이었으며 해녀 관리감독자라고 할 수 있다.

그리고 이들은 해녀가 이동 후 숙식을 해야 하는 문제를 해결해야 하고, 무엇보다 해산물을 채취할 바다어장이 있어야 했고 이 어장의 이용권을 가진 지역주민 및 어업조합이 있었다. 따라서 이 바다의 해산물을 채취하기 위해 어장을 매매하고 입어료를 내야 하는 등 자본금이 수반되어야 했다. 이처럼 해녀사업은 큰 자본금과 여러 역할을 수행하는 사람이 필요한 일이었다. 부산에서 일찍이 해산물의 일본 수출을 해온 동래상인들은, 일제시기 제주해녀들의 채취한 해조의 수매[收買] 및 유통에 있어서 중요한 역할을 하였다. 이들 객주들은 일본 해조 무역상과 거래하고 있었고,[106] 제주해녀의 노동력을 구매한 객주들이 ("모집꾼" 혹은 "인솔자"로 부르는) 중개인을 통해 제주도에서 해녀들을 모을 수 있었다. 일제시기 부산은 객주 및 해조 유통 상인들의 거점이었고, 제주해녀들에게 이곳이 주요 거점이 되었던 것은 이와 같은 배경과 상관성이 있다.

그런데 바깥물질을 간 제주해녀들이 마냥 돈을 벌 수 있었던 것은 아니다. 이들은 교활한 객주와 일본사람들의 농간으로 되려 빚을 지는 사례 등 부당한 일들이 벌어지기도 했다.

105 江口保孝, 「濟州島出稼海女」, 『朝鮮彙報』, 1915, 166~170쪽[李善愛, 2001, 35쪽 재인용].
106 李善愛, 『海を越える濟州道の海女』, 東京: 明石書店, 2001, 35쪽.

> 해녀가 부산 등지에 나오면 **물상객주**[物商客主]에게 의지하여 사오삭 동안을 유숙도 하고 돈도 꾸어 쓰는 터인데, 소위 물상객주라는 자들의 교활한 농락으로 말미암아 해녀들은 반년동안이나 부모와 자식을 이별하고 고향을 떠나 멀리 바다를 건너와서 …… 고향으로 돌아갈 때에는 도로 **객주**에게 빚을 얻어 쓰고 빈속만 쥐고 돌아가게 될 비참한 운명에 있다. (중략) 소위 물상객주라는 사람들은 거의 다 **제주도 사람**이오, 해녀의 남편 노릇하는 사람이 많으니 그들은 해녀 다섯 명만 거느리게 되면 곧 **왜채**[倭債]라도 아무 보증 없이 낼 수가 있게 된 형편이다. **일본 사람**들은 객주에게 돈을 취하여주고 물건을 헐게 가져가는 맛에 **해녀의 객주**라 하면 금송아지를 가진 사람보다 더 믿고 돈을 주게 되었다. 해녀들은 이와 같이 반 부랑자가 다 된 객주에게 돈을 얻어 쓰고 나중 셈은 물건으로 하는 것이 예인데, 교활한 객주와 일본 사람들은 어떠한 농락을 하였던지 실상 백근 되는 물건을 구십근만 회계하는 버릇이 있고 그 외에도 저울눈을 속여서 맨 나중에 해녀의 수입으로 되는 것은 백근에 칠십근 밖에는 못되며 이것도 객주에서 빚으로 빼앗기는 등 **여러 가지로 부정한 수단** 아래 전부 해녀의 수입으로 되지 못하게 된다.[107]
>
> *강조는 필자의 표시임.

한번 출어했던 제주해녀는 반복적으로 출어하거나 또 다른 이의 출어에도 영향을 미치기도 하였다. 해마다 출어하는 제주해녀의 출어자가 증가하였다는 말의 의미는 모두 다른 이가 아니라 한번 출어했던 유경험자가 또 다시 출어하는 경우도 많았다는 것을 염두해 둘 필요가 있다. 이처럼 제주해녀의 채취노동 그리고 어장으로 이동하는 과정에 매개된 이들의 상호관계를 도표로 나타내면 다음의 그림과 같다.

107 제주특별자치도 해녀박물관, 『제주해녀사료집』, 2009, 78쪽(동아일보, "可憐한 海女의 運命", 1920년 4월 22일자).

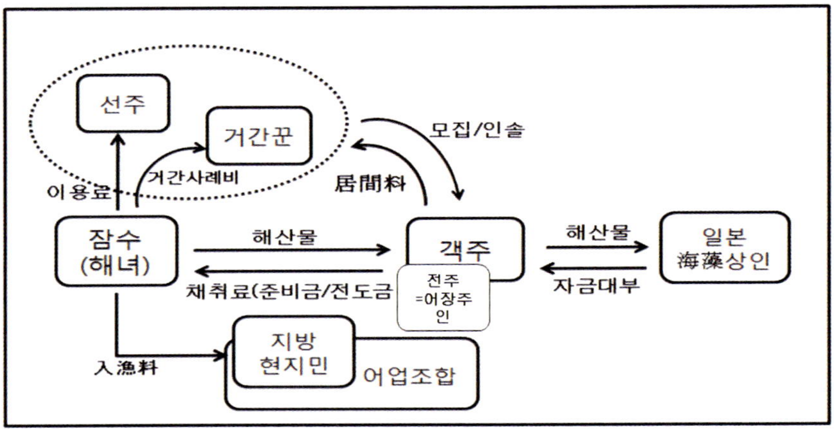

일제강점기 제주해녀들의 바깥물질을 둘러싼 사회관계

다섯째, 바깥물질의 가장 강력한 유인 동기는 무엇보다 여성 자신이 목돈을 마련할 수 있는 기회였기 때문이었다. 여성이 집을 떠나 타지 생활을 한다는 것이 가족과 본인에게도 쉬운 결정이 아니었음에도 제주해녀들이 섬 밖으로 나가는 것이 급증하였다. 1915년 당시 바깥물질에 나선 잠녀들은 경상남도 어장에 1,700명, 남해안 다도해 방면에 300명, 그 밖에 다른 지역이 500명으로 총 2,500명이 진출하고 있었다.[108] 이들은 우뭇가사리의 채취시기에 맞춰 이동하고 있었는데, 이때 잠수들은 일본 해조상의 자금을 받은 현지 객주들로부터 사전 계약금[전도금]을 받았다. 노를 저어가며 이동하는 잠녀들 외에도, 기선[汽船]을 타고 이동한 후 다시 범선을 타고 20~30명이 한 조가 되어 각 지역으로 출어하는 경우도 있었다. 이들은 동해안을 북상해가면서 일을 하고, 9월 하순에 청진에 도착하여 기선으로 귀향하였다[李善愛 2001: 35]. 한시적 노동을 통해 목돈을 마련할 수 있다는 점은 잠녀 개인에게 있어 강한 경제적 동기를 부여하는 것이라고 볼 수 있다[김영돈 1999: 389]. 특히 일본 해조상인들의 수요가 작용하여 좋은 우뭇가사리 어장이 있었던 경상남도 지역으로의 이동이 활발하였다.[109]

108 江口保孝, 「濟州島出稼海女」, 『朝鮮彙報』 3호, 1915년 5월 1일(김수희, 2006, 79쪽 재인용).

109 1930년대 당시 제주에서도 우뭇가사리는 생산되고 있었지만 조선 우뭇가사리의 주산지는 울산이었다(濟州市愚堂圖書館 1995: 75).

바깥물질에 대한 여러 구술자료에서 나타나듯이,[110] 여성들은 귀향 후 가족의 생계 외에도 밭을 사는 등 재산을 늘릴 수도 있었다. 이 같은 경제적 동기를 더욱 강하게 뒷받침했던 것은 마을 여성들이 알음알음으로 함께 모여 이동하고 현지에서 함께 숙식을 한다는 점 때문이었다. 낯선 곳으로 출어함에도 이처럼 지인들끼리 '함께' 한다는 점이 타향살이에 대한 고통과 불안을 덜 수 있는 요인이었던 것이다. 그리고 이들은 한정된 기간 동안 일을 하는 것으로 애초에 정주[定住]를 위한 이동이 아니었다는 점도 바깥물질의 장점이었다고 할 수 있다. 그러나 해초의 높은 시장가격과 이들의 노동에 대한 수요에도 불구하고 이들이 정작 그에 부응하는 노임의 대가를 받았는가는 별도의 문제였다. 왜냐하면, 해녀들의 노동으로 채취한 해산물의 가격을 객주와 해조상들의 농간을 부려 각종 횡포 및 금전 착복 등의 문제들이 빈발하였기 때문이다. 이 같은 문제를 해결하기 위해 제주도 유지들이 〈제주도해녀어업조합〉을 창립시켰으나,[111] 기존의 구좌, 서귀포, 제주읍, 한림 애월, 성산, 조천 등 7개 어업조합과 1936년에 통폐합시킴으로써 그 취지가 무색해져버렸다.[112]

2. 변화의 영향

바깥물질이 발생한 여러 요인들의 근간에는 한일병합으로 인한 일제 통치 구조가 놓여 있었다. 해양 자원과 여성 노동에 대한 수요는 일제 지배기간 동안 이어졌고, 일본인 해조상인들과 객주들, 어업조합 등 다각적으로 엮인 사회관계망 안에서 제주해녀들은 바깥물질을 나갔던 것이다. 섬에서 대거 여성들이 한반도 주변 해역으로 이동하고 다시 귀향하거나 또는 현지에 정착하는 등의 양상은 이전에 없던 새로운 현상이었다. 그리고 이 현상은 제주 지역사회의 변화는 물론 한반도 연안에도 새로운 변화를 가져왔다.

첫째, 제주 지역사회에서 여러 변화가 일어났다. 일제강점기에 들어 수산

110 제주여성특별위원회, 「구술로 만나는 제주여성의 삶 그리고 역사」, 2004; 제주특별자치도, 「숨비질 베왕 놈주지 아녀」, 2014 등.

111 濟州島海女漁業組合, 〈濟州島海女漁業組合沿革〉, 昭和4年(1929년), '組合設立の趣旨'.

112 濟州島漁業組合, 〈組合の概要〉, 昭和10年, 〈沿革〉.(해녀박물관 사료집 부록)

물의 가격 폭등과 어장의 황폐는 잠녀들의 출어에 큰 영향을 미쳤다. 섬 밖으로 나가는 인구가 증가함에 따라 제주도의 촌락들의 거점도 해안지대로 이동하는 현상이 나타났다. 제주 근대 지역 경제를 연구한 진관훈[2004]은 한 마을의 사례를 언급하며, 제주 잠녀들의 어업활동에 의한 현금소득이 가계수입에서 절반에 이를 정도였다고 한다. 기존 중산간[中山間] 지대에서 넓은 토지와 축력을 기반으로 부[富]와 인구부양력이 높았으나, 해산물의 경제적 가치의 상승은 교역의 발달과 해안지대로 부의 집중 현상이 나타난 것이다.[113] 토지의 생산성이 높아지기 이전에, 출어 및 타향살이로 돈을 벌어 송금하여 도내 경제에 기여하는 가족노동이 전개된 것이다. 진관훈은 특히 "해녀경제"라 명명하며 밖으로 나가 물질했던 여성들이 도내 경제에 기여가 컸음을 지적하였다. 한편, 이처럼 섬 밖으로 나간 것은 잠녀들 외에도 앞서 본 바와 같이 많은 남자들이 일자리를 찾아 일본으로 가는 등 도내 거주 인구의 유출이 나타났고, 이로 말미암아 상대적으로 도내에는 경제활동인구가 감소하는 결과가 초래되기로 하였다. 아울러, 당시 타향에 살며 돈을 번 마을출신자들은 고향으로 송금하여 마을 발전에도 기여하였는데, 이 역사가 도내 마을마다 비석으로 세워져 전해지고 있다.

둘째, 잠녀의 사회적 위치 및 인식의 변화가 나타났다. 조선시대의 전복진상역에서 고통을 겪었던 잠녀들은 자신의 채취노동으로 화폐소득을 하게 됨에 따라 경제활동의 주체로 나설 수 있었다. 이들은 채취자라는 위치에서 변함이 없었으나 생산자의 위치에서 조합의 일원이 될 수 있었다. 또한 이전과 달리 자신의 노동으로 가족을 부양하고 재산도 증식하는 등 실질적 경제주체가 된다는 것을 입증하며 스스로 경제적 자립성과 독립성을 가지게 되었다. 이러한 경제적 자립성과 독립성이 유교주의적 사고에서 벗어난 자유로운 개인주의적 인식과는 다른 것으로, 이들은 가족 공동체 안에서 자신의 노동 가치를 재확인하며 그로써 자신의 존재의의를 부여할 수 있었다.

그런데 이처럼 자립적인 경제적 주체로서의 인식이 일제의 지배구조 안에서 어떻게 가능할 수 있었는가? 가장 주요 요인으로 고려되는 점은 이들의 바깥물질에서 나타나는 특징에서 찾을 수 있다. 이들은 출어할 때 가족단위

113 진관훈, 앞의 책, 2004, 268~269쪽.

로 이동하거나 혼자 개별적으로 이동하는 것이 아니라, 소규모로 무리를 지어 출발하는 집단성을 띠고 있었다. '남존여비[男尊女卑]'나 '남녀유별[男女有別]'과 같은 유교주의적 가부장제 안에서 여자가 '집을 떠나 일을 한다'는 것은 이전에 없었던 이질적이며 새로운 것이었다. 그럼에도 이러한 이동이 가능했던 것은 여성 자신의 결단이 필요한 것이기도 하거니와, 이러한 결단의 버팀목이 된 것은 서로 아는 이들로 엮어져 '함께' 물질하러 갔기 때문이다. 현지에서 같이 숙식을 해결하며 공동생활을 하였다. 이들은 제주말을 사용하고 제주음식을 먹으며 타지 생활 동안 서로 의지하고 연대하였다. 바깥물질을 하는 동안 이들은 생활의 연대자가 되었고, 이렇게 출어했던 이들끼리의 네트워크가 형성되어 또 다른 제2, 3의 출어에도 영향을 미쳤던 것이다. 이처럼 출어했던 이들은 일제의 지배구조 안에서 생활상의 연대자가 됨으로써 자신들의 잠수기술을 활용해 경제활동을 꾀하였던 것이다.

셋째, 제주해녀들의 바깥물질은 한반도 연안 전체에 '한국 해녀'가 형성되는 계기를 만들었다. 19세기 말의 출어 물결은 산업화로 이촌향도가 일어났던 70~80년대까지 약 1세기를 거치는 동안 오늘날의 '한국 해녀'가 전국적으로 등장하게 된 것이다. 출어의 물결이 급물살을 이룬 것이 곧 일제시기의 바깥물질이다. 현지에 정착한 이의 자손들이 다시금 물질을 하거나, 이들의 물질을 보고 현지인이 물질을 배워 '지방해녀'[현지의 해녀]가 되는 등의 과정이 이 시기 동안 일어났다.

되짚어 보면, 일제의 자원재생산을 고려하지 않은 잠수기업자들의 어장 황폐화와 노임[勞賃]의 횡포와 착취적 구조가 이들을 제주 섬에서 밖으로 밀어내는 압박요인이 되어 한반도 전체에 여성 잠수부가 존재하게 되는 데 영향을 미친 것이다. 조선시대까지 한반도 연안에서 볼 수 없었던 여성 잠수부가 일제시기를 거치며 급증한 바깥물질로 인하여 오늘날 전국에서 해녀를 볼 수 있는 것이다. 어찌보면 당연할 수 있으나 놀라운 점은 일제시기에 크게 증폭된 출어 물결임에도 한국 해녀의 해양문화는 일본의 아마[해녀]가 아니라 제주 잠녀의 해양문화에 기초하고 있다는 점이다. 이것이 지극히 당연한 결과라고 할 수도 있겠으나, 일제의 지배가 생활 곳곳에 영향을 미쳤다는 것을 상기할 때 이는 놀라운 일이다. 이 역시 함께 무리지어 출어했던 잠녀들의 연대에서 비롯된 결과라고 볼 수밖에 없을 것이다. 이렇게 제주 잠녀들의 존재는 일제시기를 관통해 한국 해녀의 새 장을 열게 되었다.

3장
해녀 물질의 전통과 관습

제주도 잠녀들은 물질을 어떻게 하는가? 물질은 '물에서 하는 일'이라는 의미를 담고 있듯이, 이것은 제주도에서 바다 속에서 하는 일[work]을 일컬어 왔다. 그 목적은 해산물 채취하기 위한 것이었다. 잠녀들의 물질법은 숨을 참기에 현대 잠수과학에서 이것은 지식잠수[止息潛水, breath-hold diving]라고 할 수 있고, 스포츠 분야에서는 이를 스킨다이빙[skin-diving]이라고도 한다.[114] 기계적 장비 없이 수중 깊은 곳까지 이르는 잠수 기술에 도전하거나 수중세계를 즐기는 프리다이빙[free-diving]도 모두 지식잠수의 일종이다. 일본에서는 이를 '나잠[裸潛]'이라고 표기하여 왔고, 일제시기를 거쳐 한국에서도 해녀들의 마을어장에서 하는 어업을 나잠어업이라고 말해왔다. 이 나잠의 의미에 대해서는, 산소통과 같은 장비를 사용하지 않고 인간 자신의 맨몸으로, 그리고 가벼운 복장만으로 잠수하기에 '나잠' 혹은 plain-diving이라고 일컬어 왔다. 이 모두 지식잠수에 해당하지만, 해녀들은 레저나 스포츠가 아니라 경제적 생산활동으로 잠수를 하기에 잠수활동의 사회적 성격은 다르다고 할 수 있다.

114 박양생, 『한국해녀: 잠수 생리학적 특성』, 고신대학교출판부, 2004, 8쪽.

그럼에도 수중에서 잠수한다는 것은, 인간의 신체가 수중에 들어갔을 때 일어나는 생리학적 변화를 수반하게 된다. 제주 잠녀들은 여성 자신이 반복적인 자맥질 경험을 통해 숙련된 잠수기술을 익히고 전승해 왔다. 이들에게 문자화된 매뉴얼이나 물질을 가르치는 교사나 교관이 별도로 있었던 것도 아니었다. 그러나 이들은 현대산업사회에 이르기까지 "물질"이라는 오래된 잠수법을 전승하고 있고, 그것이 오늘날 어떤 지혜를 담고 있는 것인지 탐색해보는 것은 해녀문화의 가치를 밝히는 데 핵심을 이룬다. 따라서 이 장에서는 물질이라는 전통적 어로법이 전승하고 있는 민속지식의 현대성에 주목하고자 한다. 그럼으로써 한국 해녀 물질의 전형성을 찾고 나아가 전승기준에 대한 시사점을 도출하고자 한다.

1. 물질 도구와 방법

1) 도구

먼저, 바다에 잠수하기 위해서는 무엇이 필요하며, 어떻게 준비할 수 있는가? 잠녀들의 물질 도구를 보면 모두 소박한 것들이고, 대부분은 자신이 자력[自力]으로 준비하는 것들도 많다. 즉 해산물 채취도구 중 철제품과 잠수복을 제외한다면 대개는 모두 자신이 주변에서 구할 수 있는 재료들을 이용하는 것을 볼 수 있다. 다음 표에서 제시한 도구들은 필자가 2005년 현지조사하였던 제주도 김녕리 잠녀들의 물질 도구를 정리한 것이다.

〈표 6〉 물질 도구

구분	명칭	용도	구입 방법	보관 장소
채취 도구	테왁	부표(浮標)	직접 제작	공동 창고
	조락	작은 조개용 그물 자루	직접 제작	
	망사리	어획한 것을 넣는 그물 자루	직접 제작	
	비창	전복 채취	철물점(오일장)	
	깔꾸리	소라, 성게, 문어, 오분자기 채취	〃	
착용 도구	작업복	고무옷(상하의, 모자), 고무손장갑(겨울)	주문 제작	개별 소지
		속옷, 스타킹, 나일론셔츠, 양말, 팔띠(팔소매), 면장갑(2-3개), 덧수건(겨울)	직접 제작, 가게 이용	
	물안경	수중 안경	철물점(오일장)	
	오리발	입수(入水)와 이동	〃	
	연철	납덩이(몸무게의 1/10 착용)	〃	
	슬리퍼	작업 전후 이동 시	가게 이용	
상비물	쑥	물안경의 서리 방지	개별 준비	
	약	두통, 멀미 방지	약국	

※ 출처: 안미정, 「제주 잠수의 어로와 의례에 관한 문화인류학적 연구: 생태적 지속가능성을 위한 문화전략을 중심으로」, 한양대학교 대학원 박사학위논문, 2007, 98쪽.

도구의 이름은 지역에 따라 조금씩 다르지만, 물질도구가 채취와 착용에 필요한 것들로 구성되는 것이나 각 도구의 기능들도 거의 동일하다. 그런데 이들 도구는 시대에 따라 변화한 역사를 가지고 있다. 또한 대부분 직접제작을 하고 있다는 것도 눈에 띄는 점이다. 물질에 사용되는 가장 기본적인 도구[장비]들을 중심으로 살펴보기로 하겠다.

① 테왁과 망사리

'테왁'은 해녀의 분신이자 표상이다.[115] 망사리라고 부르는 그물자루를 달고 있는 테왁은 해산물을 보관하고, 물질하는 동안 해녀가 테왁 위에 몸을 잠시나마 얹어 기댈 수 있는 부표[浮標, buoy] 역할을 한다. 이렇게 두 가지의 기능을 가진 테왁 없이 해녀들은 바다에 갈 수 없을 뿐만 아니라 가지도 않는다.

115 김영돈의 『한국의 해녀』(민속원, 1999)를 참조.

망사리 만들기(자료제공: 안미정)

과거엔 박을 키워 그 속을 파낸 후 사용하였기에 이를 "두렁박"[혹은 "콕테왁"]이라고 불렀고 지금도 일부 해녀들은 테왁을 흔히 두렁박이라고 부르기도 한다. 스티로폼이 나온 후 해녀들은 보다 쉽게 테왁을 만들 수 있게 되었다. 스티로폼을 둥글게 만들어 여기에 주홍색 천을 씌워 이름이나 자신만의 표식을 새겨놓는다.

망사리는 망아리라고도 하는데, 나일론이 나오기 이전에는 "신사라"라고 부르던 열대식물[116]의 잎을 말려 새끼를 꼬은 후 그물자루를 만들었으나 지금은 어망으로 사용되는 초록색 나일론 그물로 자루를 직접 만든다. 망사리의 그물자루 형태를 잡아주기 위해 둥그렇게 잘 휘어지는 나무로 타원을 만들어 테왁과 연결하는데 이 나무는 상동나무를 썼다고도 하는데[117] 이 역시 질기고 잘 꺾이지 않는 성질을 이용하여 만들었다. 이것도 요즘은 잘 휘어지는 파이프

116 뉴질랜드가 원산지인 신서란(新西蘭)을 말한다. 마오리족이 하라케케(Harakeke)라고 부르는 식물이다. 주로 밧줄과 닻줄을 만드는 데에 사용되었다.

117 그물코를 만드는 데는 억새 속잎을 쓰고, 그물을 매단 나무는 다래나무를 이용했다고도 한다. 자세한 내용은 디지털서귀포문화대전(https://seogwipo.grandculture.net)을 참조.

테왁과 망사리(자료제공 : 제주특별자치도 해녀박물관)

김녕리 김영자씨 친정어머니의 빗창
(자료제공 : 안미정)

테왁, 망사리, 빗창, 연철, 깔꾸리(자료제공 : 안미정)

수경, 모자, 쑥, 장갑(자료제공 : 안미정)

물질도구들과 재료

를 가지고 만들기도 한다.

망사리 안에 여러 종류의 해산물들을 넣다 보면 서로 부딪혀 상처가 날 수가 있고 크기도 다르기 때문에 별도의 작은 자루를 망사리 안에 하나쯤은 반드시 매달아 둔다. 제주에서는 주로 자루 안에 다는 반면, 부산 영도에서는 모두 망사리 밖에 여러 개를 돌아가며 덧달아 놓고 있었다. 이는 물질 하며 여러 종류를 한꺼번에 잡는다는 것을 뜻하는 것이다. 이런 작은 자루를 "조락"이라고 부른다. 조락은 허리에 매달아 수중에서 잡는 즉시 바로 넣을 수 있는 자루로 사용되기도 한다. 이처럼 몸에 매달아 사용하는 방식은 일본의 아마나 1970년대 이전 페르시아만 진주잡이들에게서 볼 수 있는 것과 유사하다. 그물자루에 사용할 나무를 구하다 둥그렇게 만드는 것은 남자의 도움을 받곤 하지만, 항아리 모양의 망사리나 작은 조락은 여자들이 직접 만들었다. 물질이 왕성한 잠녀들은 자신의 테왁과 망사리를 두 개 이상은 가지고 있는 게 보통이고, 수심 깊이 자맥질할수록 테왁의 크기도 크다. 잡은 것의 양도 많고 그 무게를 견디며 큰 파도도 넘어야 하기에 테왁의 크기도 커지는 것이다. 따라서 테왁을 보면 그녀의 물질 기량도 짐작할 수 있다.

② 빗창, 깔꾸리 그리고 종게호미

전복을 잡는 데 사용하는 쇠붙이 도구를 빗창[혹은 비창]이라고 한다. 그 외 소라나 성게, 문어 등을 잡을 때 사용하는 가장 일반적인 도구는 깔꾸리[혹은 까꾸리]라 불린다. 빗창은 전복을 일컫는 '비', '빗'에 '창[槍]'이 더해진 말이다.[118] 말 그대로 전복잡는 데 쓰이는 창의 역할을 한다. 제주도에서는 전복을 '빗'이라고 하니 빗창은 곧 전복을 따는 창이라는 말이다. 빗창은 길이 30㎝ 내외의 길이에 폭 2~2.5㎝의 길쭉한 쇠붙이로 손잡이 부분은 끝을 동그랗게 휘어 단단한 줄을 넣어 손목에 걸 수 있도록 끈을 매단다. 역사적으로 잠녀가 채복꾼의 역할을 하였듯이, 빗창은 여성잠수부와 전복의 깊은 관계를 상징하고 있는 도구이다. 전복이 많이 사라져 하루 종일 물질을 해도 전복을 보기 힘들지만, 그럼에도 빗창 없이 물질을 가는 해녀들은 없다. 그만큼 이 도구는 필수품과 같다. 빗창을 망사리에 끼워 자맥질하는 해녀도 있으나, 기량이 뛰어난 해녀들은 허리 뒤에 찬 채 잠수한다. 한편, 한반도 각지에서 남자 잠수부들이 채복하였던 도구가 어떤 것인지에 대해 알려진 바가 없다. 그러나 패총에서 나온 동물뼈로 만들어진 빗창류의 것들이 발굴되어 오늘과 같은 빗창의 쓰임은 고대로부터 이어져 온 것이라고 추정된다.

깔꾸리는 해녀들이 수중에서 가장 많이 쓰이는 도구이다. 이것은 자맥질에 쓰이는 '바다의 호미'라고 할 수 있다. "호맹이"라고 불리는 것과 그 쓰임이 크게 다르지 않다. 바위 틈 사이에 박힌 성게나 오분작이, 문어를 잡을 때는

118 디지털서귀포문화대전(https://seogwipo.grandculture.net/seogwipo)에서 '비바리'를 참조.

물론, 수중 암반 위를 유영하여 사냥꾼처럼 이곳저곳을 탐색을 할 때에도 깔꾸리로 바위를 짚어가며 움직이기에 힘을 아낄 수 있다. 깔꾸리는 끝이 날카롭고 나무손잡이가 있어 망사리에 끼워 바다로 가고 적당한 곳에 이른 후 잠수작업 직전에 이를 꺼내 물질한다. 경우에 따라서는 크고 작은 깔꾸리를 두 개씩 가지고 다니는 해녀들도 있다. 잡을 것의 종류에 따라 길이가 다른 것을 가지고 다니는 것이다.

이 외에도 낫과 같은 '종게호미'가 있는데,[119] 미역과 모자반[120] 같은 긴 해초를 베어낼 때 사용한다. 보통 낫은 긴 손잡이 나무 안에 낫의 끝을 박아 고정 시키는 반면, 제주도 서귀포 지역에서 종게호미는 손잡이 나무 바깥에다 낫의 끝을 대고 그 위를 줄로 단단히 동여매어 사용한다. 이렇게 해야 물속에서 날이 쉽게 빠지지 않는다는 것이다. 이건[李健]의 〈제주풍토기[濟州風土記]〉에서, "낫을 들고 물속으로 들어가 미역을 따낸다"고 한 이 낫[鎌]이 종게호미이다.[121] 제주에서 종게호미는 자주 사용하지 않는데, 양식 미역의 등장으로 더 이상 미역을 채취하지 않기 때문일 것이다. 깔꾸리와 종게호미는 바다에서 호미와 낫의 역할을 하는 도구라고 할 수 있다.

③ 물옷: 물소중이와 고무잠수복

해녀들의 작업복을 흔히 "물옷"이라고 부른다. 물옷은 1970년대를 기점으로 무명으로 만들어진 물소중이에서[122] 고무잠수복으로 바뀌었다. 해녀들은 고무잠

빗창

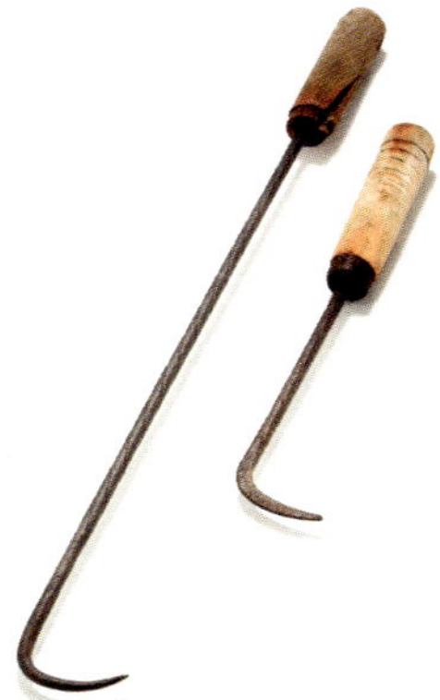

깔꾸리

종게호미(정개호미)

해산물 채취용 철제도구들
(자료제공: 제주특별자치도 해녀박물관)

119 제주도에서 낫은 "호미"로 불리고, 호미는 "골갱이"라 말한다.
120 제주도에서 "몸"이라고 부르고 경상도 지역에서는 "맘"이라고 부르는 해초.
121 디지털서귀포문화대전 '종게호미' 참조.
122 소중기 · 소중이 · 속곳 등으로 불리기도 했다.

소중이(자료제공 : 제주특별자치도 민속자연사박물관)

현재 고무잠수복(자료제공 : 안미정)

과거와 현재 작업복

수복을 "고무옷" 또는 여전히 "물옷"이라고 간편하게 말한다. 소재와 형태가 모두 바뀌었음에도 물질할 때 입는 작업복의 의미는 변함이 없는 것이다. 고무옷이 보편화되고 있어 과거 물소중이를 만드는 제작법도 점차 사라지고 있다.

물소중이는 흰색과 검은 색이 있는데, 검은 물소중이는 변색이나 오염을 방지하기 위해 흰색 무명이나 광목천에 잿물 또는 검은 물감을 들인 것이다. 형태상으로 보면, 물소중이는 위아래가 일체형으로 된 짧은 팬츠 모양에 한쪽 어깨 끈이 있는 물질 작업복이다. 윗부분은 몸에 꼭 맞게 하고, 아랫부분은 밑바대를 바이어스로 재단하여 움직임이 편하도록 하였다. 특징적인 것은 위아래로 하나의 옆트임을 두었고, 이 트임과 다른 윗편에 어깨끈을 달아 맨 것이다. 트임은 단추역할을 하는 "벌모작"이라는 매듭을 달아 여미고, 허리부분에 짧은 끈과 긴 끈을 달아 한 바퀴 몸을 둘러 고정할 수 있게 되었다.[123] 일체형이라 빠르게 입고 벗을 수 있고, 옆트임에 한쪽 어깨끈만을 두어 물 속에서 방해되지 않도록 작업의 효율성을 고려했다. 또한 세탁과 건조가 쉽고 잠수 전후 옷을 갈아입기도 편하도록 고안되었다.

1960년대 이전 제주도 해안의 여자아이들은 물질을 배울 기회가 많았고, 열 대여섯 전후 물질을 시작하여 한 경우에는 성장하며 물옷이 작아질 때를 고려해 폭을 크게 하였다고 한다. 그래서 벌모작의 위치로 바꿔 달아 한번 만든 물옷을 오래 입을 수 있었다고 한다. 또한 흰색 실로 박음질할 때에는 자기만의 작은 패턴을 두어 자신의 자부심을 드러내기도 하였다. 물소중이 외 물적삼과 수건 및 까부리라는 모자가 있었다. 물적삼은 적삼을, 물수건은 무명천의 머릿수건을 말하는데 수중에서 추위와 머리카락이 흐트러지는 것을 방지하였다. 까부리는 육지로 바깥물질 갔던 여성들이 주로 쓰기 시작한 것으로 알려지고 있다.[124] 이러한 전통적 복장은 추위에 쉽게 노출되었기 때문에 수중 자맥질 시간이 길지 않았다. 때문에 불턱에서 잠시 몸을 녹이며 휴식할 수 있었다. 하루 잠수작업 중 서너 번씩 휴식이 가능했다. 그러나 이러한 물질작업은 고무옷의 등장으로 바뀌게 되었다.

고무옷은 현대 다이버들의 잠수복[wetsuit]과 비슷하지만 일체형이 아니며 스폰지가 아닌 합성고무인 네오프렌[neoprene]으로 만들어진 작업복이다. 고무옷을 제작하는 곳은 부산에 있었다 하며 지금은 도내외의 업체에 의뢰하여 주문제작하는 것이 일반적이다. 계절에 따라 두께를 얇고 두텁게 하는 등 한 해녀는 두어 벌의 고무옷을 가지고 있기 마련이다. 고무옷은 살갗을 다칠 수 있어 속에 나일론 상의와 스타킹을 별도로 착용 후 입곤 한다. 상대적으로 추위를 이기고 오랜 시간 작업할 수 있어 생산량이 높은 장점을 가지고 있다. 동시에 고무냄새로 인한 고통과 장시간 잠수해야 하는 센 노동강도가 뒤따랐다. 질적 측면에서 고무잠수복의 보편화는 여성 자신에게 더 센 노동강도를 초래하여 두통약과 멀미약을 상시 복용하고 체력을 보강해야 등 누적된 잠수병을 초래하고 있다. 최근 젊은 해녀들은 다이버들의 잠수복과 비슷한 옷으로 바뀌고 있으나 비용 문제로 과거 고무옷에서 큰 변화가 없다. 여러 지방자치단체에서는 조례를 재정하여 고무옷 비용을 보조하고 있

123 김영돈, 『한국의 해녀』, 민속원, 2002(1999), 109~114쪽.

124 '이멩거리'라는 머리끈을 쓰다가 1910년대 '물수건'으로 바뀌었다. 이멩거리는 머리카락을 올려 동여묶었던 것으로 이러한 머리카락 정돈법은 두모악과 유사한 모습이라고 짐작된다. "총각차라 물에 들게"라는 말에 총각은 이멩거리로 머리를 묶은 모습을 말한다(김영돈, 위의 책, 1999, 324쪽).

으나 거의 모두 자비 부담이 있다. 그러므로 비용절감을 고려하는 해녀들이 편리한 고가의 잠수복을 선택하지 않는다. 앞으로 해녀문화의 지속성을 고려할 때 작업복은 중요한 물질 도구[장비]로써 그 비용과 소재, 형태의 측면에서 혁신이 이뤄져야 하리라 본다.

작은눈

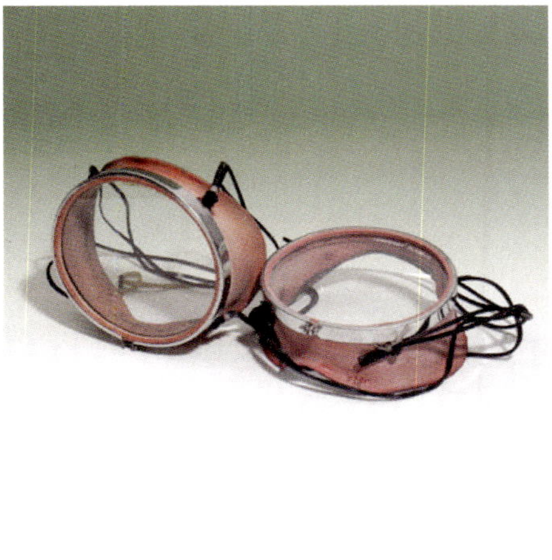

큰눈

수경 "눈"(자료제공 : 제주특별자치도 해녀박물관)

④ 물안경[눈]과 작살[소살]

잠수할 때 끼는 물안경을 제주에서는 "눈"이라고 한다. 물 속에서 사물을 크고 자세히 볼 수 있도록 해 주는 것이 곧 눈[眼]이다. 일본 아마들은 "메가네[眼鏡]"라고 하여 곧 안경이라고 부른다. 물안경을 착용한 시점은 19세기 말에서 20세기 초라고 추정되고 있다.[125] 동시에 모든 해녀들이 착용한 것이 아니었으며 1990년대에 고령의 해녀들은 어릴 적 수경없이 물질했다고도 한다.

초기 수경은 일본에서 전파된 "족은 눈[작은 눈]"이라고 부르는 두 개의 안경알이 있는 형태의 것이었다. 일본 아마들이 다양한 형태의 수경을 착용했던 것과 달리, 한국 해녀들의 물안경은 이 "작은 눈"에서 "큰 눈"으로 바뀐 역사를 가지고 있다. 제주도에서는 일본에서 나타난 여러 형태의 수경이 잠시 나타났으나, 보편화되지 않은 채 큰 눈으로 바뀌어 왔다. 큰 눈은 일명 "왕눈"이라고 불리기도 하는데, 안경알이 하나인 것으로 두 눈과 코를 한꺼번에 덮을 수 있게 제작된 수경이다. 안경 주변을 쇠로 만들어진 것도 있었으나 지금은 모두 분홍색의 고무로 둘러 머리에 가하는 압박이 줄어들게 하였다. 검은 고무줄을 양쪽 끝에 두 겹씩 달아 머리에 단단히

125 김영돈, 앞의 책, 1999, 116쪽.

고정되도록 하였다. 현재 한국 해녀들은 이 "큰 눈"을 사용하고 있으며 일부는 다이버들의 수경을 사용하기도 한다. 고무옷과 달리 물안경은 제주도에서 만들기도 하였다.[126] 고무옷과 물안경이 모두 일본에서 제주도로 전파되었고, 오늘날 한국 해녀들이 사용하는 것은 모두 제주 잠녀들에 의해 보편화된 것들이다.

작살은 "소살"이라고도 하는데, 수중에서 사용하는 화살의 역할을 한다. 광어나 복어와 같은 물고기를 잡는 해녀들이 이것을 사용한다. 길이 약 40㎝에서 약 1m가량의 긴 대나무 한쪽 끝에 뾰족한 쇠를 달고, 반대 끝에는 길고 둥그렇게 고무줄을 매단다. 고무줄을 잡아당기면 화살처럼 탄성에 의해 고기를 쏘아 잡는다. 1940년대 이전에는 고무줄 없이 살만을 사용했으나 이후 탄성을 이용하여 더 멀리 갈 수 있도록 고안되었다.[127] 작살을 사용하는 해녀들은 대개 제주도에서 볼 수 있다. 마을어장 내에서 어류를 잡을 수 있는 권리와 상관성이 있다. 또한 작살을 사용하는 것은 이를 사용하는 기술 없이는 사용하기도 힘들다. 어지간해서는 짧은 숨을 참는 사이 고기를 쏘아 잡는 것보다 소라나 성게를 찾아 이를 잡는 것에 더 시간을 투자하는 것이다. 이처럼 작살을 사용한다는 것은 고기를 쏘아 잡을 기량이 필요하기에 해녀들 가운데에서도 일부만이 망사리에 이를 꽂고 다니는 것을 볼 수 있다. 어로가 단지 채집행위가 아니라 포획하는 사냥의 성격을 가지고 있다는 것을 보여준다. 잠녀들에게서 '여성 사냥꾼'의 면모를 볼 수 있다.[128]

이 외에도 망사리 끝에 긴 줄로 맨 닻은 물 속에서 테왁과 망사리를 고정시킬 수 있다. 닻은 현무암을 뚫어 줄을 매기도 했었으나 10㎝ 미만의 쇠붙이를 바위 틈에 고정해 닻으로 사용하기도 한다. 이처럼 여러 도구들이 바닷 속에서 이뤄지는 물질을 위해 필요한 것들이고, 대부분 여성들이 경험을 통해 고안된 장비들이다.

126 애월읍 신엄리와 구엄리, 중엄리, 그리고 구좌읍 한동리에 있어 생산지에 따른 눈의 명칭이 있었다(김영돈, 앞의 책, 1999, 117쪽).

127 한국학중앙연구원 향토문화전자대전 참조.

128 일본 여러 지역에서 만난 여성 아마들은 작살을 사용하지 않으며, 남성 아마가 현대식 총으로 된 작살을 사용하고 있다.

이들은 현대적 잠수과학의 지식을 배운 것이 아니라 해녀집단이 전승해 온 잠수법으로 어로행위를 하고 있다. 그럼에도 이들의 '물질법'은 오래된 어로기술일 뿐만 아니라 '살아있는 민속과학'이라는 것을 알 수 있다. 물질법에는 해양생태 지식들이 체계화 되어 있으며, 이는 현대과학의 지식과 맞물려 있다. 한국 해녀들의 물질법은 물질을 잘하는 테크닉을 말하는 것이 아니라 오랜 시간에 걸쳐 축적되어 온 해양생태의 지식을 포함하고 있다. 그리고 이 물질법은 '해녀기술'로써 전승되어 온 해녀문화의 핵심이다.

2) 기량: 상중하군 그리고 대상군

마을어장에서 물질을 할 때 어디에 어떻게 입수하여 무엇을 잡을 것인가를 생각하는 것이 해녀이다. 풍속과 풍향, 파도의 일렁거림과 바닷물의 색깔 등 바다의 모든 것이 이들에겐 자신의 하루 물질의 기량을 최고조로 올릴 중요한 정보가 된다. 이들은 매일매일의 날씨에 대해 민감하다. 그녀가 물질하는 동안의 안전과 직결되기도 하고 또 하루에 얼마나 잡을 수 있을지 그녀 스스로 판단하는데 있어서 날씨는 가장 큰 변수이기 때문이다. 이처럼 하루의 날씨를 해독[解讀]하는 것이 잠수복으로 갈아입기 전 그들이 하는 첫 번째 일이다. 그리고 그녀의 판단에 따라 그녀는 그날 하루의 물질 기량을 최고조로 끌어 올릴 수 있거나 혹은 그 반대일 수 있다.

해녀들의 기량은 얼마나 수심 깊이 들어가는가에 따라 상군[上軍]·중군[中軍]·하군[下軍]으로 나뉜다. 그 유래에 대해서는 정확히 알려진 바가 없으나 조선시대 수군[水軍]과의 연관성이 유추될 뿐이다. 이러한 분류를 두고 계층과 계급이 다르다고 말하는 경우가 있으나, 엄밀한 의미에서 상·중·하군은 서로 다른 사회적 신분과 위치에 있지 않으며 또한 생산수단과 생산관계가 서로 다르지도 않다. 간단히 말해 이들이 서로 계급 계층이 다르지 않다는 것이다. 그럼에도 마치 상·중·하군이 서로 다른 계층인냥 말하는 것은, 상, 중, 하라는 말을 순위[順位] 또는 피라미드식 서열[序列]의 의미로 받아들이기 때문일 것이다.

상·중·하군의 유래는 조선시대 진상되던 전복이 수심 깊은 곳에 더 크고 좋은 것이 있어 이를 잡을 수 있는 잠녀들을 구분하였던 데에 따른 것이라 짐작된다. 곧 깊이 자맥질하는 능력, 그것은 곧 전복의 서식지와 관련이 있었던 것으로 잠수능력이자 전복잡이 능력을 구분지었던 것이다.

〈표 7〉 제주도 해녀들을 불러 온 다양한 명칭

구분	다양한 명칭	한 철 해안에서
하군(下軍)	하줌수(下潛嫂), 하줌녀(下潛女) 족은좀수, 족은좀녜, 돌파리, 똥군 볼락줌수, 볼락줌녜, 깍줌수, 깍줌녜, 애기줌수, 애기줌녜, 굿좀수, 굿좀녜	고망줌수, 고망줌녜
중군(中軍)	중줌수(中潛嫂), 중줌녜(中潛女) 등, 그러나 흔히 언칭하지 않음	
상군(上軍)	상줌수(上潛嫂), 상줌녜(上潛女), 큰줌수, 큰줌녜, 왕줌수, 왕줌녜,	

※ 자료: 김영돈, 앞의 책, 1999, 92~93쪽.

상·중·하군이 채취하는 해산물은 수심 차이에 따른 차이가 조금씩 발생한다. 해양동식물들의 서식지가 해녀들 사이에 상호 관련성이 있게 되는 것이다. 만약 깊이 자맥질하지 못하는 해녀의 경우 그녀는 연안 가까이에 있는 고둥과 오분자기, 그리고 우뭇가사리를 채취하는데 능숙할 것이다. 반면 깊이 자맥질하는 해녀는 오분자기보다 소라나 전복의 생태적 지식에 더 밝다. 해녀의 기량 차이는 그녀가 얼마나 깊이 자맥질하는가하는 신체적 능력 외에도, 생태적 지식에 밝은 노련함에 따라 물질을 잘하는 해녀가 된다. 고막이 아파 깊이 못 가는 해녀라 할지라도 오분자기가 어디에 어떻게 많이 있는지를 알고 이를 잘 잡는 해녀도 "오분작이 상군"이라고 불리듯이 해녀들은 깊이 잠수하는 신체적 능력만을 중시하지는 않았다.

이와 같이 상중하군의 해녀들은 자신이 자맥질하는 깊이에서 주로 잡는 해산물들에 대한 자신만의 지식을 쌓아가며 물질을 해왔다. 이러한 지식들은 상·중·하군이 모두 가지고 있기에 이들 사이에 단지 수심 깊이 잠수하는 기량으로 그들 사이의 서열을 만들지 않는 것이다. 다만, 간혹 '그 사람은 상군해녀야'라고 하는 말에서 부러움과 존중의 의미를 엿볼 수 있다. 잡는 양의 차이와 많은 소득을 올리는 해녀는 그들 모두가 물질에서 기대하는 바이기 때문이다. 또한 불턱이나 현대식 탈의장에서 좋은 자리를 상군이 앉는다든가 하는 관행이 있는데, 이는 오래 물질한 이가 더 좋은 자리를 차지하게 되는 것과 같은 이치이다. 이들을 각각 서로 다른 계층으로 볼 수 있다면 그것은 이들이 활동하는 수심지대가 다른 것일 뿐이며, 그것 또한 나이가 들수록 변화한다.

또한 해녀회가 생기기 전에도 "대상군[大上軍]"이라고 불리는 잠녀들이 있었다. 이들은 물질을 잘 할 뿐만 아니라 인덕을 갖추고 있어 여러 의사결정에 중요한 리더 역할을 하기도 하였다. 대상군은 스스로 지칭하는 것이 아니라 동료 해녀들로부터 칭호처럼 받게 되는 말로, 해녀들이 어떤 이를 대상군이라는 할 때에는 그녀에 대한 존경의 의미도 내포되어 있는 말이었다. 오늘날 상·중·하군에 비해 이 말은 거의 사용되지 않는데 그 이유가 무엇인지 따로 생각해 볼만 하다.

수심 깊이 잠수하는 상군해녀들은 갈조류인 미역과 감태의 서식지까지 곧잘 이르곤 한다. 보통 망사리 안에 닻의 길이는 스무 발 정도의 길이로 준비하는데,[129] 상군해녀들은 15~20m가량 잠수하는 것으로 알려지고 있다.

한편, 이처럼 상·중·하군의 분류는 한 해녀의 일생을 거쳐 모두 나타난다. 하군에서 출발한 해녀는 상군으로 최고조의 물질 기량을 자랑하다가 나이가 들수록 다시 중군에서 하군으로 돌아온다. 이처럼 변화하는 물질 기량의 '순환'이 해녀의 해양인식 또는 세계관에 어떠한 영향을 미치는가에 대해서는 알려진 바가 없다. 또한 오늘 많이 잡은 해녀가 내일도 많이 잡을 수 있다는 보장이 없다. 한 해 농사를 잘 지은 농부가 내년에도 풍년을 장담할 수 없듯이 자연환경에 의존한 생업의 특성은 자신의 기량이나 의지만으로는 한계가 있기에 언제나 노력을 기울여야만 한다. 이런 부분에서 해녀들은 자신의 경제적 동기나 목적에 따라 선택한 일임에도 그녀의 일을 "업"이라고 말한다. 어쩔 수 없는 운명처럼 받아들이는 것으로 묘사되는 말이다. 이처럼 자신의 일을 운명으로 수용하는 것은 숙명적 인식이라고 할 수 있으나, 한편으로는 이들이 순환하는 자연의 일부로 자신들을 위치시키고 있다고 해석할 수도 있다. 수중 해산물들이 해마다 새롭게 다시 자라고, 자신의 소득이 늘었다가 줄어들며, 갯가에서 먼 바다로 그리고 다시 갯가로 회귀하는 것처럼 물질은 순환적 메커니즘 속에서 이뤄지고 있기 때문이다.

129 한 발을 1.5m라고 할 때, 30m를 말함.

3) 종류: 갓물질과 뱃물질

물질 가는 해녀들은 배[해녀배 혹은 관리선]를 이용해 수심 깊은 먼 곳으로 이동하기도 하고, 해안가에서 바로 입수하기도 한다. 전자를 뱃물질이라 하고 후자를 갓물질[ᄀᆞᆺ물질]이라고 구분할 수 있다. 배라는 이동 수단을 이용할 뿐 두 가지는 엄밀히 말해 하나의 물질법이라고 할 수 있다. 이 물질법은 테왁과 망사리를 바다에 띄운 후 물 속으로 잠수해 해산물을 채취해 내는 것을 말한다. 입수 전에는 크게 호흡을 하여 숨을 폐 속에 담아두어 더 오래 물 속에 있을 수 있을 것 같지만, 필자의 경험으로 이러한 방법은 크게 효과를 거두지 못했다. 필자가 물질할 때 해녀들로부터 들은 말은 "살려고 하면 된다"는 것이었다. 오히려 흔들리는 몸을 최대한 편안히 유지하고 호흡을 자연스럽게 하는 것이 물 속에서 더 오래 견딜 수 있었다. 그래야 물 위로 오른 후에 테왁을 잡고 내쉬는 숨비소리도 편안하다. 그리고 물질기량은 오래 하면 할수록 "제 숨이 나온다"는 것이었다. 상군이 되는 조건에 중요한 것은 숨이 아니라 고막이라고 한다. 귀가 당기는 수중 압력을 크게 느낀다면 깊은 곳에 갈 수 없다는 것이다. 그리고 숨을 참는 것은 반복적인 물질로 더 늘릴 수 있다고 한다. 따라서 물질법에 있어 중요한 것은 자신의 몸의 한계를 알아내고 자신에게 맞는 위치에서 지속적으로 하며 생태지식을 쌓아가는 것이다.

먼 곳에 가지 못하는 나이 든 해녀들은 허리에 긴 줄을 매어 그것을 망사리와 연결하는 물질법이 있다. 발이 닿을 정도의 얕은 바다에서 이들은 테왁까지 헤엄쳐 가기보다 긴 줄을 잡아 당겨 잡은 것들을 집어넣고, 그녀가 테왁과 가능한 멀리 떨어지지 않도록 할 수 있다. 이것은 빠르게 수중에 잠수하기 위한 방법이 아니라 안전을 도모하는 물질법이다.

한국에서는 볼 수 없으나 일본의 아마들은 수중으로 들어갈 때 허리에 긴 줄을 매어 잠수하는데, 이 줄은 배 위에서 대기하는 남자가 잡아 당겨 그녀가 수면으로 올라오는 것을 도와준다. 이 외에도 일본에서는 지역에 따라 다양한 물질법들이 있다. 그리고 그 물질법들이 가지고 있는 특징은 숨을 참는 제한된 시간의 효율성을 높이는 방법이라고 할 수 있다. 그리고 이를 위해 배 위에서 그녀를 돕는 남자가 있다는 점도 한국 해녀와 다른 점이다.

상대적으로 한국 해녀들의 물질법이 다양하지 않은 것은 제주도 잠녀들이 하는 물질법이 전파된 결과라고 할 수 있다. 과거 제주도에서 남자들은

"마줌" 역할 이상의 것을 하지 않았기 때문이다. 마줌이란 해녀가 물질을 마친 후 테와 망사리를 끌고 뭍으로 오를 때 이것을 대신 옮겨주는 마중꾼을 말한다. 이런 점에서 한국 해녀들은 자력으로 물질하는 자립적 물질법을 하고 있다고 할 수 있다. 반면 조력하는 남자 대신 다른 해녀들과 물질과정을 함께 한다는 점에서 여성 연대형의 물질법이라고 할 수 있다. 이러한 여성들의 집단적 물질 과정을 함께 전개하는 동시에 자신의 힘에 의한 자립적 물질법은 세계적으로 돋보이는 한국 해녀의 특징이라고 하겠다.

2. 민속지식

물질은 바다에 대한 여러 지식을 필요로 한다. 가장 중요하고 기본적인 것은 "물때"라고 하는 조수[潮水]의 반복적 변화를 아는 것이다. 한국 모든 어민들은 자기 지역의 물때에 익숙하며, 점차 기계화와 디지털 정보의 제공에 의존도가 높아지고 있음에도 어민들의 일상에서 물때는 어로활동을 계획하는데 있어 반드시 알아야 하는 정보이자 지식이다. '물때'는 달의 인력에 의해 지구의 해수면이 상승과 하강작용을 반복적으로 하는 것을 말하는데, 이로 말미암아 해녀들 역시 바다의 매일매일 보름 단위로 반복되는 바닷물의 흐름에 이름을 붙이고 있다. 더욱이 해녀들은 자신이 온전히 물 속으로 들어가기 때문에 물때를 아는 것은 자신의 생명과 직결되어 있다. 물질을 시작하는 해녀에게 물때 지식이 잠수 테크닉 못지 않게 중요하다.

이처럼 날마다의 물때에 기반해 자신의 어로활동을 계획한다. 그런데 해녀들의 물질하는 곳은 조수간만의 차 외에도, 해안과 수중의 지형에 따라 조수의 세기와 방향도 영향을 받기 때문에 물질 작업에서 이 모든 요소들을 복합적으로 고려해야 한다. 따라서 물때라는 시간적인 요소와 함께 동시에 공간에 대한 이해가 있어야 한다. 마을어장에서 물질하는 해녀들은 연중 서너 달을 제외하고 일을 하므로 자신이 다니는 바다를 손바닥을 보듯이 말한다. 그리고 이 수중의 세계에 붙여진 다양한 지명들이 '바다밭'의 이름으로 여러 세대를 거쳐 전승되고 있다. 바다밭이라고 하는 데에는 해녀들이 말하는 마을 어장의 수중 지명들을 보면 '~밭'이라고 붙은 명칭들이 많기 때문이기도 하고, 이들이 바다를 마치 밭처럼 어장을 지키고 일궈나가기 때문이다.[130] 이처럼 해녀들의 바다, 즉 바다밭에 대한 공간적 이해와 더불어 물때라는 시간의 지식이 더해져 물질이 이뤄지고 있다.

마을어장의 생태와 경관 등 해안마을과 해녀집단을 둘러싼 많은 변화가 일어나고 있는 가운데, 한국 해녀의 전형성을 살펴보기 위해서는 기존 연구자료들을 통해 해녀들이 형성해 온 물질에 대한 지식을 살펴볼 필요가 있다. 해녀들의 물질 지식은 곧 바다에 대한 해양생태적 지식이며, 그들의 어로활동이 해양환경에 어떻게 접목시켜 서로 조응[照應]하고 있는지를 보여준다. 제주도 해녀들에 대한 기존 연구자료를 토대로 살펴보도록 하겠다.

1) 바다의 시간

① 조수[潮水]의 지식과 바다의 이용규칙: 조천리의 사례[131]

조천리의 마을 어촌계는[132] 마을어장을 네 구역으로 나누어서 네 개 동네의 해녀들이 각각의 구역에서 물질한다. 그리고 각 구역마다에 해녀들의 "불턱"[133]이 있다. 네 개의 불턱의 위치는 각 구역의 중간 지점에 위치하고 있다. 조수[潮水]의 흐름에 따라 해녀들은 불턱을 중심으로 동서쪽을 번갈아 가며 일한다. 썰물 때에는 각 어장의 동쪽에서 물질하기 시작하고, 밀물에는 서쪽에서 시작한다. 이렇게 하여 작업이 끝나 뭍으로 나올 쯤에는 불턱이 있는 중간지점에 접근할 수 있는 것이다.[134] 조수의 흐름을 이용해 이동과 작업의 편의성을 도모하고 있는 것이다.

조천리에는 4개의 동네[웃동네, 중동네, 알동네, 중상동네]가 있고, 그에 따라 마을어장도 4개[대섬, 새배바다, 남당머리, 개낭개]로 나누어 해초 채취작업을 한다. 그런데 4개 어장의 수중 생태환경은 모두 다를 수밖에 없다. 대섬[웃동네 어장]에서는 우

130 김영돈, 앞의 책, 1999 참조.

131 김영돈, 앞의 책, 1999, 73~76쪽.

132 어촌계는 1962년 각령 제619호로 시행 · 공포된 「수협법」 시행령 제4조에 근거하여 어촌계원의 경제적 이익을 위한 공동 사업의 실시를 목적으로 조직되었다. 주요 기능으로는 어업권의 취득과 관리, 어촌계원의 후생 복지 사업 및 어장 관리와 공동 판매, 공동 구매, 자금 알선 등의 활동을 한다(한국향토문화전자대전, '어촌계' 참조).

133 작업 전후로 해녀들이 모여 휴식하는 장소.

134 김영돈, 앞의 책, 1999, 74쪽.

뭇가사리가 좋은 반면, 새배바다[중동네 어장]와 남당머리[알동네 어장]는 소라나 전복이 좋다. 이처럼 다른 자원 환경을 만드는 것은, 바다로 돌출한 "대섬[죽도]"의 영향이 크다. 길게 뻗어 나온 대섬으로 인해 마을어장은 작은 만을 형성하고 있다. 안쪽에 있는 개낭개와 대섬바다 어장은 밖에서 밀려드는 급한 조류나 서풍[마파람]을 대섬이 막아주어 물질하기 편하다. 그리고 이곳의 수심이 얕아 붉은 우뭇가사리들이 많이 자란다. 반면, 새배바다와 남당머리바다는 대섬 "코지[곶]"에 위치한 어장으로 상대적으로 거친 바다이다. 그리고 소라와 전복은 이곳에 많다.

〈표 8〉 제주 조천리 어촌계 마을어장의 구획과 이용자 현황

마을어장(바다밭)의 지명	동네	여성어촌계원 수	헛무레꾼 수
대섬	웃동네	14	2
새배바다	중동네	17	13
남당머리	알동네	22	18
개낭개	중상동네	12	3
총계		65	36

※ 출처: 김영돈, 앞의 책, 1999, 74쪽.

표에서 같이, 마을 해녀들은 대개 중동네와 알동네에 많이 거주하고 소라잡이["헛무레"]하는[135] 해녀의 수도 이 두 동네에 집중되어 있다. 썰물과 밀물의 유속[流速]과 바람의 방향과 세기, 수심의 깊이 등이 달라 어장의 자원 생태가 다르다. 그리고 이에 따라 무엇을 잡을지 판단하는 해녀들의 수도 다른 양상을 보인다. 마을 거주자들의 집은 대를 이어 상속되고 도시와 달리 쉽게 바뀌지 않는다는 점에 비춰볼 때, 이 표에서 자원과 해녀인구 수 사이에 상관성이 있음을 알 수 있다. 시장성이 있는 자원이 많은 곳에 해녀가 많다. 자원의 시장 상품성도 해녀 인구에 영향을 미치는 요소라고 할 수 있다. 그런데 이처럼

135 "헛무레꾼"은 소라나 전복, 해삼, 성게 등을 잡는 해녀를 말하는데, 톳과 미역, 우뭇가사리와 같은 해초 외의 것을 잡는 물질을 말한다. 주로 소라잡이에 집중되어 있다. 1970년대 이전에는 해초가 해녀들의 고소득이었고 소라와 같은 고둥류는 자가 소비될 뿐 이른바 "물건"(상품)이 아니었다. 헛물질이라고도 한다.

나뉜 어장 구역은 고정된 것이 아니다. 해초에 해당해 구역을 나뉠 뿐 소라와 전복을 잡을 때에는 구역에 상관이 없이 물질한다. 그 이유에 대해 "거친 조류에 대처하기 위해 어장을 하나로 이용"하는 것이라고 추정되고 있으나,[136] 이는 채취권이 해양자원의 생태적 특성과도 관련이 있다.

물질은 한 달 중 약 보름동안 이뤄진다. 전국적으로 물때에 의존하는 곳은 모두 이와 대동소이하며, 다만 대도시 인근 지역은 물때와 상관없이 이뤄지기도 한다. 물때가 있다는 것은 해녀일의 친환경적인 어로임을 보여주는 대표적인 예이다. '바다의 때'에 맞춰야 하는 것이기 때문이다. 가령 한 달 중 보름가량이 작업하기 좋은 때이다. 이것은 하루 두 번씩 썰물과 밀물이 들어왔다 나가기를 반복하는 것이 낮에 일어날 경우에 이때 바다로 해녀들이 나가는 것이다. 다시 밀물이 들어오기 시작하면 서둘러 해안으로 되돌아 와야 한다. 따라서 썰물이 일어나기 전 준비를 하였다가 수심이 얕아졌을 때 자맥질하고 밀물로 바뀌면 작업이 끝나는 것이다.

다음으로 조천리의 물때표를 살펴보기로 하겠다.[137] 〈표 9〉에서 보면 이 마을에서 음력 7일과 음력 22일이 조금에 해당하고, 이를 기점으로 두 번 작업이 순환되고 있다. 조수간만의 차가 크지 않은 조금 때를 "물찌"라 하는데, 이를 기준으로 한 달에 두 물찌의 물질 작업이 이뤄진

〈표 9〉 제주도 조천리 물때와 작업 패턴

구분	음력 날짜	물때 이름	작업 구역
휴지기	1	여덟물	
	2	아홉물	
	3	열물	
	4	열한물	
	5	열두물	
	6	막물	
1차 물질 - 보름 물찌	7	아끈줴기	새배바다
	8	한줴기	
	9	한물	
	10	두물	
	11	세물	
	12	네물	남당머리
	13	다섯물	
	14	여섯물	
	15	일곱물	
휴지기	16	여덟물	
	17	아홉물	
	18	열물	
	19	열한물	
	20	열두물	
	21	막물	남당머리
2차 물질 - 그믐 물찌	22	아끈줴기	새배바다
	23	한줴기	
	24	한물	
	25	두물	
	26	세물	
	27	네물	남당머리
	28	다섯물	
	29	여섯물	
	30	일곱물	

136 김영돈, 앞의 책, 1999, 74쪽.
137 김영돈, 앞의 책, 1999, 75쪽.

다. 〈표 9〉에서 “아끈줴기”가 조금에 해당하는데, 이때부터 조수의 차가 점점 크게 일어났다가 줄어들기를 반복한다. 음력 7일이 일을 시작하는 때로 이날은 아침 6~7시부터 준비하여 일찍 물질하기 시작하여 오전 중에 일을 마친다. 매일 1시간씩 물질 시작 시간이 늦어지다가 “일곱물”에 이르러서는 오후 1~2시에 시작해 물 밖으로 나오는 시간이 오후 5시가 된다. 이것은 평균 작업시간을 감안한 것이고 실제는 이보다 더 늦을 수도 있다.

9일간 일한 후 일하지 않는 날들[음력 1일~6일, 음력 16일~20일]이 중간에 6일 가량이 있다. 이렇게 하여 한 달에 18일을 일하고 12일가량 다른 일을 하게 된다. 그러나 이것은 일기가 좋을 때이고 실제 물질 가능한 날짜는 더 적다. 그리고 여름철 소라의 산란기를 기준으로 마을에 따라서 두서너달 물질 휴지기를 가진다. 물질하지 않은 하루의 빈 시간이나 이처럼 휴지기 동안에는 밭농사를 하고 집안일 등 여러 일을 챙긴다. 물때를 중심으로 농사 일정을 조율하고 일상생활의 리듬을 만들고 있는 것이다.

작업이 가능한 날이라 해도 물때에 따라 자맥질하는 구역이 다르다. 어장 구역이 두 개로 각각 나뉜 것처럼 해녀들은 물의 유속과 수심을 감안하여 초반에는 해안 가까운 바다 “새배바다”에서 물질작업을 하다가 점차 바깥쪽의 “남당머리” 바다 구역에서 집중적으로 작업을 한다. 조수간만의 차가 점차 드세지면서 해안가의 유속이 더 빨라지므로 더 먼 곳으로 가며 수심도 얕아지기 때문이다. 어디에서 어떻게 자신이 물질을 할 것인지는 개인의 판단이지만 이처럼 물때에 따라 물질 구역이 달라지는 것은 해녀들이 자율적으로 정한 것이다. 이렇게 하여 얻는 효과는 자원 고갈을 방지하는 것이다.

그런데 음력의 한 달은 29일과 30일인 때가 있는데, 29일까지 있는 달에는 그믐물찌의 여섯물을 일곱물로 간주한다. 그럼으로써 9일과 24일은 반드시 한물이 되도록 한다. 음력 21일 남당머리에서 하루 물질하는 것은, 줄어든 하루의 작업을 보전하는 것이라 하겠는데, 그 일을 새배바다가 아닌 남당머리에서 하는 이유는 빼버린 여섯물의 작업장소가 남당머리이기 때문이다. 이렇게하여 음력 하루 차이의 변수를 상쇄시키는 데 있어서 물때 주기와 작업 장소가 모두 균형을 이루도록 맞춰 놓고 있음을 볼 수 있다.

② 김녕리의 사례

제주도 동북쪽의 김녕리는 일제시기 때 동·서김녕리로 분리되었으나

2000년을 기점으로 행정통합을 이룬 해안마을이다. 마을의 해녀들은 과거의 관행대로 동서쪽의 각 어장에서 물질을 하는데, 해녀회 역시 동서에 각각 조직되어 있고 다만 총회장을 두어 하나의 해녀회에 두 개의 하부조직을 두고 있는 형태를 띠고 있다. 마을에 있는 밭들은 바다에서 불어오는 강한 바람으로 토심[土深]이 얕고 암반지대가 드러나는 등 흙을 보강하여 농사를 짓곤 한다. 사질성[沙質性] 토양의 밭들이 많아 이에 적합한 양파와 마늘 농사를 많이 짓는다.

김녕리의 물때의 이름은 조천리와 같다. 다만 물질을 시작하는 시점이 음력 6일인 막물이라는 점에서 하루의 차가 생기고 있다. 이 표를 보면, 막물에서 다섯물까지 8일동안 일을 한 후 7일동안은 하지 않는다. 그리고 다시 8일간 물질하는 패턴이 반복된다. 작업 구역을 상시 정하고 있지 않고, 작업하는 날 아침 고무잠수복으로 갈아입은 뒤 어촌계장과 잠녀들이 한 자리에 모여 결정한다. 한 구역만을 집중적으로 하기 보다는 순차적으로 마을어장 구역이 골고루 돌아가도록 하고, 잡을 해산물이 무엇이냐에 따라 구역을 정하기도 한다.

따라서 조천리처럼 물때에 맞춰 정해진 어장구역을 설정하진 않지만 특정 어장에 편중되지 않도록 조율하고 있는 것이다. 이렇게 하여 동김녕리 잠녀들은 한 달에 16일 간 작업을 한다. 소라와 문어 등을 주로 잡지만, 광어와 복어 그리고 때에 따라서는 보말[고둥]과 성게와 같이 계절에 따라 특정 해산물을 잡을 때도 있다. 시장의 상황을 고려한 마을 잠녀들의 선택이 물질작업에 반영되고 있는 것이다.

〈표 10〉 제주도 김녕리의 물때

구분	음력 날짜	물때 이름	작업 구역
휴지기	1	여덟물	
	2	아홉물	
	3	열물	
	4	열한물	
	5	열두물	
1차 물질	6	막물	전체 마을어장의 일부 구역
	7	아끈줴기	
	8	한줴기	
	9	한물	
	10	두물	
	11	세물	
	12	네물	
	13	다섯물	
휴지기	14	여섯물	
	15	일곱물	
	16	여덟물	
	17	아홉물	
	18	열물	
	19	열한물	
	20	열두물	
2차 물질	21	막물	전체 마을어장의 일부 구역
	22	아끈줴기	
	23	한줴기	
	24	한물	
	25	두물	
	26	세물	
	27	네물	
	28	다섯물	
	29	여섯물	
	30	일곱물	

그런데 김녕리 잠녀들이 잡는 해산물들의 종류와 그것을 채취하는 방법, 어장의 이용과 소득을 분배하는 방법이 조금씩 다른 것을 알 수 있다. 다음 표는 마을 어촌계원들이[해녀를 포함] 어떻게 마을어장의 해산물들을 채취하고, 그 소득분배는 어떻게 이뤄지고 있는지 정리해 본 것이다.

〈표 11〉 해산물에 따른 채취법과 분배법

구분	해산물	채취법	어장 이용규칙	출하	분배법	주요 유통시장
해조류	톳	전체 어촌계원의 의무적 참여, 갯바위에서 채취	동네별로 정해진 구역을 매년 순환	동네별 공동 건조 후 수협에 판매	동네별 해초의 등급판정에 따라 가구별로 어촌계에서 분배	수출
	우뭇가사리	전체 어촌계원의 의무적 참여, 갯바위와 물질로 채취	〃	〃	동네별 해초의 등급판정에 따라 가구별 분배 시, 해녀들의 참여노동량과 질을 고려해 어촌계에서 가구별 분배	수출
어패류 등	소라	물질	어장 구역을 순회	수협어판장	어촌계에서 해녀별 어획량 정산	수출
	전복, 오분작이, 문어 등	물질	〃	수협 입찰 상인	〃	국내

※ 자료: 안미정, 앞의 논문, 2007, 117쪽. 표의 일부 내용을 필자가 수정 보완함.

톳의 경우를 보면, 어촌계원 전체가 동네별로 구획된 어장의 갯바위에서 채취한 후 건조작업하여 수협이 정한 일자에 맞춰 출하한다. 이렇게 하여 가구별로 소득이 분배되는데, 다만 분배를 받기 위해서는 가구별 1인이 채취노동에 참여해야 하는 것이 의무이다. 어촌계원이라면 누구나 마을어장의 톳에 대한 자원권을 가지고 있고 이에 대한 경제적 소득을 얻을 수 있는 것인데, 계원 스스로의 노동이 있어야 함을 말한다. 또한 가구별 1인으로 한정하였던 관행은 점차 완화되어 2인도 가능하게 되었으나 이 같은 참여인원의 제한으로 말미암아, 마을어장의 경제적 이익이 특정인에게 편중됨 없이 마을구성원들에게 고루 돌아갈 수 있다.

반면에 소라, 전복, 오분작이, 문어, 해삼 등의 경우는 물질을 해야만 하는 해산물들로 마을 잠녀에게 소득이 돌아가게 되어 있다. 잡는 이의 자원 독점권이 보장되고 있는 것이다. 마을어장에 서식하는 자원이라 할지라도, 이것을 '잠수해야만 잡을 수 있기 때문에' 잡는 이에게 자원권을 부여하고 있는 것이다. 이처럼 물질은 자원권을 가질 수 있는 하나의 어로기술이 됨을 의미한다. 이렇게 잡은 해산물의 소득은 수협과 어촌계의 수수료[주로 6% 내외]를 제외하고 모두 채취자의 몫으로 돌아간다.

앞의 두 경우와 달리 우뭇가사리는 채취법과 분배법이 혼합되어 있다. 우뭇가사리는 갯바위와 얕은 수중 지대에 걸쳐 서식하고, 질 좋은 것은 물질해야 얻을 수 있기 때문에 고소득을 위해서는 마을 잠녀들의 물질이 있어야만 한다. 이를 위해 구획이 정해진 동네별 어촌계원들은 그들끼리의 고소득 전략을 마련하고, 여기에 동네 잠녀들의 노동강도가 다른 계원의 노동강도와 균형을 이룰 수 있도록 하여 분배금액이 형평성을 가질 수 있도록 한다. 그럼에도 완벽히 질적으로 이들 사이의 노동강도나 질이 같을 수는 없으므로, 일정분의 동일 금액을 분배한 후 추가분의 분배가 잠녀들에게 돌아가도록 하는 방법이 고안되고 한다. 이처럼 물질을 하거나, 혹은 하지 않는 채취법에 따라 어촌계원들 사이의 분배법도 달라지고 있다.

그런데 눈에 띄는 점은, 해초에 대해서는 어촌계원 전체가 자원권을 가진 반면 소라, 전복 등에 대해서는 그러지 않는다는 것이다. 이에 대한 하나의 해석으로써, 해산물의 생태적 특성과 채취자의 사회적 권리 사이의 상호연관성이 있다고 주장된다. 구체적으로 보면, 뿌리를 박고 있는 해초들은 마을에 거주[居住]하며 자가[自家] 소유자인 어촌계원이 분배권을 가질 수 있으나, 수중에서 움직이는 이동성[移動性]을 가진 패류들은 잠수할 수 있는 계원만이 그 이득을 취할 수 있게 되어 있다.

앞서 언급했듯이, 움직이는 소라나 전복을 잡는 기술을 가진 이들에게 이를 취할 수 있는 독점적 권한이 있는 것이다. 이러한 자원의 독점권은 마을어장에서 이뤄지는 집단적인 공동어로 과정에서 개별적인 자원권이 동시에 존재하고 있음을 보여준다. 흔히 해녀들이 평생에 걸쳐 힘이 들어도 물질을 하는 이유는 이러한 특정 자원에 대한 독점권, 이로부터 창출되는 소득이 있기 때문이라고 할 수 있다. 즉 물질하는 해녀들은 마을어장의 특정 자원에 대한 어로기술자로서 독점적 지위를 가지고 있으며 오래된 바다 생태의 민속지식을 어로문화로 정착화 시켜 온 전통어로기술자라고 말할 수 있다.

2) 바다의 공간: 수중의 밭들과 불턱

자연 생태의 리듬에 맞춰 밭일과 물질을 번갈아 가며 해녀들의 생활세계도 형성된다. 육상의 밭일을 하는 것과 같이, 수중에서 물질할 때 해녀들에게 펼쳐지는 수중의 세계도 하나의 생활공간이다. 마을 어촌계가 관리하는 해안의 마을어장은 해녀들의 '바다밭'이라 할 수 있다. 수중에는 다양한 지명[地名]들이 펼쳐지는데 이 이름들은 마을 어민들이 그들의 생업활동 과정에서 작명되고 전해져 온 것들이다. 이들 이름은 수중공간에 대한 생업자들의 인식과 지식이 응축된 것이라고 할 수 있다. 그 몇 사례들을 통해 공간에 대한 민속지식을 살펴보도록 하겠다.

① 수중의 밭, 바다밭

해녀들의 바다밭이라고 할 수 있는 마을어장은 법적으로 썰물 때 해안가에서 1㎞[1,000m] 이내의 바다를 말한다. 이 지역은 대륙붕에 해당하고 수심이 점차 깊어지게 된다. 제주도는 화산섬으로 용암이 바다로 흘러 들어가 다양한 지형을 만드는 동시에 구멍이 많은 다공성의 현무암은 해양동식물들의 포자와 어린 생물들이 자랄 수 있는 환경을 만들고 있다. 제주어의 모살밧[모래밭], 조작지밧[자갈밭], 머흘밧[큰바윗돌밭] 등 농사짓는 곳이 아니라 하더라도 대개 특정 지역을 말함에 있어 밭으로 불린다. 이곳 바다밭에는 수중의 여[礖, 암초]들이 많이 있어 어디에 어떤 여가 있는가를 아는 것은 해녀들에게는 필수적인 지식이다.

제주도 모든 해안마을 어촌계에 속한 어민들에게는 수중의 지명들에 대한 지식이 있다. 특히 고기잡이 어민들과 달리 해녀는 그들이 눈으로 직접 수중세계를 관찰하기에 다양한 지명들을 만들고 이를 기반으로 그들 사이의 상호 의사소통이 이뤄지는 것이 일상이다. 위 표는 제주도 동남단에 위치한 가파도와 마라도, 우도의 수중 지명들의 일부를 정리해 본 것이다. 가파도의 경우 조사된 수중 지명들을 총 55개 가운데, 수중 암초에 붙인 지명이 43개에 이를만큼 압도적으로 많은 암초들이 섬 주변에 있다.[138] 이렇게 많은 암초

138 김영돈, 앞의 책, 1999, 336~340쪽.

〈표 12〉 바다밭 지명에서 보는 생태 지식

<table>
<tr><th>지명</th><th>뜻과 유래</th><th>지역</th></tr>
<tr><td>서우여</td><td>‘서우’는 식인 상어를 말하는 제주어. 서우가 가끔 확인되는 곳이어서 지어짐.</td><td rowspan="8">가파도</td></tr>
<tr><td>썰물첫</td><td>썰물 때 조속이 드세지 않아 작업하기 좋은 곳</td></tr>
<tr><td>큰아끈여</td><td>썰물에 넓게 모습을 드러내는 여</td></tr>
<tr><td>도롱잇여</td><td>여 아래 있는 굴에 ‘도롱이’들이 둥지를 틀어 알을 낳는 산란장이 되는 여</td></tr>
<tr><td>섯여</td><td>마을의 중심에서 서쪽에 위치한 여</td></tr>
<tr><td>수발이아방여</td><td>수발이 부친이 처음 찾아낸 자리돔 어장에 있는 여</td></tr>
<tr><td>창곰난여</td><td>초등학교 옆 집의 ‘창으로부터 선을 그은 금’(창 곰)이 일직선에 놓이는 곳에 있는 여</td></tr>
<tr><td>칠십원짜리여</td><td>자리돔이 모이는 어장에 분쟁이 잦아 마을에서 경매하여 낙찰자에게 1년간 소유권을 줌으로써 과열분쟁을 막게 된 여. 낙찰가가 칠십원이었던 여.</td></tr>
<tr><td>승우어멍여</td><td>승우 모친이 가기만 하면 소라를 잘 잡았던 여.</td><td rowspan="8">마라도</td></tr>
<tr><td>장시덕</td><td>섬의 남쪽에 있는 곳으로 조류가 센 곳으로 조수간만 차가 약한 조금에 작업하는 곳. 이곳은 섬사람들이 신성하게 여기는 장군바위 아래 있는 덕. 지금은 선착장으로 배를 대는 곳이 됨. 전설에 따르면 장군이 앉아 놀던 곳으로 ‘장구석이라고 했었던 것이 장시덕으로 바뀜. 장군바위 중간쯤에는 중 ᄂᆞᆯ(파도)이, 바위 위로 더 올라가면 큰 파도가 밀려오는 곳.</td></tr>
<tr><td>춘심이아방여</td><td>조류가 센 곳이고 여도 험악하지만 해산물이 많은 곳. 조금에 작업함. 그물놓기도 꺼리는 곳인데 춘심이 부친이 그물 손상위험에도 그물을 자주 놓았던 여. 방어잡이로 소문난 어장.</td></tr>
<tr><td>목안할망통</td><td>제주시를 이르는 예전의 목안(목내) 출신이 전복을 많이 잡았던 곳</td></tr>
<tr><td>올한덕</td><td>가마우지를 이르는 올이 많이 날아들어 쉬는 덕.</td></tr>
<tr><td>ᄆᆞᆷ올리는 통</td><td>모자반이 많이 모여 드는 움푹하게 패인 통</td></tr>
<tr><td>신작로</td><td>일제시기 제주도 전체 해안을 둘러 놓은 도로를 ‘신작로(新作路)’라 하는데, 새 길 가까운 주위 바다여서 붙인 이름</td></tr>
<tr><td>빅개통</td><td>장마 때 상어가 산란하던 곳으로 상어(빅게)가 손으로 쉽게 잘 잡혔던 움푹한 곳.</td><td rowspan="5">우도</td></tr>
<tr><td>기성회바당</td><td>전흘동에 있는 바다로 이곳의 천초나 톳은 동네사람들이 같이 채취하여 그 수익을 동네 공금으로 사용한다. 동네주민들의 기성회비를 마련하는 바다밭이라 다른 지역 해녀들의 입어는 금지되는 곳.</td></tr>
<tr><td>넓메역작지왓</td><td>제주 본섬과 사이에 넓은 곳에 넓미역이 자라는 자갈밭. 문어이 서식지이기도.</td></tr>
<tr><td>실겡이듬북밧</td><td>보리밭 거름용으로 사용되던 실겡이라는 해초가 많이 자라는 밭.</td></tr>
<tr><td>장수발자국알</td><td>해안가에 있는 말발굽 모양의 패인 자국이 있는 지경 아래의 바다.</td></tr>
</table>

※ 자료: 김영돈, 앞의 책, 1999 참조. 필자가 표로 정리함.

들이 있다는 것은 항해하는 선박의 접근이 어려운 반면, 다양한 해양동식물이 자랄 수 있는 수중환경을 만들어 해녀들의 바다밭을 풍요롭게 한다. 이들 지명을 보면 몇 가지 특징과 그 중요성을 알 수 있다.

첫째, 이러한 바다밭의 지명들은 수중에 대한 다양한 정보들을 담고 있다. 지명들은 방위를 나타내거나, 서식하는 해양동식물, 조수에 대한 정보, 암초 및 해저 지형의 모양과 형태에 대한 정보들을 이용해 작명되고 있는 것을 볼 수 있다.

둘째, 육상의 지형지물을 이용해 바다에서 자신의 위치를 추정하는 것을 볼 수 있다. 이러한 방식으로 마을어장에 대한 수중 지도를 만들고 있는 것을 알 수 있다.

셋째, 사람들은 지명에 집단적 기억과 역사를 새겨놓고 있다. 누구의 부친이 혹은 누구의 모친이 자리돔이나 소라, 전복 등을 많이 잡던 곳이라는 것이 일반적이며, 배가 파손되었거나 그물을 찢었던 곳 등 경험자의 이름을 붙여 두고 있다. 이는 마을 사람들의 일들을 지명화함으로써 수중 암초에 대한 정보가 되고 또 마을의 바다 역사를 새겨 놓고 있는 것이다.

넷째, 수중세계의 전설이 존재하고 이를 지명이 보여주고 있다. 위 표에서는 장시덕의 경우가 그 예이다. 전설이 있는 어떤 장소가 있다는 것은 이를 수중에서 본 이들에 의해 신성시 되었다는 것을 의미한다. 수중세계는 노동의 현장일 뿐만 아니라 불가지적[不可知的] 존재를 상상하게 되고 경외심을 낳는 공간이 됨을 보여준다.

다섯째, 바다는 주민들이 함께 재산을 일궈내는 공유재산임을 지명에서도 알 수 있다. 우도의 "기성회바당"이라는 바다 지명이 그 예이다. 이처럼 특정 목적을 위해 주민들이 함께 작업하여 기금을 마련하는 것이 마을어장을 가진 마을에서 볼 수 있는 양상이다.

여섯째, 이러한 지명의 창작자들은 마을어민들이고 그들에 의해 작명되고 소통된다. 이는 생업자들에 의해 만들어진 '바다세계'이다. 이름들은 새로 생기고 또 사라지는 등 변화를 거치는 반면, 당초 장소의 기능이나 형태가 변화해도 이름은 그대로 구전되고 있는 경우도 있다.

이렇게 마을어장의 해안 및 수중세계에 부여된 지명들은 그 자체로 하나의 세계를 만들고 있음을 볼 수 있다. 해녀를 포함한 어민들의 생활세계로 자리 잡고 있는 바다의 수중세계에는 다양한 정보와 기억, 역사를 이름으로 남김으로써 바다생태의 정보 전달과 주민의 역사를 기록하는 기능을 동시에 하고 있다. 이렇듯 수중의 지명들은 언어학적인 측면 외에, 생태 환경에 조응하며 또 하나의 생활공간을 창조하고 있는 해양민들의 세계를 보여준다는 점에서 그 중요성이 있다.

② 불턱

다음으로 중요한 공간으로 "불턱"을 들 수 있다. 불턱은 작업 전후로 해녀들이 모여 옷을 갈아입거나 불에 몸을 쬐며 휴식을 할 수 있는 공간이다. 〈국가중요어업유산 지정을 위한 연구〉[2015] 보고 자료에 따르면, 제주도 해안마을마다에는 3~4개씩의 불턱들이 있고, 지금도 70여 개의 불턱이 남아 있다.[139] 해안 조간대에 돌담을 쌓아 바람을 막고, 가운데에 장작으로 불을 지펴 언 몸을 녹이는 곳이 곧 불턱이다. 이러한 불턱은 1985년을 전후로 현대식 탈의장으로 탈바꿈되기 시작했다. 그러나 지금도 탈의장에 모인 해녀들은 집에서 가지고 온 음식을 먹거나 물질 후 목욕을 하는 등 불턱의 기능을 하고 있다. 지금은 보일러를 설치하여 온수를 사용할 수 있는 등 다양한 편의 시설을 갖춘 것을 볼 수 있다. 탈의장이라 부르기도 하지만 과거의 기능을 고스란히 잇고 있어 여전히 "불턱"이라고 부르기도 한다.

이처럼 외형적으로는 휴게공간의 기능을 하지만 실제 이 공간의 보이지 않는 기능이 있다. 그것은 물질에 대한 지식과 정보, 요령 등 해녀사회의 지식이 이곳을 통해 전승되고 있는 것이다. 물때를 기다리며 모여 앉은 해녀들은 일상사에 대한 이야기와 더불어 물질에 대한 기본 정보를 그들의 담화 속에서 나누고 자신의 지식으로 체계화 시켜 가는 것이다. 물 속에 들어갔을 때 펼쳐질 예기치 못하는 상황에 스스로 대처하고 또 극복하는 자신의 능력을 키우기 위해 서로가 보고 겪은 경험담들이 중요한 정보가 되는 것이다.

때문에 그들에게 모여 앉아 이야기를 나눈다는 것은 시간을 소비하는 단순한 수다가 아니라 수중 채집사냥꾼으로 귀담아 둬야 하는 사전 지식들인 것이다. 이것이 이뤄질 수 있도록 만든 공간이 불턱인 것이다. 따라서 비슷한

139 강승진·좌혜경, 「국가중요어업유산 지정을 위한 연구: 제주해녀어업을 중심으로」, 제주발전연구원, 2015.

기량을 가지고 있는 해녀들끼리는 비슷한 수중에서 물질하므로, 만약 중군인 한 해녀는 다른 상군, 하군보다 중군의 이야기가 더 중요할 수 있다. 이렇게 상군·중군·하군들은 끼리끼리 이야기를 나누게 되고 한 불턱 안에서도 서로 모여 앉아 이야기를 하게 된다. 그렇게 불턱 안에서도 저마다 앉는 구역들이 암묵적으로 존재하게 되는 것이다. 돌담을 에워쌓은 불턱에서도 안쪽은 오래 일해 온 상군이, 초입자는 바깥쪽에 앉게 마련이다. 현대식 탈의장으로 바뀌면서 불턱에서 있었던 공간적인 안과 밖의 구분도 모호해졌다. 그럼에도 상·중·하군들이 있고 그들은 서로 같은 수심지역을 다니는 "벗"이나 "맴버"로 불리며 서로 유대감을 형성하고 있다.

3. 마을 사람들의 어장 이용 관습

마을 앞 바다는 '마을어장'으로서 '마을어업'이 이뤄지고 있는 공유지[共有地, commons]이다. 개인 소유의 사유지와 달리 공유지를 관리, 감독하는 주체로서 어촌계가 있다. 어촌계에 소속된 마을주민들은 여러 형태의 어로활동에 종사하는 이들로 모두 마을어장과 관련하여 생산활동을 하고 있는 사람들로 구성되며, 그 계원으로서의 권리는 상속이 가능하고, 탈퇴하기 전까지 이어진다. 그러나 중요한 것은 마을이라는 어촌의 공간에 사는 정주자[定住者]여야 한다. 공유지이므로 모든 이들에게 '개방[open]'된 곳임에도, '우선적' 권리가 정주자에게 부여되고 있는 것이다.

인간은 자신이 사는 대지[大地]와 연결되어 있는 것으로 보는 시각에서 볼 때, 이 대지를 우리는 '삶의 터전'이라고 부를 수 있다. 동시에 이 대지를 공유한다는 것은 다수의 이용자에 의해 황폐화[오염, 남획, 난개발]될 수 있는 우려가 있다. '공유'에 따른 이러한 위험성에 대해 경제학자 하딘[Garrett Hardin]은 '공유지의 비극'이라 불러 왔다. 그러나 '비극적 상황'이 발생하지 않는 해양 사회들이 있으며 그 까닭은 공유지를 이용하는 문화적 규범들이 존재하고 있기 때문이었다. 아키미치 토모야 교수는 남태평양의 여러 해양민족 사회에서 이뤄지는 생물 자원에 대한 민속 지식들을 조사하였고 이들 사회에서 비극적 결말이 일어나지 않는 이유는 자원에 대한 규범과 관행 등 공동체 문화가 있기 때문이라고 하였다. 공유지를 이용하는 문화적 규범들이 사회마다 다른 것은 기슬리 팔슨[Gísli Pálsson]에 의해서도 주장되어 온 바가 있다. 바다는 모두가 이용할 수 있다는 면에서 개방[open]된 곳, 부분적인 점유[tenure]가 이뤄지는 곳, 독점이 이뤄지는 폐쇄적[close]인 곳 등 여러 성격을 가지고 있다.[140] 어장에 따라 이들 성격이 각기 다르게 나타나는 경우가 있는가 하면, 한 장소에 이들 성격이 혼재되어 나타나는 경우도 있다.

그런데 공유지인 바다에서 누가 무엇을 얼마나 어떻게 이용할 수 있는가라는 사회적 권리를 정함에 있어 갈등과 분쟁이 자주 발생하곤 한다. 그러한 가운데 공유지의 비극이 초래되지 않은 어로 사회들의 문화적 규범이나 관행들은 그것이 '시골뜨기들의 순진함'에서 나온 것이 아니라 자원에 대한 그들 사이의 '적극적이며 적합한 상호합의'에 의해 나온 결과이다. 현대 국가에서 '법'의 규정력 또한 이러한 상호합의로 정착되어 온 역사적 관행과 관습 등의 문화적 규범들을 포용한 가운데 효력을 가질 수 있었던 것이다. 다음으로 해녀 사회의 공유지 이용과 관련한 문화적 규범들에 대해 살펴보도록 하겠다.

1) 어장이용의 권리와 의무

현재 마을어촌계마다 어장도[漁場圖]를 가지고 있고, 마을공유재산의 개념으로 인식되고 있다. '우리바다'라는 인식이 작용하고 있다는 것은 긍정적, 부정적인 측면이 있다. 만약, 한 집단의 독점적인 재산으로 인식하게 되면 다른 이용자의 진입을 허용하지 않게 된다. 엄밀한 의미에서 마을어장은 하나의 바다로 다양한 사회적 주체들이 중층적으로 공유하고 있기 때문에, 모두의 것이기도 하고 그런 점에서 역으로 누구의 것도 아닌 것이기도 하다. 중요한 점은 가장 연안에 접해 있는 주민들이 정주세계 안에 있는 공간으로서 마을어장인 바다는 국가에 의해 '우선적 권리'가 이들에게 부여되고 있

140 팔슨은 어로 공간/자원에 대한 접근의 형태를 폐쇄(closure)·보유(tenure)·개방(open)의 3가지 방법으로 설정하였다(Gísli Pálsson, *Coastal Economies Cultural Accounts*, Manchester: Manchester University Press, 1991, p.49). 이는 접근의 정도에 따른 분류이다. 해녀들에게 구체적으로 인지되는 '바다밭'은 이들에게만 허용되어 있는 배타적 권리가 작용하는 데 엄밀하게 보면 이것은 해산물에 대한 권리라고 할 수 있다.

다. 이처럼 어로집단에 의해 관리·감독되도록 함으로써 1960년대부터 점유권을 상대적으로 보장해 오고 있는 것이다.

따라서 해안마을 앞바다의 해양동식물에 대해 '누구나 임의로 자유롭게 접근'하는 등의 즉 채취행위를 하는 것은 법적으로 금지되었다. 반면 채취생산 활동 이외의 '접근[access]'는 허용된다. 따라서 누군가에게는 경제적 생산활동이 허용되는가 하면 누군가에게는 레저와 여가활동과 같은 활동만이 허용되는 것이 '마을어장'이라는 공유지가 가진 특징이다. 이처럼 마을어장이 '공유지'라는 말은 누구나 자유롭게 접근할 수 있다는 '개방[open]'의 의미가 아님에도 모두가 가능하다는 것으로 해석하는 외부 이용자들이 증가하면서 마을어장에서 마찰과 분쟁이 빈번하게 발생하고 있다. 공유가 개방의 의미로 해석되는 것은 경제학자 하딘이 우려하였던, 즉 '공유'함으로써 일어나게 되는 비극이 시작될 것이다.

그렇다면, 오랫동안 각 마을들은 어떻게 그들의 '우리바다'라는 관습적 어장 점유권을 향유해 오고 있는 것일까? 그들의 독점적 권리가 사회적으로 용인되는 이유는 무엇인가? 제주도 해녀마을들이 마을어장을 '우리바다'라고 관념하는 것은 법적인 점유권에 앞서, 이들의 관습이 형성되어 온 데 따른 문화적 영향이 크다.

우선, 마을마다의 어장 경계와 관련한 관행을 보면 흥미로운 점이 있다. 한국 수산업법의 제·개정 과정에서 마을어업권이 인정되는 수역이 정해져 왔으나, 이러한 법적 체계가 정착되기 전까지, 즉 1970년대 중반 이전까지 마을주민들은 상호 어장경계를 그들의 관행에 따라 정하곤 하였다. 이웃마을과의 어장 경계를 구획함에 있어 큰 영향을 미쳤던 것은 해안으로 떠밀려 온 사체 처리였다. 알 수 없는 주검을 처리해야 하는 부정한 일을 대신해주는 것으로써 주검이 있던 일대의 지경을 처리한 마을의 어장으로 인정했던 것이다. 이러한 예들은 제주도에서 보편적으로 행해지고 있었다. 구좌읍 한동리의 어장이 행원리의 어장으로 바뀐 사례와 애월읍 납읍리의 어장이 애월리 어장으로 바뀐 사례 등 여러 사례들이 있었다.

두 번째는 '바당풀 캐기'라는 것으로 김매기처럼 암반 위의 '잡초'를 제거하는 일을 하는 것이다. 조간대 암반에 톳과 우뭇가사리가 잘 자라도록 그외의 해초들은 제거, 주민들은 소득 증대를 꾀하는 것이다. 이 일에 참여하는 사람들은 합의에 의해 일정을 정하고 또한 일에 참여함으로써 분배권리를 가질 수 있다. 만약 궐석[불참석]하였을 때에는 벌금 또는 그에 상응하는 만큼의 금액을 분배금에서 공제하는 등 마을마다 자율적으로 정한다. 이러한 관행은 바다도 밭처럼 가꾸어 생산성을 높이고, 이를 규칙으로 삼는 어민들의 생태적 전략이라고 말 할 수 있다. 게다가 마을어장의 자원에 대한 권리는 노동 참여라는 의무 과정이 수반된 후 그 결과로써 획득되는 것이다. 권리와 함께 의무가 수반되는 것이다.

이처럼 바닷가로 밀려온 사체 처리나, 바당풀 캐기 등 모두가 싫어하고 기피하는 일을 해야만 하는 그 수고의 결과로써, 어장의 자원에 대한 접근이 허용되고 있음을 알 수 있다. 즉 '가꾸는 사람에게 가질 수 있는 자격을 부여'하고 있는 문화적 논리가 깔려 있는 것이다.

2) 지속성을 향한 자율적 규범

기본적으로 해녀들의 물질은 연중 이뤄진다. 그러나 때마다 잡는 해산물이 다른데 이는 해산물의 시장가격 변동과 금어기가 법으로 정해져 있기 때문이다. 게다가 날씨나 물때와 같은 자연적 조건과 더불어 해녀들의 물질은 사회적, 생태적 조건에서 이뤄지고 있다. 그리고 이러한 제주도 해녀들의 물질은 '마을 앞의 어장'이라는 하나의 공간에 제한되어 있다. 어장에 대한 높은 의존도는 자원고갈이나 어장 황폐화의 가능성도 높을 수밖에 없음을 의미한다. 그럼에도 해마다 마을어장에서 채취하는 자원들이 있다는 것은 어떻게 가능한 것일까? 마을 해녀들의 집단적으로 하는 문화적 관행들을 보다 구체적으로 살펴볼 필요가 있다.

첫째, 해녀들은 법으로 정해진 금어기[禁漁期] 외에도 해산물들의 생육에 대한 자신들의 규율을 자율적으로 정하고 있다. 수산 자원의 법정 금채기간과 크기에 따라 채취가 이뤄지고 있다. 이러한 법적인 규제에 앞서 해양동식물의 금어기를 지킬 수밖에 없는 보다 근본적인 이유는 그들이 일하는 어장이 '마을 앞의 바다'가 유일하기 때문이다. 가장 많이 잡고 있는 뿔소라의 산란기는 6월에서 8월까지인데, 2005년 제주도 동김녕리 해녀들은 법적 기한에 한 달을 더 추가하여 9월까지 소라를 잡지 않았다. 이것은 마을 해녀회에서 자율적으로 정한 것이다. 해녀들은 소라의 산란을 더 도울 수 있는 시간을 길게 가짐과 동시에 농사나 또 다른 일들을 준비하는 데 주력하였다. 해녀회는 금지되지 않은 것을 채취한다든지 해산물의 시장 동향과 농사 일정 등 여러 복합적인 요소들을 고려해 일정을 잡고 있었다. 그리고 드디어 소라의 금어기가 끝나는 10월부터 이들은 새로 단장한 테왁-망사리를 들고 일제히 바다로 나갔다.

〈표 13〉 한국 수산자원 금어기와 금지 체장(2024.4.16 기준)

수산 자원	금어 기간	금지 체장
오분자기	7.1 ~ 8.31.(제주)	4㎝
전복	9.1 ~ 10.31. 10.1 ~ 12.31.(제주)	7㎝ (제주 10㎝)
소라	6.1 ~ 8.31.(제주) 6.1 ~ 7.31.(울릉, 독도) 7.1 ~ 8.31.(추자도)	5㎝ (제주, 울릉, 독도 7㎝)
해삼	7.1 ~ 7.31.	-
문어	5.16 ~ 6.30.	-
톳	10.1 ~ 익년 1.31.	-
우뭇가사리	11.1 ~ 익년 3.31.	-
미역	9.1 ~ 11.30.(제주)	제주는 5월~11월 중 3개월 이상 지정 가능

※ 자료: 해양수산부 수산자원정책과, 〈금어기 금지체장 안내〉 자료.

위 표를 보면, 제주도에서 소라잡이는 3개월간의 금어기를 두고, 다른 지역보다 큰 것들을 잡아야 한다. 그 이하의 작은 소라들은 다시 바다로 돌아간다. 전복의 경우도 마찬가지이다. 다른 지역에 비하여 금어기가 한 달씩 길고 잡는 것의 크기도 더 커야 한다. 이로 볼 때 제주도에서는 자원재생산에 대한 압박이 타 지역에 비해 더 강하게 작용하고 있는 것을 볼 수 있다. 이러한 규제가 바다의 해양생태적 여건이 다르기 때문일 수 있다. 또한 제주에는 해녀 인구수가 많다는 점에서 자원 보존의 필요성도 더 강하게 작용하고 있다고 할 것이다. 이처럼 해녀들에게 어장의 생태적 안정성과 건강함은 그들이 채취하고자 하는 해양자원의 지속적 재생산의 여부 그리고 이것은 가계생활의 안정성과도 직결된 문제이다. 물질 외에도 마을어장에서 전개되는 다양한 보존, 정화 활동의 이유가 이러한 생태환경과 경제생활이 밀착된 관계에서 나오는 것이라고 할 수 있다.

둘째, 보통 해녀회에서는 그들의 어장 한 구역을 정하여 금채구역으로 삼는다. 이곳에서는 일 년 중 한 두 차례만 채취작업을 할 뿐 연중 금어하는 곳으로 상호 간에 약속하는 것이다. 이것을 "자연양식장[自然養殖場, natural fishery zone]"이라고 부르는데 이것을 두는 목적은 분명하다. 이곳을 마치 모판으로 삼아 마을어장 안의 다양한 해양동식물의 번식을 꾀하여 건강하고 풍요로운 어장을 만들고자 하는 것이다. 간혹 물질을 하다가 이 구역 안으로 들어가게 되었을 때도 있는데 그것이 고의적인 것인지 실수인지를 가려내어 벌칙을 준다. 이또한 모든 해녀들이 모인 자리에서 자체적으로 결정한다. 즉 어장에 대한 법적 규정만이 아니라 노동과 일상 속에서 일어나는 일들에 대한 어업공동체의 자율적 실천이 이뤄짐으로써 실질적인 자원보존이 달성되고 있는 것이다.

셋째, 여름철 해수욕객들과 갯바위 낚시꾼 그리고 여가활동을 즐기는 도민과 관광객들로부터 어장을 지키는 일은 마을 어촌계 및 해녀회에서 하는 여름철 주요 활동이다. 해녀들이 직접 어장을 감시하거나 사람을 빌어 하는 경우도 있다. 이러한 활동이 필요한 이유는 여름철 따뜻한 수온에서 소라가 산란을 하기 때문이다. 어린 소라들이 바위 틈 속에서 서서히 자라고 있을 즈음 이를 잡는 이들이 늘기 때문이다. 안정적 산란을 방해하거나 소라잡이가 불법적 어로가 된다는 것을 모르는 관광객들로부터 불필요한 일들이 생기지 않도록 해녀회에서 자체적으로 '바다 지키기'를 하는 것이다. 조별로 짜여진 해녀들이 당번 차례가 되면 해안가 둔덕에 천막을 쳐 놓고 멀리서 해수욕객들을 지켜보는 것이다. 이처럼 자율적으로 어장 감시 활동을 하는 것은 소라가 그들에게 중요한 채취품목에 해당하는 해산물이기 때문이다. 따라서 바다 지키기는 엄밀히 말해 어린 소라를 외부내방객들로부터 지키는 것을 말한다. 그런 의미에서 바다 지키기는 소라에 대한 그들의 '자원권을 지키는' 활동을 뜻하는 것이다.

넷째, 해녀들의 어장 이용과 관련해 가장 눈에 띄는 점은 아무리 능숙한 해녀라하더라도 혼자 임의적으로 물질하지 않는다는 것이다. 즉 반드시 집단적으로 어로활동에 참여하고 있다는 것을 알 수 있는데 이는 물때라는 조수간만의 자연주기 때문이라고도 할 수 있다. '바다가 허용할 때'만이 물질을 할 수 있기 때문이다. 그러나 이러한 제한된 조건이 아니라 하더라도 해녀들은 반드시 다른 이들과 함께 일을 한다. 이들은 어촌계원으로 자신이 하고자 하는 때에 임의적으로 일을 하지 않는다. 어장의 이용권을 가진 자들임에도 이들은 반드시 집단적 규약들을 지키며 일을 한다. 개별적으로 자유롭게 마을어장에서 물질하지 않는 것은, 그들의 일이 바다에서 일어날 위험에 대비하기 위함이다. 게다가 어장은 공유지이므로 상호합의가 전제된 가운데 함께 이용해야 하는 의무가 전제되고 있다. 해녀들의 물질은 생태적으로나 사회적으로 집단적일 수밖에 없는 성격을 가지고 있는 것이다. 즉 개인의 독자적 활동은 강제되는 공간이 '모두의 마을 어장'임을 보여주고 있다.

3) 공유지 이용과 공동체

마을 사람들이 공유지를 이용한다는 것은 구체적으로 어떻게 전개되는 것을 말하는가? 해녀들이 물질하는 마을마다의 어촌계에서는 계원들 모두가 해초를 채취하고 그 수익을 분배하는 하는데 이러한 방식이 가장 보편적인 방식이다. 그런데 채취 작업을 어떻게 진행하고 언제부터 하며 누가 얼마나 할 것인가 등 결정해야 하는 문제들이 많다. 따라서 이에 대한 어촌계원들의 상호합의가 뒤따르게 된다. 제주도에서 보고되고 있는 가장 일반적인 방법은 마을 내에 있는 각 동네들이 각각 마을어장을 나누어 해당 구역의 해초를 채취하는 것이다. 마을 주민들이 상호 어떻게 마을어장을 공동으로 이용하는가에 대해 좀 더 보기로 하겠다.

제주도 김녕리 마을에서 우뭇가사리 채취 사례를 통해 소득 분배가 이뤄지는 방법을 살펴보자. 김녕리 마을은 긴 해안을 가지고 있다. 동서김녕리를 가르는 경계점, 곧 마을의 중심지에 어촌계가 있고 동쪽 해안 지대에 동김녕리 해녀들의 탈의장이 있고, 서쪽의 큰 포구 가까이에는 서김녕리 해녀탈의장이 있다. 마을어장의 해안에는 각 지명들이 있어 물질 때마다 작업구역 지점이 이들 지명[地名]으로 언급되곤 한다. 그리고 지명을 중심으로 우뭇가사리 채취작업의 동네별 채취구역이 된다. 다음 표에서와 같이, 마을 동쪽에서부터 해안의 지명은 "한여, 덩개, 가수, 이알, 소여, 한 개, 손오비, 수어새" 등 8개로 구역으로 나뉜다.

〈표 14〉 2005년 우뭇가사리 채취 방법과 분배

구분	서(西) 김녕리			동(東) 김녕리				
해안 지명	수어새	손오비	한개	소여	이알	가수	덩개	한여
순환 방향	←							
담당 동네	B동	C동	Ds동	N동	H동	Dc동	Y동	S동
채취법	공동	공동	잠녀팀	잠녀팀	잠녀팀	잠녀팀	혼합*	잠녀팀
분배법	공동	공동	3.5:6.5	3.5:6.5	3.5:6.5	3.5:6.5	?	3.5:6.5

※ 자료: 안미정, 앞의 논문, 2007 참조.

이 마을에서 해녀는 "잠녀"라 불려왔으며, 표에서 언급하고 있는 잠녀팀이란 잠녀들끼리 우뭇가사리 채취를 위해 임시 만들어진 그룹을 말한다.

〈표 14〉에서 알 수 있는 것은, 첫째, 마을 어촌계원에 속한 주민들이 천초어장을 이용함에 있어 매해 순환하고 있다는 것이다. 동쪽에서 서쪽 방향으로 해마다 각 동네별로 어장을 돌아가며 자원 채취권을 가지는 것이다. 올해 한여에서 천초를 채취했던 S동은 내년에는 덩개에서 일을 하게 되는 것이다. 늦봄인 5월에서 6월 사이에 조간대와 얕은 수중에서 자라는 붉은 우뭇가사리를 채취하기 위해 각 동네별로 회의가 열리고, 이때 각 동[洞]은 하나의 "조합[組合]"으로 간주되었다. 이처럼 어장을 순환하는 이유는, 천초의 서식 환경이 어장마다 모두 다르기에 동일한 채취권에 생기는 차이를 이처럼 순환체계를 만들어 상쇄시키는 것이다.

둘째, 분배법에서 공동분배는 모두에게 분배되는 금액을 동일하게 한다는 것을 말하는데 그에 부응해 모두의 작업도 동일하게 이뤄진다. 반면 잠녀팀을 만들어 이들로 하여금 수중의 천초를 채취하게 되는 동네에서는 질 좋은 우뭇가사리로 더 높은 수익을 얻을 수 있을 것이다. 따라서 잠녀들에게 더 많이 분배금을 배당하는 것으로 계원과 잠녀 사이의 비율을 조절하고 있음을 볼 수 있다. 참여한 노동의 질과 수익에 대한 기여도를 고려하는 것이다. 이러한 형평성을 추구함으로써 얻게 되는 것은 그들 사이의 동일한 자원권리인 것이다. 같은 권리를 가진 자들 사이의 차이/차별이 발생하지 않도록 하는 것이다.

셋째, 채취법이 동·서김녕리에 따라 서로 다른 양상이 나타나는데, 서김녕리에서 주로 공동을, 동김녕리에서는 잠녀팀을 만드는 것을 볼 수 있다.

서김녕리에 잠녀가 없지 않음에도 이러한 차이가 나타나는 이유는 무엇일까? 서김녕리 해안에는 육상 활어 수산양식장들이 있고, 그에 따른 오폐수가 어장으로 흘러들어 질 좋은 천초를 얻기 어렵다. 동네 잠녀들이 있더라도 어장에서 얻을 수 있는 자원의 질이 좋지 않아 굳이 자맥질하며 채취할 필요가 없다고 판단하는 것이다. 동김녕리 덩개의 경우는 동네 계원과 해녀가 적어 다른 동네의 계원이 참여하는 것으로써 분배에 고려해야 하는 추가 요인이 있었다. 계원 수에 따라 어장의 크기를 조절하는 것이 아니라, 일정하게 어장을 균일하게 나눈 후 거기에 참여자가 많고 적음은 협의를 통해 조정해 가는 것이다.

이와 같이 김녕리 사례에서 알 수 있는 것은 공유지 마을어장을 이용하는 동일 권리를 가진 자들은 그들에게 있는 생태적, 개별적 차이들을 상쇄시키는 전략들을 찾아 체계화 시키고 있는 것이다. 어업공동체에 속한 개인들이 생태환경, 개별적 능력 등 여러 차이를 상쇄시킴으로써 그들 사이의 동일한 권리가 달성되도록 하는 것이다. 어장을 순환하고, 분배법을 조정하는 등 다양한 규범들은 이처럼 등질적인 자원 권리를 달성하려는 것이다. 이러한 규범들이 체계화 되고 실천되는 가운데 '공동체'는 지속되는 것이라 할 수 있다.

4) 마을과 바다의 관계

마을주민들로 구성된 어촌계에서는 그들에게 펼쳐진 넓은 바다를 어떻게 이용하는가? 마을어장의 역사 가운데 흥미로운 점은 어장의 자원권은 법적으로 개인에게 부여되는 것이지만 그 권리를 실현하는 방법이 언제나 개별적인 것은 아니라는 점이다. 마을주민들은 특정 목적을 위해 집단적으로 '어장을 이용'해 왔다.

① 공동기금을 조성하는 토대

성산읍 우도 전흘동에는 "기성회바당"이라고 일컬어지는 곳이 있는데, 이 바다의 역사를 사례로 삼을 수 있다. 가령 어장에 있는 해산물을 팔아 수익을 창출하고 이를 '마을'을 위해 사용하는 것이다. 이것은 일회적일 수도 있고, 아닐 수도 있다. 그렇게 함으로써 마을에 필요한 경비를 만들어 가는 것이다.

옛날은 그 축항을 동네 자체로 만들아십주. 동네 사름덜리, 그렇게 해보니 그 돈이 없으믄 안되어마씀. 그러니까 바다를 끊어가지고 아줌마덜이 물건을 캐어도 동네에서 관리ᄒᆞ는 거라마씀. 동네에서 호당 ᄒᆞᆫ사름이민 ᄒᆞᆫ사름, 두 사름이민 두 사름 나와가지고. 그 바당에서 나온 천초ᄒᆞ고 ᄀᆞ의 나는 톳을 ᄑᆞᆯ앙 동네 공금으로 잡는 거라마씀. 지금도 마찬가지우다. 다 부락마다 기성회바당이 잇잖우꽈 그러니 그 바다는 딴 부락의 해녀덜이 와서 침입을 못ᄒᆞᆸ조.[141]

배가 안전하게 접안할 수 있는 큰 부두의 선착장을 만드는 것은 우도 주민 모두를 위한 것이었다. 그러나 큰 비용이 필요한 것으로, 지금으로보자면 해당 지방자치단체에서 사회기반시설로 만들어야 하는 것에 해당한다. 그러나 제주의 여러 마을 역사에서는 상수도나 도로, 회관과 학교 증축 등 주민들의 필요에 따라 자체적으로 시설들을 마련하였던 것을 볼 수 있다. 우도에서도 축항을 만드는데 마을어장의 일부를 구획하여 그 곳에서 나는 자원으로 공동기금을 만들었던 것이다. 이야기 속에 "아줌마들"이란 해녀들을 말하는 것으로 이들이 채취하고 그 기금을 조성하였던 것이다. 다른 마을에서도 이와 유사한 사례들이 있었으며 마을 발전에 기여한 해녀들을 기리는 비석이 세워지기도 하였다. 마을 앞바다가 '마을주민의 것'으로 인식되는 데에는 단지 법적 소유권의 측면에서가 아니라 그들의 삶의 역사에서 바다가 별개로 무관히 존재해 온 것이 아님을 함축하는 것이기도 하다. '마을의 바다'라고 전통적으로 관념하는 어민 사회에서 마을어장은 단순히 마을 '앞에' 있는 바다가 아니다. 긴 시간 속에서 바다는 마을 사람들의 역사에 깊이 개입되어 있었고, 바다 마을의 역사가 만들어져 왔다.

② 타인을 위한 것이 나를 위한 것: 호혜성 발현

해안마을마다 어장의 한 구역을 정하여 '할망바당', '반장바당', '학교바당' 등 여러 이름을 붙이는 것을 볼 수 있다. 마라도에서는 할망바당이라 하여 환갑이 지난 노년의 해녀들이 입어할 수 있는 구역을 할당해 놓았으며,

141 김영돈, 앞의 책, 1999, 355쪽.

반장바당은 주민을 위해 일하는 반장이 무보수인 것을 보완하기 위해 이 구역의 해산물을 판매해 그 수익을 반장에게 주는 바다였다. 이러한 내용들을 마을의 향약으로 만들어 그들의 관습을 명문화 해 왔다. 마라도 향약에 할망바당의 수익은 생계가 어려운 병약자나 독신총각까지 포함하였다고 보고되고 있다.[142] 또한 온평리의 학교바당은 학교의 교사 증축과 같은 특정 기금이 필요하여 해산물 수익으로 보전할 목적으로 정해진 어장이었다. 이처럼 사회적 약자를 보호하는 장치로써 어장을 이용하는 주민들의 관행은 여러 사례들을 통해서 볼 수 있다. 사회적 소외 계층이 발생하지 않도록 하고 혹은 그 문제를 해결하기 위해 마을주민들이 고안한 제도적 장치인 것이다. 이러한 장치를 두는 목적은 주민들 사이의 내부적 갈등과 발생할 수 있는 여러 문제들을 미연에 해결함으로써 주민들의 생활 안정을 꾀할 수 있었다. 어장을 공유하는 이들 사이의 공동체가 형성되고 그들 사이의 호혜성이 형성되는 이유는 '타인을 위한 것이 곧 나를 위한 것'이 되는 미세한 제도적 장치들을 마련해 두고 있기 때문이었다. 요즘과 달리 과거 어촌에서 불문율과 관습 혹은 관행들의 이면에서 이와 같은 호혜성을 발견하는 것은 어려운 일이 아니었다.

4. 신앙과 의례

제주도 해녀들의 해양신앙과 그 의례들에 대해서는 1950년대 말부터 꾸준히 여러 연구들이 이뤄져 왔다. 해방 이후 민속학의 주춧돌을 놓은 현용준, 진성기, 김영돈의 연구가 제주도민들의 풍부한 삶의 세계에 대한 연구보고들을 남겼으며 이후 문무병의 당신앙 연구는 사라져가는 당을 중심으로 한 제주의 신화와 샤머니즘의 세계를 연구함으로써 제주도민의 풍부한 정신문화의 보고[寶庫]를 밝혔다. 이 연구에서는 해녀와 관련해 집약된 연구로써 『한국의 해녀』에 기술된 1990년대의 연구에 기반해 살펴보고자 한다. 해녀들의 해양신앙은 곧 그들의 의례를 통해 드러난다. 다양한 제의 형식의 의

142 김영돈, 앞의 책, 1999, 37쪽.

〈표 15〉 제주도 해녀 관련 무속의례

지역	마을	의례명	제장(祭場)	제일(祭日)	비고
제주시	탑동	영등굿	해녀탈의장	음력 2.14.	
	건입동	영등송별제	칠머리당	음력 2.14.	국가지정무형문화재
조천읍	조천	영등굿	어촌계 창고	음력 2월	
	신흥	마을굿	어촌계 창고	포제일	해신제
	함덕	영등굿	어촌계 소유공간	음력 2월	
	북촌	영등굿	어촌계 창고	음력 2.13.	
구좌읍	동복	요왕제	해녀탈의장 옆	음력 3.8.	비념 형식
	동김녕	잠수굿	별도 제장	음력 3.8.	토박이 매인 심방
	서김녕	요왕제	해녀탈의장	음력 3.8.	비념
	행원	영등굿	남당	음력 2.15.	비념
	한동	요왕제	바닷가	음력 2.14.	비념
	하도	영등굿	각시당	음력 2.13.	
	종달	마을굿	해녀탈의장	음력 3월	근래 시작
성산읍	시흥	영등굿	개당	음력 2.14.	
	성산	영등굿	해녀탈의장	음력 2.15.	
	고성	마을굿	해녀탈의장	음력 2.15.	
	신양	영등굿	본향당	음력 2.15.	토박이 매인심방
	신양	잠수굿	본향당	음력 2월	
안덕면	화순	요왕굿	해녀탈의장	택일	격년
	사계	요왕굿	해녀탈의장	택일	격년

※ 출처: 좌혜경 · 강정식, 「제주해녀문화의 실태조사 및 지속가능한 보전방안」, 제주발전연구원, 2014(문화재청, '해녀'국가무형문화재 지정가치 조사 보고서, 2016, 73쪽 재인용).

례들이 해녀사회에서 볼 수 있는데, 가장 대표적으로는 당굿으로 나타나는 당신앙이 있다. 그 대표적인 예로 제주시 건입동 칠머리당굿을 들 수 있다. 다음으로 당에서 이뤄지는 것이 아니라 바다의 신을 향한 해신제로서 어촌계 해녀회가 주도하는 의례가 있다. 이에 대해서는 동김녕리 잠녀굿을 예로 삼아 살펴보도록 하겠다. 이 같은 집단적 의례 외에도 해녀 가정에서 그리고 개별적으로 하는 제의들이 있다. 이러한 사례들을 통해 해녀 신앙의 특성을 살펴보도록 하겠다.

1) 집단적 의례

제주도 해녀들의 의례는 마을단위로 이뤄지고 있다. 다음 표에서와 같이 제주도 동부지역의 해안마을에서는 바람과 바다의 신을 섬기는 굿이 거행되고 있다. 이들 굿은 마을굿의 형태로 집단적으로 거행되며 그 시기는 음력 2월과 3월에 집중되어 있다. 음력 2월은 영등굿, 3월은 요왕굿이 주를 이룬다. 이 두 굿을 중심으로 살펴보도록 하겠다.

① 제주시 건입동 칠머리당 영등굿

영등굿은 제주도와 한반도[제주도에서는 "육지"라고 부른다] 남부지방 해안 일대에서 전승되어 온 풍어제이다.[143] 영등굿은 제주도에서 집단적으로 거행되고 있다. 육지에서는 '영등할만네', '영등할멈', '영등할마니', '영등할마시', '영등바람', '풍신할만네', '영등마고할머니' 등으로 불리고 제주에서는 '영등할망'이라고 부른다. 여신적 성격을 가지고 있으며 통상 영등하르방이라 하여 남신으로도 나타나기도 한다. 이외에도 영등신은 영등대왕, 영등호장, 영등우장, 영등별감, 영등 좌수 등 모두 일곱 신위[神位]로 구성된다고 한다.[144] 제주도로 들어왔다가 보름 사이에 제주를 떠나기에 이 신은 외래신[外來神]이다. 그리고 영등신은 풍신[風神]으로 어업과 불가분한 관계에 있다. 그러기에 이 신을 위해 음력 2월 초하루부터 보름 사이 동안 여러 마을의 어민들이 굿을 올린다. 영등할망은 '강남천자국' 또는 '외눈배기 섬'으로부터 제주도로 들어와 제주도 해안을 한 바퀴 돌면서 전복, 소라, 미역, 우뭇가사리 등의 씨를 뿌려 주어 해녀들에게 풍요를 가져다 주는 신으로 여겨진다. 음력 2월 보름 즈음에 제주도 동쪽 우도 섬을 거쳐 자기 나라로 돌아간다고 한다. 이때가 되면 해녀를 포함해 제주도 어민들은 이 신을 맞이하고 송별하는 의례를 거행하는데, 맞이하는 의례보다 보내는 송별제의 규모가 더 크다. 그러나 어느 경우든 "영등굿"이라고 한다.

제주도의 영등굿은 《신증동국여지승람》[권38, 濟州牧, 風俗條]에도 언급되고

143 김영돈, 앞의 책, 1999, 142쪽.

144 보다 자세한 내용에 대해서는 문무병, 「제주칠머리당영등굿: 유네스코 무형문화유산 대표목록 신청안」, 『제주해녀의 재조명』, 248~262쪽을 참조.

있는 등 그 유래가 깊은 해양의례이다.

> 2월 초하루에 귀덕, 김녕 등지에서는 나뭇대 열두 개를 세워서 신을 맞이하여 제사를 치른다. 애월에 사는 사람들은 떼 모양을 말머리와 비슷하게 만들어 비단으로 꾸미고 떼몰이놀이[躍馬戱]를 해서 신을 즐겁게 했다. 보름이 돼야 끝내니, 이를 연등[然燈]이라 하며 이 날에는 승선[乘船]을 금한다.

이 기록에서 보듯이, 영등굿의 기간과 이름, 집단적으로 거행되는 것 등 오늘날의 의례와 크게 다름이 없다. 제주도의 영등굿은 1980년 국가무형문화재[현, 국가무형유산]로 지정된 제주칠머리당굿으로 알 수 있다. 칠머리당굿은 영등 신앙이 촌락 신앙과 융화되어 마을굿으로 치러지는 데 그 특색이 있다. 마을의 수호신인 본향당신은 도원수감찰지방관과 요왕해신부인으로, 이 본향당신과 함께 영등신을 위한 굿을 한다. 칠머리당은 본래 칠머리[건입동의 속칭]라는 곳에 있었는데, 시가지 확장으로 지금은 사라봉[沙羅峰] 기슭에 옮겨져 있다. 제일[祭日] 아침이 되면 선주회장과 동장이 차린 제물을 당으로 옮겨다 도젯상을 차리고, 집집마다 개인축원용 제물을 준비하여 당으로 모인다. 제물의 진설이 끝나면 정장한 "매인 심방"이 소무[小巫]들이 치는 무악기 장단에 맞추어 노래와 춤으로 굿을 해나가는데, 그 제차는 초감제 · 본향듦 · 요왕맞이 · 마을도액막음 · 씨드림 · 씨점 · 배방송 · 도진의 순으로 진행된다. 먼저 본향당신을 청한 다음, 영등신을 맞아들여 어업의 풍요를 기원하고, 해녀들이 씨를 뿌려 풍요를 도모하는 유감주술적 의례[類感呪術的儀禮]가 이어진다. 다른 지역에도 영등신앙은 있지만 주로 개인신앙의례로 행해지는데, 칠머리당굿은 영등신앙이 촌락신앙과 융화되어 마을굿으로 치러지는 데 그 특색이 있다. 기예능 보유자로는 고[故] 안사인[安士仁]이 인정되었으나 현재 제주칠머리당굿보존회에서 보존, 전승하고 있다.[145]

영등신이 내방 하는 시기에는 다양한 금기와 속설[俗說]이 전해지고 있다. 가장 흔하게는 초하루 날씨가 추우면 옷을 걸친 영등이 오고, 날씨가 따스하면 옷을 벗은 영등이 온다고 하며, 만약 그 날에 비가 내리면 우장[雨裝]을 쓴

145 한국민족문화대백과사전(https://encykorea.aks.ac.kr) 참조.

영등이 왔다고 말한다. 또한 영등달[음력 2월]이 되면 바다의 고둥이 다 속이 비는데 이것은 영등할망이 다 까먹었기 때문이라고 한다. 굿을 하다 심방[무당]이 한 해 바다농사의 풍흉을 점칠 때는 영등할망이 미역씨 주머니를 잊어버려 미역 흉년이 든다고 하거나 좁씨주머니를 가져왔다고 하면 풍년을 예고하는 것이라고 한다. 영등할망이 머무는 동안에는 배타고 나가 일하거나 빨래하는 것도 조심해야 한다고 한다. 이 같은 영등달의 금기는 실제 이즈음 제주도의 날씨가 바람이 강하고 변덕스러워 만사 조심해야 하는 때라는 점을 감안해보면 이러한 속신[俗信]으로 생활의 안전을 도모하고 있음을 알 수 있다. 또한 한 해의 풍흉을 불어오는 바람을 통해 예견하고 있음을 알 수 있다.

② 동김녕리 잠녀굿[해신제]

동김녕리 줌녀굿은 음력 3월 8일 해녀들의 주관 하에 성대하게 치러진다. 마을 중심가에서 해변으로 내려간 "사계알"이라는 곳에 작은 집 하나가 해녀들이 해마다 굿을 하는 곳이었다. 지금은 해녀탈의장 및 어촌계 공동창고가 있는 보다 넓은 곳으로 이동했다. 본래 이곳은 당[堂]과 달리 굿을 하지 않을 때에는 해녀들의 작업장이 되곤 하였으나, 옮긴 후에는 굿을 할 때 외에는 문을 잠가 놓는 굿집으로 바뀌었다. 굿하는 건물 북쪽, 즉 바다 쪽에 큰 댓가지를 세우고 굿집 안의 제단 위에는 제물들을 올린다.

동네별 해녀들의 이름과 배의 이름, 그리고 치성을 드리는 기관장과 마을 유지들이 축의 봉투를 상에 올리고 삼배[三拜]를 한다. 방문한 사람들에게는 해녀회에서 음식을 대접한다. 이 의례를 주관하는 어촌계 해녀회는 음식 준비와 의례의 전 과정을 주도하고 어촌계장과 각 동네별 해녀회장이 조력한다. 해녀회장들은 이날만큼은 고운 한복을 입어 그들의 치성을 보인다. 유교식 의례와 달리 잠녀굿은 여성들이 중심이 되어 진행되며, 제의 절차에 따라 심방[무당]은 마을 해녀들이 "요왕할망"을 위해 치성을 드리며 그 자손[줌녀]들에게 풍요가 있기를 기원한다. 해녀들의 무사안녕과 바다의 풍요를 기원하는 것이 이 의례를 거행하는 목적이다. 그리고 이것을 위해 마을 잠녀들이 음식을 준비하여 그들의 조상신에게 대접하고 내방객에게도 호의를 베푸는 것이다.

이 굿을 거행하기 위해 마을 잠녀들은 며칠 전 공동물질[해녀 모두가 참여하여 잡은 모든 것을 공동기금으로 삼는 물질]하여 제물을 마련한다. 하루 공동물질로 해녀들은 굿에 쓸 비용과 음식재료들을 마련하였다. 또한, 굿하기 전날 밤에는 공동작업장에 있는 방에 해녀회를 이끄는 중역들, 그들은 주로 상군, 중군들인데 이들이 하룻밤을 함께 잔다. 이른 새벽에 오는 그들의 신을 맞이하기 위해서라고 한다.

새벽녘 마을 심방이 굿집에 오면 잠녀들이 함께 그녀를 도와 의례 준비를 한다. 젊은 잠녀들은 음식 준비를 담당하고, 은퇴한 잠녀들은 굿집 안에 앉아 심방이 하는 신가[神歌]를 경청한다. 의례가 가장 고조되는 때는 점심을 먹은 이후 행해지는 씨뿌리기 할 때이다. 두 명의 잠녀가 해변을 뛰어다니며 좁씨를 부지런히 뿌린다. 이렇게 뿌려진 좁씨는 해산물의 풍요를 가져올 것이기 때문이다. 풍요를 향한 바람과 이를 구체화시키려는 그들의 실천의지가 이러한 연행을 만들고 있다. 이 순간만큼은 굿집이나 작업장 안에 있던 모든 잠녀들이 나와 뛰어다니는 두 잠녀의 씨뿌림을 응원한다.

그리고 돌아온 두 잠녀가 남은 좁씨를 돗자리에 뿌리고 이를 보며 심방이 한해 마을어장의 풍흉을 점친다. 이어 해녀회장과 동회장들을 중심으로 요왕신에게 제물을 바치는 제의를 바닷가에서 하고 돌아오면, 이어서 마을 잠녀들이 개별적으로 심방에게 쌀점을 친다. 자신을 비롯해 가족의 한 해 운세를 점치는 것이다. 만약 이때 운이 안 좋은 경우에는 별도의 치성을 드리도록 한다. 심방이 제를 마치고 굿집을 떠나면 마을 해녀회에서도 어촌계장과 간사의 도움으로 굿의 경비와 희사금 등 제반 사항을 듣고 각자 답례품을 하나씩 들고 집으로 돌아갔다. 신성한 시간이 끝나고 속[俗]의 시간으로 다시 돌아가는 것이다.

2000년대 초반부터 필자는 이 의례를 참여관찰하곤 하였는데, 마을 잠녀들의 말에 따르면, 과거 이 굿이 미신타파의 영향으로 말미암아 굿을 하지 못한 적도 있었다. 그럼에도 바닷일을 하는 사람들이 의지할 데가 없어 다시 굿을 하게 되었다고 하였다. 미신[迷信]이라고 보는 사회의 지배적 시선 속에서도 이러한 의례가 절실했던 이유는 무엇일까? 수중과 육상의 이중세계를 치열하게 살아가는 그들에게 일상적인 시간을 벗어나 성스럽고 고요한 그들의 시간이 필요한 것인가? 수중과 육상의 세계가 삶 속에 통합된 해녀들에게 세속에서 성[聖]으로 회귀하는 시간이 이 의례에서 이뤄지고 있었다. 심방이 길게 읊는 신가[神歌]를 들으며 그들은 눈물을 흘리기도 하고 다시금 자신들은 요왕신의 자손임을 재확인 한다. 그리고 의례가 끝난 후 그들은 다시 '해녀'로 돌아갔다.

2) 개별적 의례

해녀들이 모두 함께 하는 것과 달리, 바닷일에 대해 치성[致誠]을 드리는 일은 해녀개인에게도 중요하다. 다함께 하는 것과 별개로 해녀들은 각 가정에서 그리고 자신이 물질을 하는 때에도 잘 드러나지 않는 제의들을 해마다 그리고 일상적으로 행한다. 이에 대해 살펴보도록 하겠다.

① 지드림[요왕지 드리기]

해녀가 물질하는 날 바닷가에서 두 손을 모아 기도 드리며 무사안녕을 기원하고 준비해 온 "요왕지"를 바다로 던진다. 이를 "요왕지 드린다"라고 한다. "요왕"이라는 바다, 곧 해신에게 요왕지를 바치는 것이다.

이 작은 의식은 가정에서 하는 "요왕맞이"라는 해신제 또는 잠녀굿과 같은 해신제에서도 해녀들이 개별적으로 하는 것을 볼 수 있다. 물질을 하는 날마다 요왕지를 드리기도 하고, 물질이 이뤄지는 물찌의 첫 날에만 하는 등 이처럼 요왕지를 드린다. 평상시는 하지 않다가도 새해가 되어 첫 물에 드는 날에 요왕지를 드리는 등 이러한 비손 의식은 제주 해녀들 사이의 가장 보편적인 의식[儀式]이다.

요왕지는 손바닥만한 작은 크기로 흰 한지에 쌀과 동전을 넣어 무명실로 동여 맨 것인데, 신에게 바치는 공양물이다. 이 요왕지 만드는 것을 "지 싼다"라고 한다. 이것을 해녀들은 자신의 "몸지"라고 하는데 그 의미는 해신에게 자신의 안전을 바라며/의탁하며 바치는 것이기 때문이다. 자신의 몸지만이 아니라 그에 앞서 용왕[주로 요왕할망]을 위한 요왕지를 먼저 싼다. 경우에 따라서는 사고로 목숨을 잃은 해녀를 위한 지를 만들어 수중 고혼[孤魂]을 위로하기도 한다. 또한 멀리 바깥물질을 가서 첫 물질을 할 때에도 하였다. 새 쌀을 구입하였을 때에는 지를 싸기 위한 쌀을 먼저 따로 덜어 두기도 한다.[146]

이처럼 용신에 대한 신앙은 절대적이어서 물질하다가 거북이를 보면, "요왕할망의 말잿똘애기[셋째딸]"로 간주하고, 어쩌다 바닷가에 오를 때면 막걸

146 죽은 동료를 위한 요왕지 이야기는 오랫동안 물질한 해녀들에게서 간혹 들을 수 있는 이야기이다. 김영돈, 앞의 책, 1999, 140쪽 참조.

요왕지 싸기(김애자씨)와 요왕지 드리기(자료제공: 안미정)

리나 소라를 정성껏 대접하여 바다로 돌려보내기도 한다. 거북은 "요왕부원국 삼체ᄉ[삼처사] 거북ᄉ제[거북사제]"라고 하는데, 용왕의 사자[使者]라는 것이다. 거북이를 보면 자신의 소원이 이뤄지도록 비는 등 해녀나 어부들은 거북을 신성시하였다.[147]

이처럼 바다 속으로 들어가는 데 있어서, 해녀들은 요왕지를 바치며 자신의 생명과 무사안녕을 기원한다. 이 과정에서 자신 외에도 신과 죽은 동료를 위한 위무까지 동시에 행해지고 있는 것을 볼 수 있다. 보일 듯 말 듯한 이 비손 의식은 물질 도구들 단단히 준비하는 것 못지않게, 물질에 임하는 해녀가 자신의 마음을 단단히 동여매는 고요한 의식인 것이다.

② 조왕제[竈王祭]

개별 가정에서 이뤄지는 제의들은 심방[무당]과 일자를 맞춰 치러진다. 제주도 동김녕리에서 본 해녀들은 해마다 정월 초부터 마을의 여러 당을 돌며 기원을 하는데, 그와 별도로 집에서 해녀 개인이 심방을 불러 집에서 제를 올리기도 한다. 이 제의가 조왕제라는 의례인데, 이 조왕제는 매우 중층적으로 구성되어 있다.

조왕제의 '조왕[竈王]'은 부엌의 신을 의미한다. 그런데 이 신[神]이 포괄하는 범위는 부엌 이상으로 넓게 확장된다. 부엌만이 아니라 집, 그리고 산과 바다를 아우르는 것인데, 다음 표는 마을 해녀들이 사용하는 조왕제를 정리한 것이다.

〈표 16〉 조왕제의 중층적 구조

<table>
<tr><th colspan="3">제의 이름</th><th>신(神)</th><th>주관 참여자</th><th>제일(祭日)</th><th>장소</th><th>목적</th></tr>
<tr><td rowspan="4">조왕제 ①</td><td colspan="2">산신제</td><td>산신</td><td>여성 가구주 혼자</td><td rowspan="4">택일</td><td>내륙의 밭 (덤불 숲 근처)</td><td>목축번성, 평안</td></tr>
<tr><td colspan="2">요왕제</td><td>요왕할망</td><td>여성 가구주 혼자</td><td>바닷가</td><td>어로번성, 안전</td></tr>
<tr><td rowspan="2">조왕제 ②</td><td></td><td>조왕할망</td><td>심방과 여성 가구주</td><td>집안 (현관, 안방, 곳간)</td><td>가내 평안</td></tr>
<tr><td>조왕제 ③</td><td>조왕할망</td><td>심방과 여성 가구주</td><td>부엌</td><td>가내 평안 (재앙방지)</td></tr>
<tr><td colspan="3">조왕제④</td><td>조왕할망</td><td>여성 가구주 혼자</td><td>일상적</td><td>부엌</td><td>가내 평안 (가족 건강)</td></tr>
</table>

※ 출처: 안미정, 앞의 논문, 2007, 84쪽(필자가 조왕제만 일부 수정 보완함).

147 김영돈, 앞의 책, 1999, 141쪽.

〈표 16〉에서 조왕제①은 산신제[山神祭]와 요왕제[요왕맞이] 그리고 집에서 이뤄지는 조왕제②, ③을 포괄하는 제의이다. 동김녕리 김영자 해녀는 자신의 조왕제를 마을 심방과 의논하여 날을 맞춘 후, 그 날 밤이 되자 9시쯤 한라산 방향의 밭 한구석에 있는 돌담을 쌓은 작은 제단에 제물을 진설한 후 혼자 조용한 의식을 치렀다. 그녀의 남편이 트럭으로 태워주었는데 남편은 그녀를 차에서 기다릴 뿐 제의는 온전히 그녀만의 일이었다. 이어, 집으로 귀가 한 후 밤 11-1시 사이에 마을 무당이 그녀의 집에서 현관과 부엌, 안방, 곳간별로 각각 차려진 제상에 의식을 올렸다. 이것이 조왕제②인 것인데 여기서 부엌에는 하는 의식만을 별도로 조왕상[竈王床]이라 하여 행하는 조왕제③이 있다.

집에서 치러지는 제의를 마친 후 무당이 돌아가고 그녀는 다시 제물을 대바구니에 담아 짊어지고는 바닷가를 행했다. 요왕맞이[해신제]를 지내기 위한 것인데, 이때의 의식은 요왕지를 드리는 것과 같은 형식이다. 이렇게 하여 하룻밤 사이에 모든 조왕제가 끝났다. 그런데 이것이 끝은 아니다. 그녀는 매일 아침과 밤에 부엌 가스레인지 근처에 정화수와 작은 촛불[요즘은 작은 전구]로 불을 밝히는데 이는 멀리 떨어져 있는 가족의 건강과 안위를 비는데 이는 그녀만의 일상적인 조왕제이다[조왕제④].

이처럼 "조왕"이라는 이름으로 해녀들은 여러 제의를 중복하고 있는 것을 볼 수 있다.

산신제와 요왕제처럼 이러한 의례들은 당초 별개로 이뤄지던 것으로 추정된다. 그러나 생업의 변화 및 사회적 환경의 변화로 조왕제 안으로 들어와 지속되고 있는 것이 아닐까 한다. 산신제는 그녀의 시댁이 목축[소를 키웠던]을 했었기 때문에 하는 것인데, 더 이상 소를 키우지 않음에도 과거 그들의 가[家]의 번영을 가져다 준 산신에게 여전히 제를 올리는 것이라고 하였다. 흥미로운 점은 조왕제가 치러지는 공간적 이동을 보면, 산-집-바다로 이어지는 연결성을 보인다는 것이다. 산신제 혹은 요왕제의 이름으로 이 제의를 대변하는 것이 아니라, 집을 중심으로 그리고 그 안에서도 부엌을 중심으로 하여 이 제의를 표현하고 있는 것은 핵심을 조왕에 두고 있기 때문일 것이다.

부엌을 조왕이라고 부르는데 조왕은 가족원들 중 어머니에 해당한다.[148] 동김녕리에서 해녀들은 "조왕이 편해야 (일이 잘) 된다"라고 말하는데, 이때 조왕은 곧 여성 가구주를 의미한다. 조왕을 여성가구주로 의미화 하는 것은

김녕리 해녀 김영자씨의 조왕제(자료제공: 안미정)

부엌 살림을 하는, 곧 불을 다루는 사람이 곧 여성가구주이기 때문일 것이다. 이처럼 혼인 후 한 가[家]가 이뤄지는 데 있어 그 출발점이 되는 아이의 출산과 건강, 그리고 생업의 번성을 향한 여성 가구주의 의례적 실천에서 그녀

148 현용준, 『제주도 신화의 수수께끼』, 집문당, 2005, 133쪽.

는 중심적 위치에 있는 것을 알 수 있다. 왜 그러한가? 여러 제의들이 사라지고 있는 가운데, 즉 생업이 바뀌는 사회적 환경의 변화에도 바다를 터로 삼고 있는 그녀는, 그래서 요왕제를 할 수밖에 없는 그녀가 '해녀'이기 때문일 것이다. 자연 환경에 밀착된 그녀 가족이 삶을 영위 하는 '그 자연에 제를 올려야 한다면' 그 주체는 누구여야 하는가. 여성가구주인 해녀가 의례들을 주도하고 또 여러 의례들이 조왕제의 이름 속에 중층적으로 들어와 있는 이유도 여기서 찾을 수 있을 것이다.

③ 해녀 마을의 신들의 관계

앞의 여러 의례들을 보면, 해녀들은 바다의 신을 그들의 "조상"이라고 관념하며, 부단히 바다 신을 향해 공양하는 것을 볼 수 있다. 이처럼 의례에서 나타나는 바다, 혹은 바다 속의 신을 향해 정성을 들이는 신앙에 대해 좀 더 살펴보도록 하자.

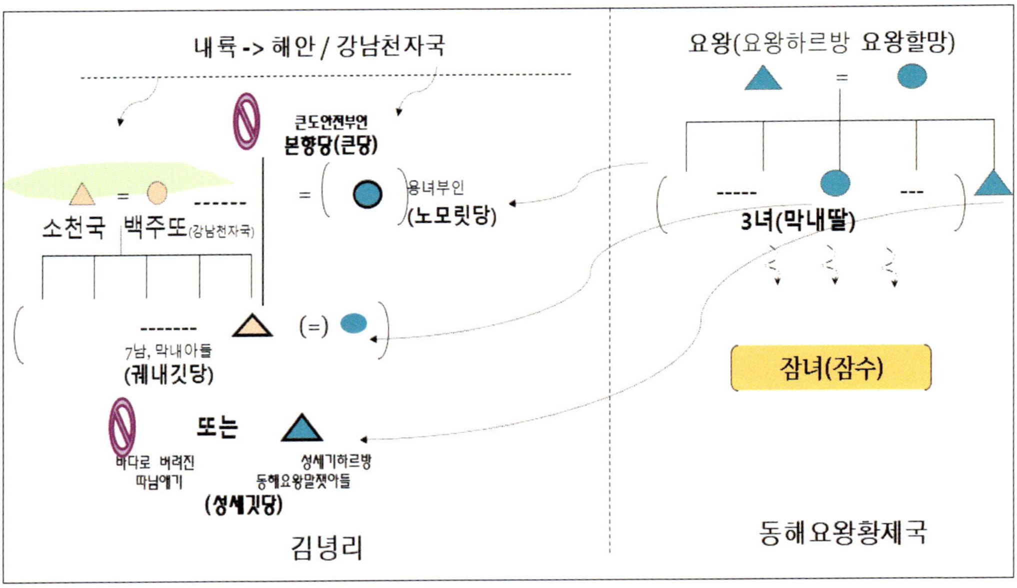

마을의 당신(堂神)과 해신(海神)(자료: 안미정, 앞의 논문, 2007 참조)

앞서 영등굿의 신은 어민들의 생업과 긴밀한 바람 신이라고 하였듯이, 해녀들에게 신들은 그들의 생업과 관련되어 있다. 잠녀굿에서도 이러한 생업의 긴밀성은 그들이 해신의 자손으로 나타난다. 위의 그림은 김녕리 마을 해녀들이 그들이 인식하는 마을 당에 좌정한 신들과 해신과의 관계를 나타낸 것이다.

마을 당에 좌정한 신들의 내력[神歌]을 보면, 신들은 상호 친족관계를 형성하며 마을에 좌정[坐定]하고 있다. 주민들의 공양을 받으며 생업의 번성을 관장하는 신들로 자리하고 있는 것이다. 좌정한 당신들이 외부에서 들어온 신들인 반면, 산신과 해신 등은 그 터에 내재된 신으로 존재하고 있다. 마을 해녀들은 이 신들에게 아이의 출산, 건강한 성장, 그리고 가업의 번성을 기원하며 음식을 공양한다. 이러한 행위를 그들은 신에게 정성을 들이는 행위로 인식하며, 그럼으로써 신의 도움을 받을 수 있다고 생각한다. 그들의 생업이 자연과 밀착되어 있는 긴밀성은 의례를 통해 재현되고 있다.

5. 신화와 전설

1) 제주도의 신화와 전설

① 구슬할망 본풀이

심방이 굿을 하게 된 연유를 말하며 읊어 내리는 '본풀이'는 신가[神歌]이며 또 하나의 신화라고 할 수 있다. 기존 연구자들이 보고하고 있는 〈구슬할망 본풀이〉도 그 중 하나이다. 이 본풀이는 서울서 제주로 내려온 허정승 따님 애기씨가 대상군이 되는 이야기이다. 『제주도신화』에 나오는 그 내용을 간략히 간추려 보겠다.[149]

> 제주도 신촌리 큰물거리에 사는 김사공이 제주목에서 말과 귤, 전복, 대모, 비자나무 등 진상품을 싣고 서울로 갔다. 일을 마치고 제주로 돌아올 적에 서울 서대문 밖에서 울고 있는 허정승 따님을 만나게 되었다. 부모의 눈에 거술려 쫓겨난 허정승 따님은 김사공에게 자신을 데려가달라는 애원하였다. 김사공은 다른 사공들이 눈치 채지 못하게 도포자락에 따님을

149 현용준, 『濟州島神話』, 서문당, 1996 참조.

숨겨 배를 태워 제주로 돌아오게 되었다. 집에 온 김사공은 방안에 몰래 허정승 따님을 숨겨 놓고 늘 문을 잠가 두었다. 허정승 따님이 날로 커가매 어느덧 열 여덟살이 되어, 하루는 남쪽으로 열린 창문으로 바깥세상을 보니, 사람들이 등짐을 지고 소를 몰고 밭 갈러 가는 것을 보았다. 또 북쪽 창문으로는 "호이이 호이이" 소리내며 물질하는 여자들이 소라, 미역, 전복을 캐는 것을 보게 된다. 이에 허정승 따님은 자기도 물질을 하겠다고 나섰다. 물질을 배워가매 대상군이 되어 큰 전복 일천근에 작은 전복 일천근을 해내고, 그 속에 든 진주가 닷 말 닷 되가 쏟아졌다. 김사공과 허정승 따님은 백년가약을 맺고 행복하게 살았다. 그러던 어느날 부인이 김사공에게 말하길, 진주는 외국에서도 널리 알려진 진품으로 이 진주를 임금께 진상함이 어떻겠는가 하여, 진주 닷말을 진상하게 된다. 임금이 귀중한 진주를 몇 개도 아닌 닷말 닷 되나 진상하니 참으로 감격스러워, 세상에 이렇게 기특한 일이 어디 있으랴하여 소원을 말하라 하니, 김사공은 동지벼슬을 청하여다. 하여 임금이 동지벼슬을 내리고 부인에게는 칠색 구슬을 하사하여 '구슬할망'이라 부르게 되었다. 부부는 딸 아홉을 낳았다. 구슬할망이 죽기 전 딸들을 불러 앉혀 당부하길, 앞으로 자손이 줄줄이 뻗어나갈 터이니 명절 때나 기일제사 때 고팡[곳간]에 상[床]을 바치고, 큰굿, 작은굿 치를 때엔 풍악으로 내 간장을 풀어달라 하였다. 딸들은 아홉마을에 저마다 시집을 가고 고팡에 상을 차리게 되었으니, 구슬할망은 딸들의 자손을 번성하게 해 준 조상신이 되었다.

이 본풀이를 보면 구슬이란 진주를 말하는 것이고, 큰 전복 속의 진주를 캔 대상군 해녀가 곧 구슬할망이다. 이 '할망'[150]은 본래 서울에서 제주로 온 허정승 따님이라고 하며 진상하는 김사공의 아내가 되어 물질을 하였다. 딸들을 낳고 그 딸들로 하여금 섬김을 받아 집안을 번성케 해주는 신이 된 것이다. 이 본풀이는 조상신이 된 이 여신이 허정승 따님으로 본래 제주 여인이 아닌데다 대상군 해녀였으며, 진주 진상의 이야기라는 점에서 주목된다. 제주 사공과 결혼한 외방에서 온 여성이 딸들을 통해 조상신이 된 내력을 담고

150 제주 신화에서 '할망'은 여신을 의미하곤 한다.

있는 것이다. 진주구슬 할망의 본풀이는 바다의 신화이자 해녀의 신화라고 할 수 있다.

② 용궁과 산호 전설

바다 속을 오가는 해녀들에게 전해져 온 두 개의 전설이 채록되어 전해지고 있다. 하나는 남해바다 용궁에 대한 것이고 또 하나는 산호를 본 해녀의 이야기이다. 이 두 전설은『한국의 해녀』에 실려 있는 대표적인 전설로, 간략히 그 내용을 보도록 하겠다.

제주도 성산읍 신풍리 앞바다에 '용궁올레'라는 곳이 있는데, 그 모양이 마치 용궁으로 들어가는 길목처럼 생겨서 생긴 이름이다. 마을 해녀들은 이곳을 신성시하였다고 한다. 어느날 해녀 송씨가 이곳에서 전복을 잡다가 용궁에 갔다 오게 되었는데, 이 전설은 제주도의 전설들 가운데 대표적인 용궁 전설이라고 할 수 있을 것이다.

〈남해용궁으로 가는 길목〉

신풍이 마을에는 대상군 해녀 송씨가 살고 있었다. 송씨는 한번 물질하면 전복이 수두룩할 정도로 물질을 잘하는 해녀였다. 어느날 용궁올레에서 전복을 잡던 중 숨이 가빠서 물 밖으로 나올까 하는데 바위틈에 큼직한 전복이 눈에 띄었다. 가쁜 숨을 잊고 빗창으로 캐려고 달려드는 찰나, 정신을 잃고 말았다. 그런데 뜻밖에도 눈앞에는 별천지가 전개되고, 밝은 대낮에 웬 강아지 한 마리가 짖어대며 따라오라는 시늉을 하여 따라가니, 동남동녀들이 나타나는가 하면 전에 본 적 없는 화사한 궁전들이 나왔다. 공주같이 어여쁜 미인이 나타난 어디서 온 누구인지를 물으니, 자신은 신풍리 해녀로 전복을 캐러 물속에서 자맥질을 하다 이리 되었다고 말하였다. 그러자 이곳은 남해용궁[南海龍宮]으로 세상사람들이 오갈 수 없는 곳인데 어떻게 왔는지 모르겠다며 용왕이 알면 살아 돌아갈 수 없다고 하였다. 송씨는 절박한 심경으로 이 용궁미인에게 말하였다. 만약 내가 없으면 거동하지 못하는 시부모님과 식구들을 먹여 살릴 길이 없다며 제발 살려달라고 간청하였다. 용궁미인은 귓속말로 아무도 몰래 인간세상으로 내보내 주겠다며 서둘러 돌아가라고 하였다. 그리고 나가는 동안 절대 뒤를 돌아

보아서는 안 된다고 하였다. 그렇게 송씨는 황급히 나오다가 신비한 그 궁전을 다시보고 싶은 충동으로 얼떨결에 뒤를 돌아보고야 말았다. 그러자 순식간에 앞이 캄캄해지고 느닷없이 눈이 부리부리한 용궁 수문장[守門將]이 나타났다. "네가 감히 어찌하여 이곳엘 왔느냐?" 송씨는 떨리는 목소리로 다시한번 살려달라고 손을 비비며 거듭 늙으신 시부모님을 자기가 아니면 모실 길이 없다며 빌었다. 사정을 안타까워하는 수문장은 자신도 노부모를 모시고 있다며, 옆 사람과 귀엣말을 주고받더니, 각별히 내보낸다며 어서 돌아가라고 하였다. 그리고 어디선가 길 안내 하였던 강아지가 나타난 꼬리를 흔들었다. 송씨는 그 강아지 뒤를 좇아서 용궁을 나왔다. 그리고 어느새 용궁 올레에 이르게 되었다. 동네에서는 대상군 송씨가 이승을 하직한 줄 알고 큰 소란이 있었는데 무사히 살아 돌아온 소식이 마을 사람들이 모두 놀랐다. 그로부터 그 길목을 용궁올레라고 부르게 되었다. 용궁올레 옆에는 10여m이 칼날 같은 바위가 우뚝 솟았는데 세상사람들이 함부로 들어가지 못하도록 세워져 있다는 것이다. 남해용궁이 신풍리 앞바다 바닷속에 있다는 소식이 알려진 다음에는 가뭄 때 그곳을 찾아서 기우제도 지내곤 했다. 기우제를 지내게 되면 그 효험도 꽤 있었다고 전해지고 있다.

〈산호해녀〉

제주도 모슬포에 사는 한 해녀가 밭일과 물질을 하며 부지런히 살고 있었다. 어릴 적부터 전복과 소라를 잘 잡는 상군해녀였다. 뿐만 아니라 이웃의 어려운 일도 도맡아 하는 해녀였다. 어느 날 해녀는 누구나 한번은 치르는 마마를 겪지 않았는데, 이 마마는 제주에서 천연두나 홍역을 말하는 병이었다. 제주에서는 속칭 천연두를 큰마누라 혹은 홍역은 작은 마누라라고 하여 이 병을 고치는데 치성을 드리곤 하였다.[151] 그러던 어느 여름날 이 해녀는 안덕면 사계의 김로포로 물질하러 가던 중 웅덩이에서 허우적

151 이 질병에 대한 많은 금기가 민간에서 전해져 왔다. 그리고 이 질병을 마마신이라 하여 부부 혹은 형제라고 이야기되는데, 남편은 '홍진국대별상'으로 천연두신이고, 부인은 '서신국마누라'로 홍역신이라고도 하여 대접하여 잘 다뤄야 하는 신들로 보았다고 한다. 보다 자세한 내용은 김영돈, 앞의 책, 1996 참조.

거리는 거북이 한 마리를 보았다. 안쓰러운 마음에 이 거북이를 바다로 놓아 주었다. 해녀는 얼마 후 열 길 물 속 깊이 잠수해 전복을 잡던 순간 눈앞이 아찔해져 버리고 말았다. 그리고 별천지가 펼쳐졌다. 반짝이는 조개와 백화가 만발한 눈부신 궁궐이 나타난 것이다. 그리고 궁궐문에 이르렀을 때 한 노파가 반가이 해녀를 맞이하며, 자기 자식을 살려 줘 고맙다는 것이다. 그리고 꽃 한 가지를 선물로 받았다. "이 꽃을 잘 간직하시오. 평생 지니고 있으면 마마는 걸리지 않으리다." 이것이 산호꽃이었다. 궁궐의 노파 말대로 해녀는 평생 마마에 걸리지 않았다.

이 두 전설의 주인공은 모두 '상군해녀'들로 깊이 자맥질 하는 이들의 이야기이다. 그리고 용궁은 신성한 곳에 있어 생명과 질병이 없는 용신이 사는 곳으로 이야기 되고 있다. 산호를 받은 해녀는 마마를 앓지 않았다는 것인데, 천연두와 홍역은 자칫하면 그 후유증이 크고 극심하여 민간에서 두려워했던 병이었다. 이처럼 바다는 해녀들의 생업활동의 무대이면서 동시에 이 전설들과 같이 신성하고 경외심을 갖게 되는 성스러운 공간이라는 것을 말하고 있다. 흥미로운 점은 해녀들이 정신이 아찔하게 되는 순간들이 있는데, 이것은 의학적으로 잠수자들에게 나타나는 질소과다에 의한 잠수병의 한 현상이다. 깊이 잠수하였던 해녀들만이 '용궁'을 볼 수밖에 없는 이유가 있는 것이다.

2) 전승: 집과 기억의 장소

전승되고 있는 여러 〈해녀 노래〉들을 보면, 바다를 오가는 그들의 고단한 삶은 저승길을 오가는 것으로 비유되고 있다. 그만큼 이 일을 업으로 생각하는 삶의 애환이 깃들어 있는 것이다. 동시에 해녀들은 바다를 곧잘 자신들의 '집'이라고 말하기도 한다. 물질하는 것을 두고 바다를 "집 삼아 다닌다."라는 것이다.[152] 이 말은 육상세계와 상대적으로 대비되는 바다에 있는 집으로써 그들의 '삶의 공간'이라는 뜻도 있고, 또한 바다는 낯선 다른 세계

152 안미정, 앞의 논문, 2007, 167쪽.

가 아니라 늘상 자신들이 살아가는 구체적 장소임을 의미하고 있기도 하다. 이러한 의미의 공간이자 장소로서 자리 잡고 있는 데에는 그들이 오랜 경험 속에 축적되어 온 과거의 집합적 기억이 있기 때문일 것이다. 다음 글을 보도록 하자.

> "나도 상어안티 엥겨난. ᄌᆞᆷ녀들ᄒᆞ고 요렷이 숨비단 보난, ᄌᆞᆷ수 하나가 숨비연 물 속으로 내려강 보난 망사리에 물건 담아논 거 먹젠햄서. '히라'ᄒᆞ난 테왁덜도 못가져오란. 나중에 배 탄 간 ᄆᆞᆫ ᄀᆞ져오라난. 그놈의 상어가 사름봐지민 ᄆᆞᆫ 돌아봐. 지 키보다 족은 것만 ᄎᆞᆽ아. 봐지민 탁 물지 안ᄒᆞ고 게민 '모여지라'ᄒᆞ여. 모여정 손으로 물을 막 때려."[153]

> [필자의 풀이: 나도 상어한테 혼났었어. 좀녀들하고 여럿이 숨비다 보니, 잠수 한 명이 숨비어 물 속으로 내려가보니, (상어가) 망사리에 물건 담아 놓은 거 먹으려고 하고 있어. "헤엄치라" 해서 테왁들도 못 가지고 왔어. 나중에 배 타고 가서 (테왁을) 다 가져왔었지. 그놈의 상어가 사람을 보면 다 돌아봐. 자기 키보다 작은 것만 찾아. 보면 탁 물지 않고. 그러면 (서로가) '모여라' 해. 모여서 손으로 물을 막 때려.]

상어를 만났을 때 해녀들이 위기를 모면했던 이 순간의 이야기는 바다의 위험함, 그리고 그들이 극복한 방법과 연대 등 여러 가지를 보여주고 있다. 이러한 이야기들은 해녀사회에서 흔히 볼 수 있다. 수중에서 일어난 이 같은 위기에 직면하여 스스로 그 상황으로부터 벗어날 수 있었던 것은 가까이 있던 다른 해녀들과 함께 하는 것뿐이었으며, 그 순간 서로 의지하였던 자신의 마음과 행동이 경험담을 통해 재생되고 있는 것이다.

지금까지 살펴본 바와 같이, 바다는 용신이 머무는 신의 세계이며, 용궁이 있고, 또한 늘상 오가며 살아가는 삶의 공간이라는 의미가 해녀들에게 있다. 신성하며 경외심을 갖게 되는 그러면서도 일상의 공간인 이 바다는 실상 그들의 동료들과 함께 해온 노동의 현장이자 과거의 기억들이 응축되어 있는

153 김영돈, 앞의 책, 1999, 343쪽.

곳이라 할 수 있다. 때문에 해녀들에게 바다는 위험성과 예측 불가의 세계이지만 동시에 삶의 이야기가 오랜 시간을 지나며 신화와 전설의 이름으로, 그리고 가까운 과거의 기억들로 엮여 있는 중층적 의미의 세계라고 할 수 있을 것이다.

III

지역별 해녀문화의 전승과 다양성

1장

동남해 해녀문화 전승

1. 전승 개요

한반도의 전체 연안에서 전승되고 있는 해녀들의 물질 가운데 가장 최북단에 속하는 지역은 강원도이며, 남해의 여러 섬들에 이르기까지 해녀들이 미치지 않은 곳이 없다. 해녀에 대한 전수조사는 시행된 바가 없어 제한적이나마 여러 조사 연구보고에 기반해 현재까지 파악된 몇몇 지역과 해당 지방자치단체의 행정통계 자료에 기반해 전승 양상을 살펴보고자 한다.

먼저, 강원도의 해녀, 즉 나잠어업인[裸潛漁業人] 인구는 다음 〈표 17〉과 같

〈표 17〉 강원도 나잠어업인 지역별 통계(2021년 12월 기준)

구분	나잠어업인	
	면허 취득자 수	종사자 수
계	1,096	909
강릉	189	186
동해	77	46
속초	142	125
삼척	230	121
고성	339	317
양양	119	114

※ 출처: 국립무형유산원, 〈2022년 해녀정기조사 기초자료〉(비간행물)

다. 나잠어업은 신고어업으로 행정기관에 신고를 통해 면허를 취득하게 되며, 실제 연중 6개월 나잠어업에 종사하고 있는 해녀 수와는 차이를 보인다.

강원도에서는 나잠어업인의 안전을 위한 보험료[2013년부터 시행]와 진료비를 지원하고 있으며[2007년부터 시행], 잠수복[2012부터 지원], 고성군에서는 잠수용품[장갑, 수경, 오리발 등]을 지원하고 있다.[154]

경상북도는 동남해안 지역에서 가장 많은 해녀들이 있는 곳이다. 특히 울릉도와 독도가 있고, 긴 해안을 따라 마을어장들이 펼쳐지고 있다. 울릉도 및 독도에 출어했던 제주해녀들과의 교류 사업을 전개하는 등 제주도 외의 지역 가운데 가장 활발한 해녀 지원 사업을 추진하고 있다. 2022년 나잠어업인을 대상으로 방문조사를 실시함으로써 도내 해녀의 구체적 조사가 이뤄졌다. 이 조사자료에 따르면, 2021년 12월 기준 경상북도의 해녀는 1,370명이었다. 조사는 어업 경영형태, 노동환경, 건강상태 등 어업환경을 진단하기 위해 실시되었으며, 해녀들의 기본사항, 건강 및 안전, 경제활동 및 수입 등 7개 부문 58개 항목에 대한 조사가 이뤄졌다. 이 조사는 국내에서 실시된 해녀에 대한 최초의 종합적이고 체계적인 통계 조사라는 점에서 그 의의가 크다. 조사 결과를 토대로 보면, 경상북도에는 전체 해녀 가운데 조사에 응답한 952명 가운데 142명이 해남[海男]이었고 그 외 809명이 모두 해녀들이었다. 〈표 18〉에서와 같이, 비교적 젊은 층인 49세 이하에서 남자 나잠어업인이 해녀에 비해 많게 나타난다. 지역별로 보면 포항시에 가장 많고, 반대로 울릉도에는 6명의 해녀가 있다. 고령화로 해녀들의 어업활동의 지속성을 장담하기 어려운 상황이다.

154 국립무형유산원 제공, 〈2022년 해녀정기조사 기초자료〉(비간행물)

〈표 18〉 2021년 경상북도 나잠어업인 지역별 현황

(단위: 명)

구분		합계	40세 미만	40~49세	50~59세	60~69세	70~79세	80세 이상
조사 인구		952	2	21	71	352	418	88
성별	남자	143	2	16	36	51	32	6
	여자	809	-	5	35	301	386	82
지역별	포항시	624	-	10	35	257	270	52
	경주시	121	-	-	2	31	75	13
	영덕군	143	1	7	21	37	58	19
	울진군	58	1	4	13	26	12	2
	울릉군	6	-	-	-	1	3	2

※ 출처: 국가통계포털, 〈2022년 경상북도나잠어업인실태조사〉 자료

연령대별로 보면, 70대의 해녀들이 가장 많고, 다음으로 60대, 그리고 이어 80대, 50대의 해녀들이 물질하고 있다. 고령화의 특징이 나타나는 것을 볼 수 있고, 40대를 포함한 젊은 층에서는 해녀보다 해남이 많다. 이들의 물질 경력은 40년 이상을 물질해 온 70대의 해녀들에 비하면 짧은 것이지만, 향후 지속적 어업활동을 펼쳐나갈 젊은 세대라고 할 수 있다.

경상북도 해녀들이 잡는 어획물은 〈표 19〉에서와 같다. 주로 채취하고 있는 것은 미역이며, 다음으로 말똥성게를 주로 잡고 있다. 연령대로 보면 50대의 해녀들이 가장 많은 어종들을 잡고 있고, 40대 미만의 해녀[와 해남]는 해삼과 참문어만을 집중적으로 하고 있다. 물질기량에 따라서는 중군이 상군과 하군에 비해 가장 많은 어종들을 잡고 있다.

〈표 19〉 경북해녀들이 주요 어획물

구분		주요 어획물 (단위: %)										
		미역	말똥성게	보라성게	전복	성게	해삼	홍합	문어	바위굴	참문어	물곰
연령별	40세 미만	0.0	0.0	0.0	0.0	0.0	50.0	0.0	0.0	0.0	50.0	0.0
	40~49세	71.4	0.0	4.8	14.3	0.0	4.8	0.0	0.0	4.8	0.0	0.0
	50~59세	78.9	9.9	1.4	4.2	0.0	2.8	0.0	1.4	0.0	0.0	1.4
	60~69세	76.1	15.1	6.8	0.9	0.9	0.0	0.3	0.0	0.0	0.0	0.0
	70~79세	74.9	18.2	4.3	0.7	1.0	0.5	0.5	0.0	0.0	0.0	0.0
	80세 이상	78.4	14.8	3.4	2.3	0.0	1.1	0.0	0.0	0.0	0.0	0.0

물질 기량*	상군	62.8	20.4	11.9	1.8	1.3	0.9	0.9	0.0	0.0	0.0	0.0
	중군	75.0	16.4	4.2	1.9	0.5	1.2	0.2	0.0	0.2	0.2	0.2
	하군	86.6	11.1	0.7	0.7	0.7	0.0	0.0	0.3	0.0	0.0	0.0
지역별	포항시	66.2	23.9	7.5	1.0	0.5	0.8	0.0	0.0	0.2	0.0	0.0
	경주시	97.5	0.0	0.0	2.5	0.0	0.0	0.0	0.0	0.0	0.0	0.0
	영덕군	98.6	0.0	0.0	0.7	0.0	0.0	0.0	0.0	0.0	0.7	0.0
	울진군	79.3	0.0	0.0	6.9	6.9	3.4	0.0	1.7	0.0	0.0	1.7
	울릉군	50.0	0.0	0.0	0.0	0.0	0.0	50.0	0.0	0.0	0.0	0.0
전체	소계	75.7	15.7	4.9	1.5	0.7	0.7	0.3	0.1	0.1	0.1	0.1

* 나잠어업등급을 물질 기량으로 바꿔 제시함.
※ 출처: 국가통계포털, 〈2022년 경상북도나잠어업인실태조사〉 자료.

지역에 따라서는 울릉도 해녀들이 미역과 홍합만을, 그리고 영덕과 경주 해녀들은 미역을 집중적으로 채취하고 있다. 반면, 포항 해녀들과 울진 해녀들은 많은 해산물들을 잡고 있다. 해녀들의 어획물이 다르게 나타나는 것은 바다 환경과 어장 조건에 따른 차이일 수도 있고, 또한 지역 해녀 인구수의 영향도 고려된다. 특정 어획물에 편향성을 가진 지역들은 해녀 인구가 상대적으로 적은 곳이기 때문이다. 함께 일할 해녀들이 없을 때 어획물들의 다양성도 떨어지고 그것은 결국 어장의 생산성이 저하되는 것을 말한다. 물질은 함께 일하는 동료가 중요한 어업으로 협업할 인력이 있을 때 마을어장의 생산성도 높아지는 특징이 있는 것이다. 마을어장의 자원과 채취자인 해녀 인구 수 사이의 균형을 이루기 위해 필요한 노력은 생태적으로 자원관리가 이뤄지는 동시에 적정한 해녀 인구의 유지도 필요하다는 것이다. 이른바 "원정물질[다른 마을어장에 가서 일을 해주고 돈을 버는 물질]"이 있는 것은 해녀 인구 유지가 되지 않기 때문에 나타나는 현상이다.

이 외에도 경상북도 해녀들의 고향은 경상북도 84.3%, 제주특별자치도 9.2%, 울산광역시 2.5%로 나타나 제주출신에서 세대교체가 일어났음을 보여준다. 물질을 시작한 곳도 경상북도인 경우가 93.5%, 제주특별자치도 5.8%, 울산광역시 0.4%이며, 시작한 나이는 20대 42.8%, 10대 23.4%, 30대 16.8%로 평균 27.9세였다. 종사기간이 40년 이상 64.1%, 30~40년 미만 15.7%, 10년 미만 7.6%로 평균 종사기간은 40.5년으로 나타났다. 이는 젊은 나이에 시작해 일생을 거쳐 이 어업에 종사하고 있다는 것을 말한다.[155]

다음으로, 경상남도의 해녀 현황을 보면, 모두 526명의 해녀들이 나잠어업인으로 활동하고 있다. 도[道]에서는 잠수어업인 진료비 지원 조례를 제정[2011년]하여 지원하고 있으며, 도내 거주하는 잠수어업인의 잠수병 관련 질환에 대하여 도 지정 진료기관에서 치료받으면, 진료비[외래 진료시 본인부담금]를 일부 지원하여 어업인의 건강보호 및 삶의 질 향상 도모하고 있다. 도내 고압산소 치료[챔버]시설 보유한 12개의 의료기관을 지정하여 나잠어업인의 건강에 도움을 주고 있다. 또한 나잠어업 보존 및 육성에 관한 조례를 제정 나잠어업인 〈쉼터〉를 설치하여 수산물 판매와 상호 교류의 장이 되는 복합적 기능을 가진 쉼터를 만들었다[거제시 능포항]. 경상남도의 해녀들은 어촌계에 속해 있으나 별도의 조직을 만들어 단체활동을 하고 있다. (사)거제시한라나잠협회[2015.11.17.등록]와 (사)거제시나잠협회[2016.5.17.등록]가 있다.

〈표 20〉 경상남도 해녀 현황(2022..1.4.기준)

경상남도	나잠어업인 수(단위 명)
창원시	63
통영시	186
사천시	30
거제시	182
고성군	6
남해군	59
계	526

※ 자료: 국립무형유산원, 〈2022 해녀 정기조사보고서〉 기초자료, 2022.

부산광역시의 경우 나잠어업 종사자는 2024년을 기준으로 총 644명으로 집계되고 있다. 그런데 이들 가운데에는 나잠어업 신고를 하지 않은 이들이 있었다. 이 문제가 법적으로 해결이 되며 2016년과 2017년 증가하였으나 이후 나잠어업인은 감소하고 있음을 알 수 있다. 이러한 감소 요인은 고령화에 따른 자연 감소 및 연안개발 등으로 인한 조업환경이 축소된 데에 따른 것이다.[156]

155 경북도청, 보도자료, 〈경북 동해안 해녀 주 수입원 미역, 성게로 나타나〉, 2023년 1월 30일.

〈표 21〉 부산광역시 나잠어업인 연도별 현황

(단위: 명)

구분	2015	2016	2017	2018	2019	2020	2021	2022	2023	2024
전년대비 증감(%)	-	22.6	14.5	-1.8	-5.9	-2.0	-3.5	-0.9	-1.7	-2.3
신고자 소계(명)	541	663	759	745	701	687	663	657	646	631
기장군	541	589	605	590	552	541	521	514	507	498
영도구	-	-	60	57	57	56	56	57	56	58
해운대구	-	38	38	38	37	35	35	35	35	30
사하구	-	21	22	22	22	22	20	20	19	18
서구	-	-	-	5	5	5	5	5	5	6
남구	-	-	19	19	14	14	14	12	12	12
수영구	-	14	14	13	13	13	11	11	10	8
강서구	-	1	1	1	1	1	1	3	2	1
미신고자 소계	460	306	185	161	146	141	125	117	13	13
총계	1,001	969	944	906	847	828	788	774	659	644

※ 자료: 부산시 수산정책과, 〈2024년 하반기 나잠어업 종사자 전수조사 결과보고(2025.3.18.)〉, 2025.

부산시의 해녀들에 대한 지원은 구, 군에 따라 진료비[기장군, 영도구]와 안전모 지급[해운대구], 조업장에 시설 보완 및 선지지 견학 지원[기장군]을 하고 있다.

동남해안 지역의 해녀문화 전승은 그 역사에서 제주도 출신의 해녀들과 불가분하기는 마찬가지이다. 그리고 현지에 정착한 제주 출신의 해녀들은 정착하며 현지의 해녀문화를 만들어냈다. 제주와는 다른 생태적·사회적 환경 속에서 이들은 물질 공동체를 형성하며 오늘에 이르고 있다. 다음으로 한반도의 동서남해안의 주요 지역에서 전승되고 있는 해녀문화를 살펴보기로 하겠다.

156 2016년 1월 5일 나잠어업의 신고수리 거부처분 행정소송(기장군)이 패소함에 따라 신규 등록이 이뤄졌다(부산시 수산정책과 2024.3.18. 자료).

2. 지역별 사례

1) 부산광역시 해녀촌들

부산은 제주 도민은 물론 해녀들이 육지로 나갔던 주요 거점지였다. 일본으로 가는 해운 정기노선이 일제시기 때부터 있었고, 19세기 후반부터 해산물의 대일 수출항이자 무엇보다 쿠로시오 난류가 거쳐가는 곳으로 풍부한 어장이 형성되어 있었다. 부산을 거점으로 동해안을 따라 북상하며 해녀들이 이동해 나갔다.

부산시의 해안을 따라가다 보면, 유명 해수욕장들이 펼쳐진다. 다대포, 송도, 광안리, 해운대, 송정, 일광, 임랑 등 이들 해수욕장이 이어지는데 흥미로운 점은 이들 해수욕장의 한편에는 반드시 작은 포구들이 있고 그곳을 거점으로 물질하는 해녀들이 있다는 것이다. 해수욕장 주변으로는 호텔들과 카페들, 그리고 민박집들과 식당들이 들어서 피서지와 주말 나들이객들이 붐빈다. 포구에 들어 온 수산물들은 수협을 통해 시장으로 유통되고 있

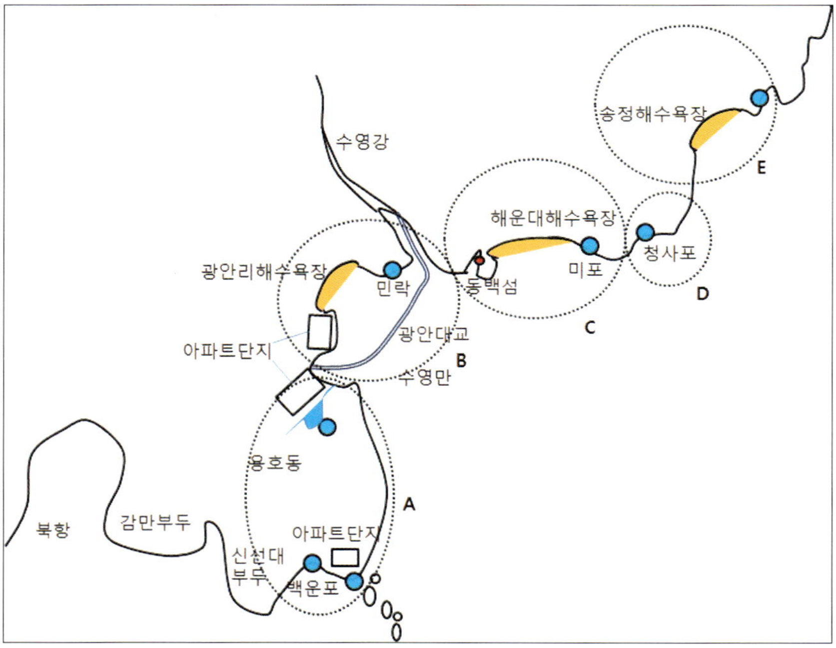

부산의 해수욕장과 포구들(자료: 안미정, 앞의 책, 2019, 216쪽 참조)

다. 이외에도 해녀들이 잡아 온 해산물들을 직거래 하는 상인들이 있다. 해산물의 수요는 해녀들의 물질이 상시 이뤄질 수 있게 하는 핵심적 요인이다. 다음 그림은 부산시의 해안지도이며 주요 해수욕장들마다 해녀들이 있음을 보여준다. 부산시 해녀들의 특징은 해수욕장과 작은 전통적 포구에 위치한 어촌계와 그 안의 해녀들이 있으면서 해산물 판매가 이뤄지는 상업적 어로 형태로 나타나고 있다는 것이다.

앞의 그림에서 보면, B(광안리해수욕장), C(해운대해수욕장), E(송정해수욕장) 지역이 대표적이다. 이 외에도 대규모 아파트 단지가 입지한 바로 앞에 나들이객들을 상대로 해산물을 판매하는 소규모의 해녀들이 그림 A (백운포와 분포) 지역에 있고, D(청사포) 지역은 전형적인 어촌이었으나 최근 해안 카페들과 식당들이 들어서며 크게 달라진 곳이다.

부산의 해녀들은 바다 경관을 즐기는 나들이객들과 식당의 해산물 수요에 부응해 물질을 하고 있다. 제주도와 달리 해산물 판매를 겸하고 있는 것이 부산 해녀의 두드러진 특징이라고 할 수 있다. 물질과 판매를 동시에 하고 있는 이들의 어업은 상업적 성격이 강한 것이다. 이러한 점에서 마을어장에서 물질을 하고 해산물은 수협을 통해 수매가 이뤄지며 해녀회를 통해 의사결정을 하는 등의 제주 해녀들의 존재방식과 상이한 면을 볼 수 있다. 물질방법과 도구 등 제반 어로형태는 같지만, 해산물의 유통과 소비 과정이 다름을 보여준다. 어업공동체의 공유지 이용과 그에 따른 경제적 이익의 환원 과정이 생략되어 있는 경우가 많다. 빼어난 해양경관을 배경으로 해산물 판매하고 있는 부산의 몇 지역을 살펴보기로 하겠다.

(1) 영도 동삼동 해녀문화전시관의 해녀들

부산의 영도는 제주 해녀들의 주요 이동 거점지였으며, 지금도 물질이 활발히 이뤄지고 있는 대표적인 곳이다. 특히 영도 '중리 해녀촌'은 영도해녀문화전시관이 위치하고 있는 곳인데, 당초 중리 해녀촌이 알려지면서 2019년 이곳에 건립된 것이다. 이 전시관은 제주도 이외의 지역에서 최초로 건립된 해녀역사관이라고 할 수 있다. 전시관 앞에는 제주도에서 기증한 해녀상이 세워져 있다. 전시관의 1층에는 해산물을 판매하는 식당이 있으며, 2층은 영도해녀의 역사 자료를 전시하고 있다. 이곳은 부산시와 영도구의 재원으로 건립된 전시관이다. 과거에는 갯바위에 여러 천막을 쳐 놓고 해산물을 팔았었으나 지금은 3개의 수족관을 두고 동네별로 조직된 해녀들이 해산물을 팔고 있다.

영도구의 동삼동 어촌계 해녀들은 물때에 맞춰 작업하지만 일부 물때와 상관없이 매일 작업하기도 한다. 전복, 해삼, 멍게, 소라, 미역, 곰피 등을 채취하고 있다. 또한 명승지 태종대가 있어 해녀들의 수산물 판매가 곳곳에서 이뤄지고 있다. 동삼동의 하리항을 중심으로 대도시 속에서도 해녀 어업이 전승되고 작은 포구를 중심으로 풍어제[별신굿]가 매년 거행되는 등 전통적인 어촌공동체의 면모가 살아 있다.

(2) 임해공원의 해녀촌

부산의 남쪽에 있는 송도해수욕장 서편 끝자락에 위치한 임해공원에도 해녀촌이 있다. "아끔지[해녀]타운"이라 불리는 이곳에는 29개의 가게들이 하나의 '타운[town]'을 만들어 해산물 장사를 하고 있다. 입구에서 걸어가면 8개의 가게가 있고[A면], 이어서 15개[B면], 마지막으로 5개[C면]의 가게가 나열되어 크게 보면 삼각형의 구조를 가지고 있다. 가게들은 가건물로 지어져 있고 대개 비슷한 해산물을 팔지만, 가장 장사가 유리한 곳은 A면의 가게들이다. 때문에 이 자리를 정하는 규칙으로 격년에 한 번씩 제비뽑기를 하고 있다. 2017년 이곳에 또 다른 명물, 해상 케이블카가 운행되기 시작하였고 이때 철거 위기를 겪었다. 이들이 만든 '타운'은 공유수면으로 개인 재산이 아니기 때문이다.

이곳을 해녀들은 '타운'이라고 하나, 본래 해안가에 위치한 주차장 한편에 있어, 엄격하게 보면 사람이 사는 타운[town]이라고 볼 수는 없다. 그럼에도 부산에는 해녀들이 해산물을 판매하는 곳을 "해녀촌", "타운"이라는 말로 부르는 이유가 있다. 그것은 해녀들이 어장과 같은 행정구역 안에 거주하기 때문이며, 해녀로서는 바닷가 가까운 곳에 위치해야 하는 특수성, 그리고 작업 후 일을 마치고 해산물을 정리하던 장소였기 때문이다. 이들의 일을 본 나들이객들의 수요가 있어 오늘날과 같은 장소로 변모하게 된 것이다. 이와 같이 해녀들이 일터였던 곳이 해산물 판매하는 식당가로 변모한 사례는 앞서 본 영도 해녀촌과 부산 기장군 대변항 인근의 "해무촌", 또는 "죽집"이라 부

부산 영도 해녀의 물질과 해녀상(자료제공: 안미정)

르는 곳도 마찬가지이다.

한편, 공유지 이용자로서 어업공동체의 양상이 전혀 없는 것은 아니다. 다대포어촌계의 해녀들인 경우 이들은 자신들의 어업권에 기반해 어장에서 해산물을 채취해 왔다. 거의 모두가 제주출신인 이들은 서로 어업공동체이자 이주정착자로서 결속을 이루고 있다. 이들은 매립으로 인해 어장이 축소되는 취약한 환경 속에서도 물질을 지속할 수 있는 방안을 모색하고 있다.

2) 경북 울진 죽변 어촌계

죽변 어촌계의 해녀들은 제주에서 이주 정착한 해녀들로 마을어장에서 미역과 성게, 해삼, 전복 등을 채취하고, 인근의 다른 지역에도 물질을 다닌다. 연간 200일가량 물질한다. 1990년대 중반에 25명 내외였으나 지금은 5명에

불과하고 전승 기반이 열악하다. 80대의 고령자 소수가 일을 하고 있다. 물때 없이 파고가 높지 않은 날에는 오전 7시부터 11시 30분까지 일을 한다. 새로 해녀 일을 배우고자 하는 이가 없고, 기존 어촌계원 중 해남 3명이 새로 등록했다. 그러나 이들은 해녀문화 전승과는 무관해 보인다.

해녀작업장이 있었으나 스카이레일이 설치되면서 철거되었고, 지금은 각자의 집에서 작업도구를 챙겨 어장에서 일을 한다. 타지 어장으로 갈 때에는 봉고차를 계약해서 다니고 있다. 기본적으로 해녀 전승시설이 열악한 형편이다. 그런데 해녀문화 전승에 대한 기대가 높지 않은 데에는 열악한 전승시설 외에도 극성스러운 해루질의 영향도 크다. 해루질로 인한 불만이 높고, 단속이 없지 않았으나 효과는 미미하였다. 고령의 어민들은 어장 자원 보호를 위한 제도마련을 기대하고 있는 상태이다.

이렇듯 자원과 어장 환경이 마을 해녀들에게 좋은 여건이 되고 있지 못하다. 미역은 많지만 어장 환경이 2006년 동식물 채취포획에 대한 해루질을 인정하는 판례가 나온 후 어장 내 자원이 감소할 뿐만 아니라 야간 해루질을 단속하는 데 어려움이 크다. 현재 포기한 상태라고 한다. 2007년부터 잡을 해산물도 줄어들고 단속도 어려워진 상태이다. 게다가 백화현상으로 먹이사슬을 형성하지 못하고 성게의 알이 작아졌다. 미역은 작황이 좋지만 건조에 필요한 인력이 없어 채취에도 한계가 있다.[157]

울진 출신의 연구자 남효선의 글에 따르면, 죽변에 제주 해녀가 처음으로 정착한 시기는 1930년대 후반에서 1960년대에 걸쳐 집중적으로 나타났다고 보고하고 있다.[158] 그에 따르면, 죽변은 일제시기 죽변항에 죽변등대가 설치되었으며 동해안의 중요한 군사항으로 조성되기 시작하였다. 1938년 방파제 조성이 되어 어항의 기반시설을 갖춰나갔고, 무엇보다 인근 어장이 형성되며 크게 발전할 수 있었다. 1920년대 "정어리바리"[정어리잡이], 1930년대 명태, 대구잡이, 1940년대 정어리잡이, 1960년대 꽁치, 오징어잡이 등이 성업을 이루어 외부로부터 인구 유입이 많아졌다. 이러한 흐름 속에 제주로부터 잠녀들이 유입하게 된 것이다. 당시 정착한 잠녀들은 24명으로 알려지고 있

157 국립무형유산원, 〈2022 해녀 정기조사 보고서〉 참조.

158 남효선, "죽변항을 살찌운 해녀의 사회경제사", 2017(경북북부권 문화정보센터 https://www.cultureline.kr, 검색 2024.10.22.)

다.[159] 이주민들 가운데에는 잠녀만이 아니라 이북에서 온 함경도 출신의 "아바이"들이 이주하여 모여 살기 시작했다. 주로 모여 산 곳은 지금의 죽변3리[봉수동: 봉께]와 죽변4리[후리께; 아바이촌] 등이다. 지금도 봉께마을과 후리께마을은 죽변항 일원에서 '해녀촌'으로 인식되고 있다. 또 후포, 거일, 직산, 구산, 망양, 진복, 오산, 산포, 나곡리 등 울진 해안마을 전 지역에서 제주에서 온 해녀들의 영향으로 이 지역의 어로기술에서도 큰 변화가 일어났다. 당시 미역채취는 가족들의 노동에 의지하여 이뤄지고 있었고, 떼배를 이용해 채취하고 있었다. 대나무에 낫을 메 단 '낫대'로 '짬[수중 바위]'에 붙은 미역을 잘라 채취하는 방식이었다. 그러나 죽변에 온 이주민들에 의해 '덴마[전마선]'와 '짬수경[창경]'을 이용해 미역을 채취하였다. 이렇게 하여 미역 생산력이 향상되었다.[160]

미역 말리기(울진군 북면 나곡6리 고포마을)(자료제공: 남효선)

159 오선화, 「죽변지역 이주잠녀의 적응과정 연구」, 안동대학교 대학원 석사학위논문, 1998 참조.
160 남효선, 위의 글.

죽변 해녀들의 미역 채취 작업(울집읍 온양리 군벌마을)(자료제공:남효선)

매년 4월이면 울진군의 최북단에 위치한 북면 고포리를 비롯한 연안해촌은 '돌미역[자연산 미역]' 채취 작업으로 눈코 뜰 새 없는 일정을 보낸다. 이 무렵이면 연안 해촌의 어촌계별로 "돌미역 채취 위한 해녀 구하기"에 분주하다. 돌미역은 채취 시기가 일정하게 정해져 있으므로 그 시기를 놓치면 손실이 매우 크다. 이 때문에 울진 연안 해촌에서는 돌미역 채취철이면 해녀를 구하기 위해 동분서주한다. 지난해 울진 연안어장에서 생산된 자연산 미역은 공식 집계된 량만 960여 톤이다. 돈으로 환산하면 37억여 원

에 달한다. 지난 2016년도 봄, 울진산 미역, 특히 울진 북면 고포마을, 죽변, 공세, 거일 등 울진연안 해촌에서 생산되는 '자연산 미역'은 스무 올을 기준으로 한 단에 20만원을 넘겨 거래됐다. "미역 없었으면 울진사람 모두 다 죽었지"라는 향언이 지금도 전승되고 있듯이 미역은 울진사람들의 생존을 지켜준 버팀목이었다. 미역은 굶주렸던 시절, 울진 사람들을 살려 준 소중한 자원에서 이제는 자치단체를 살리는 생태어업으로 각광받고 있다.[161]

죽변 어장의 미역이 지금은 제때 채취할 수 없어 결국 지역주민의 경제적 손실이 되고 있다. 이를 극복하기 위해 해녀를 양성하는 기관을 만들어 이들의 어업기술을 전승하는 것이 필요하다고 지적되고 있다.[162]

3) 포항시 구룡포 어촌계

경상북도에서 해녀들이 활발하게 일을 하고 있는 대표적 지역의 하나가 구룡포이다. 2022년 무형유산원의 해녀 정기조사 보고서에 따르면, 포항시 구룡포 어촌계에 소속된 해녀들은 37명이었다. 현재 고령자들로 제주출신들이 많다. 2022년 8월 17일, 제주에서 온 해녀들의 역사를 되새겨 제주 한림읍

161 남효선, 위의 글.

162 남효선, 위의 글.

구룡포 해녀 공동작업장의 밖과 안(자료제공: 안미정)

협재리 어촌계와 결연을 맺었으며, 독도에 출어했던 제주 해녀의 역사에 기반해 제주도와 경북도 간의 지방간 교류협약도 체결되었다. 이러한 지방간 교류 협약이 이뤄진 바탕은 경상북도로 바깥 물질 왔던 제주해녀들이 울릉도와 독도로 출어했던 역사가 있기 때문이었다.

구룡포는 일제시기부터 제주 해녀들이 우뭇가사리를 채취하기 위해 갔던 곳으로 해녀들 사이에는 널리 알려진 곳이다. 어촌계 사무실과 작업장이 나란히 위치하고 있다. 작업장 내의 화장실이 열악하고 해산물 선별에 따른 배수[排水]와 개인별 보관함, 목욕 샤워 시설 등 제반 사항이 제주의 해녀탈의장에 비하면 열악하여 현대화가 필요한 실정이다.

옆에 있는 어촌계 건물 2층에는 해녀들의 휴게실이 있어 일과 여가활동이 복합적으로 이뤄지고 있다. 그러나 고령에 이른 해녀들이 계단으로 2층 휴게실을 이용하기는 어려운 실정이다. 그럼에도 이곳은 해변에 위치하여 해녀 물질 교육과 문화 전승이 이뤄지기 좋은 조건을 가지고 있다.

주요 해산물은 전복, 말똥성게, 보라성게 등으로 말똥성게가 이 지역 "효자상품"이다. 그러나 현재는 이마저도 사라져 자원이 감소한 상태이다. 지

금은 미역이 가장 큰 수입원이며 그 양은 채취를 다 하지 못할 정도이다. 구룡포 해녀들도 "원정작업"을 다닌다. 인근 어촌계에 작업을 가는데 작업 후 분배율이 5:5이다. 이는 마을어장에서 말똥성게를 해녀와 어촌계가 6:4로 나누는 것보다 낮은 것이다. 그럼에도 원정을 다니는 것은 소득의 기회가 되고, 마을어장의 자원에만 의존하기에는 한계가 있기 때문이다. 한편, 구룡포 어촌계에는 제주에서 이주정착한 해녀 외에도 현지 출신 해녀의 딸이 대를 이어 물질을 배워 신입해녀가 되었고, 거제 해녀학교 졸업생도 구룡포 해녀가 되는 등 많지 않으나 젊은 세대가 유입되고 있다는 점에서 주목을 받고 있다.

어촌에 활력은 불어 넣고 있는 것은 지자체의 지원과 관심에서도 엿볼 수 있다.

경상북도는 2022년 3월, 경상북도 소멸 위기에 처해있는 경북의 해녀어업을 보존하고 해녀문화의 지속가능성을 확보하기 위해 '경상북도 해녀문화전승보전위원회'를 발족시켰으며, 환동해지역본부를 중심으로 하여 경상북도 해녀문화사업을 활성화 시키고 있다.[163] 2021년에는 〈경상북도 해녀문화 전승·보전에 관한 조례〉를 제정하였다. 해녀는 물질 경험으로부터 축적한 생태환경 지식이 상당할 뿐만 아니라 서로 협동하고 배려하는 공동체 문화를 이어오는 살아있는 지역의 역사라는 인식 속에, 현존 하는 해녀들이 '마지막 세대'라고 보고, "경북도는 우리의 고유한 어촌문화유산인 해녀문화를 체계적으로 전승 및 보전하기 위해", "미래 환동해시대 발전의 중요 정책 중 하나로 '해녀어업 보존 및 육성 계획'을 수립해 추진"하고 있다. 이러한 지역사회의 비전 속에 수산물 직판장, 해녀 체험교실, 해녀 작업장 및 휴게실 등을 갖춘 '해녀복지비즈니스타운'을 건립하여

163 콘텐츠코리아, "경북도, 귀어해녀학교, 해녀복지비즈니스타운 등 해녀문화유산보존 사업 추진", 2022.03.17.

2023년 경상북도 해녀협회 출범식과 공예품 만들기(자료제공: 경상북도청)

해녀의 삶과 관광을 연계한 문화공간을 조성하고 지역의 새로운 소득원을 창출하며 신개념 유통 판매망을 구축할 예정이다. 해녀문화가 경상북도 지역의 활성화를 이끌 수 있는 새로운 관광산업의 원동력으로 발돋움할 것으로 기대하고 있는 것이다.[164] 특히 이러한 해녀 어업의 활성화는 지역 청년들의 정주를 돕는 데에도 일조할 것으로 기대하고 있다. 2023년 5월 개소한 이웃어촌지원센터를 해녀 육성 및 어촌 활성화의 중핵으로 삼아 귀어인과 청년 어업인의 정착을 돕는다는 것이다.[165]

이외에도 구룡포 해녀들은 포항시 문화재단에서 지원금을 받아 각종 사업을 운영하였다. 해녀들에게는 잠수복이 2년 1회 지원되고 있고 의료비 지원은 없다. 경상북도해녀협회 회장을 맡고 있는 성정희 어촌계장은 해녀의 일도 장점이 많다고 하며 전수교육에 매우 긍정적이었다. 그녀 자신이 오랫동안 물질을 해 왔는데, 예전에는 해녀에 대한 인식이나 평가가 낮았으나 근래 해녀문화 전승과 해녀에 대한 관심이 높아져 미래에 좋은 직장, 단시간 고소득, 여가 시간이 있고 누구에게 구애받지 않으며 정년이 없는 직장으로 각광 받을 것이라 보고 있다.

164 콘텐츠코리아(2022), 위의 기사.

165 경상북도, 보도자료, 〈'이웃어촌지원센터' 개소식 개최〉, 2023.05.23.

구룡포와 제주의 해녀들의 교류(자료제공: 안미정)

다만, 물질이라는 어업문화의 전승보다는 해녀들의 여가활동과 작은 소품을 만드는 등의 활동에 집중되어 있는 것은 아쉬운 점이다. 이러한 이유에 대해 어촌계장은 해녀들이 일을 많이 하여 문화생활이 없다고 판단하여 이러한 프로그램들을 해녀를 위해 마련하게 되었다고 한다. 지역 단체에서도 해녀의 역사를 소재로 한 마당극을 연출 공연함으로써 해녀문화에 대한 사회적 관심이 높다. 향후 해녀 물질 전수교육의 장이 마련된다면 보다 종합적인 해녀문화 전승이 모색되어 나갈 것이라고 고려된다.

이와 같이 포항 구룡포에 해녀문화를 중심으로 한 어촌 활성화는 경상북도의 여러 정책들이 시행되며 지역사회에 활력을 주고 있다. 여성 어업인들의 역사와 현재 어업공동체의 활약 그리고 이에 주목해 인구감소와 청년 일자리, 나아가 지역의 역사와 문화에 대한 관심이 행정적 지원으로 탄력을 받고 있는 것이다. 특히 경상북도는 전국 최초로 해녀들의 어업, 곧 나잠어업의 실상을 파악하기 위해 통계청과 협약하여 실태조사를 하는 등 해녀를 단지 사라져가는 유산으로만 접근하고 있지 않음을 보여준다. 이처럼 경상북도 해녀문화의 전승과 활성화가 이뤄지는 그 기점에 있어, 제주해녀문화의 유네스코 등재가 기폭제로 작용하였음은 주지의 사실이다. 그러나 이러한 계기를 지방간 발전과 상생의 교류 계기로 삼아, 지역주민의 역사를 주목하지 않았다면 어려운 일이다. 곧 경북해녀의 시사점은 한국 해녀들이 전국적으로 분포하고 있고, 공통의 문제가 있는가 하면 지역별로 다른 문제들이 산재하고 있는 현실에서, 지역 간 교류발전 협약을 맺어 상호 문제의 해결점을 찾아나가고 있다는 점에서 지속가능성을 엿볼 수 있다.

4) 울산광역시 동구 주전어촌계

울산광역시 동구 주전항 앞 주전어촌계는 빼어난 해안마을의 경관으로 많은 이들이 찾는 곳이다. 2014년 제4회 대한민국 경관대상 우수상을 받았고, 2015년에는 주전마을 자연경관이 행정자치부와 국가균형발전위원회 주최 '제1회 살기 좋은 지역만들기 지역자원 경연대회'에서 우수 지역자원 100선에 선정되는 등 빼어난 경관을 자랑하고 있는 마을이다.

마을 중심의 해안가에 위치한 주전 어촌계는 전통적 해안마을의 어업공동체로, 제주에서 이주 정착한 해녀 어업이 전승되고 있다. 마을 해녀들은 〈해녀체험〉 프로그램에 강사로 참여하고 있으나 이들은 이미 70대의 고령자들이 대부분이다. 마을해녀들은 제주출신자들과 그 후손들로 전통적 방식의 물질을 전승되고 있다. 어촌계 내에는 나잠회[해녀회]가 있다.

주전리는 미역으로 유명한 마을이다. 이 마을에 외부에서 온 제주출신의 해녀들이 정착하게 된 데에도 미역채취가 중요한 역할을 하였다. 떼배 위에서 낫대로 채취하던 방식에서 직접 잠수하여 채취한 미역이 훨씬 양과 질에서 월등하였기 때문이다. 이러한 생산성과 일을 마다하지 않는 해녀들의 노력으로 주전리의 어촌계원으로서 정착한 해녀들은 미역채취로 어촌계에 재정적인 기여가 컸다. 해녀들은 현재 제주출신이 50%를 차지하고 현지에서 태어난 그 후손들과 마을출신자들로 이뤄지며, 최근 외지에서 들어와 살며 해녀일을 배우는 사람도 있다. 대부분 70대의 고령자들이고 새롭게 일을 배우는 사람들도 60대이다.

전통적 해안마을의 변화는 외형적으로도 나타나고 있다. 최근 해안에 카페가 30개 이상이 들어섰고, 해안 경관을 바꾸고 있다. 울산시 외곽에 위치해 있어 휴가와 여가를 즐기는 관광객들의 내방이 크게 증가하며 이들의 소비성향을 따라 카페들이 들어서는 것이다. 마을 인구도 증가하였으나 젊은 인구의 유입이 아니라 대부분 은퇴자들이다.

푸른 바다 경관을 자랑하는 것은 실상 주민들에겐 마을어장으로, 이곳엔 바위가 많아 마을주민들의 오래된 특산품인 미역의 서식지이다. 마을 해녀들은 마을 해안선을 3㎞씩 다섯 구역으로 나누어 물때에 따라 작업을 하고 있다. 바닷가에서 바로 나가는 갓물질을 하거나 어촌계 관리선을 타고 나가 어장에 입수하는 뱃물질 형태의 물질이 이뤄져 왔다. 전복과 해삼 종폐사업도 하여 자원을 증식시킨다. 10월 한 달 동안은 미역 포자가 바위에 잘 부착될 수 있도록 잡풀을 제거하는 갯닦기를 하고, 이듬해 4~5월에 미역을 채취한다. 이 외 연중 성게, 전복, 소라, 해삼을 채취하고 있다. 수협을 통한 계통출하를 하였으나 수협에서 안 하려고 하여 개인별로 장사하는 사람들이 많다고 한다. 해녀 인구 수가 감소함에 따른 이유라고 고려된다. 실질적으로 해녀들은 미역을 채취하는 작업에 비중을 두고 있고, 돌미역을 채취하는 곽암[藿巖, 미역바위]을 어촌계가 배정하고 수익은 개인이 채취하여 소득을 취한다. 그 외 해산물에 대해 해녀와 어촌계가 5:5의 비율로 나눈다. 해녀들의 물질은 마을어장 내의 해적생물[불가사리] 구제[驅除]작업을 하고 자원조성 사업을 통해서도 이뤄지고 있다. 마을 해녀들의 물질을 위한 기반시설로서는 어촌계의 관리선과 탈의장[1개 곳]이 있고, 어촌뉴딜사업으로 현재 해녀 편의시설[찜질방]과 탈의장과 식당이 병합된 시설물을 건립 계획 중이다. 별도의 전수교육 시설이 없다. 마을어장 내 수심얕은 곳에서 체험 학습활동이 이뤄지고 있다. 지역의 경제 활성화를 위해 마을어촌계에서는 해녀체험 프로그램을 개발하여 매년 운영 중이다. 소라와 성게 잡이를 마을 해녀가 강사로 참여하여 나들이객들과 얕은 바다에서 체험활동을 한다.

이 체험 활동을 2014년부터 매년 4~11월까지 운영해 왔고, 1인당 1시간에 2만 5천원의 참가비를 받는다. 해녀들 중 2명이 강사로 참여하여, 외부에서 온 해녀체험자들에게 강습을 하며, 이외에도 마을에 이주한 사람이 전수교육을 받는 등 소수이나 해녀 전수교육이 이뤄지고 있다. 또 해양생태를 배우는 학습 프로그램과 〈해녀밥상〉을 운영하는 등 어촌계가 주도적으로 어업공동체를 활성화하기 위한 노력을 하고 있다.

마을 어촌계가 주도하여 해녀와 관련한 여러 사업들이 이뤄지고 있으며, 마을 포구 내 해녀를 모티브로 한 부조[浮彫]가 '해녀'마을임을 시각적으로 보여주고 있다. 그러나 고령의 어민으로서 해녀 개인 또는 단체가 주도하여 전승하는 활동은 이들의 고령화로 어려운 상황이다. 각종 체험 프로그램을 운영하기 위한 경비는 지자체의 일부 지원을 받고, 참가비를 받아 운영하고 있다. 젊은 인구가 적고, 어민 인구가 감소하며 현직 어민으로서 해녀들도 부가가치를 높이는 방안이 모색 중이다. 해양 레저와 프리다이빙이 유행 중으로 이러한 추세에 맞춰 관광사업을 하고자 하나 규제가 많아 어려운 실정이다. 2022년 조사에 따르면, 어촌계에서는 마을 발전과 해녀들의 소득 증진 등을 위한 여러 사업을 도모해 왔으나, 지속적 실효성을 장담하기 어려운 형편에 있다.

주전어촌계는 전통적으로 바다를 터로 삼아 어선어업을 하고 미역채취로 어가의 생계가 이어져 온 어촌 공동체이다. 그러나 최근 한국 사회의 인구 감소와 소비성향의 변화 등은 어촌에 그 변화가 공동체 문제로 나타나고 있다. 스킨스쿠버들의 해루질에 의한 해산물 불법적 채취가 어촌사회의 가장 큰 문제로 등장하고 있다. 주전어촌계도 홍합을 무분별하게 채취한 다이버들로 말미암아 해녀들이 크게 반발하는 등 전국적으로 해루질의 문제는 큰 문제가 되고 있다.[166] 전통적 생업종사자들이 감소하는 어촌에서 스포츠 레저 활동을 어디까지 허용해야 하는가의 문제가 대두되며, 특히 레저에서 시작한 다이버들이 생계형 해루질을 하고 있어 자원남획 및 고갈로 인해 어장의 지속가능성을 해치고 있다. 어업공동체에 의한 어로활동 대신 개인의 상업적 어로활동은 전국적으로 일어나고 있어 더욱 이 문제에 대한 체계적 접근이 요망되고 있다. 해녀 및 어민의 감소는 어업공동체의 어업세력 약화로 이어지고 있는 가운데 바다를 '마을주민들의 어장으로 보는 시각'과 '무주지[無主地]의 자연인 바다로 보는 시각' 사이에서 누가 어떤 방식으로 이 바다에서 생업 또는 레저를 할 수 있는가에 대한 진지한 논의가 이미 시작되고 있는 것이다. 해녀인가 다이버인가 누구이든지 간에 명확한 것은 생태적 안정성을 보장하지 않는 방식과 방법은 지속적 생명력을 가질 수 없다는 것이다. 해양자원은 자연 생물들로 이를 남획하고 오염시켜 황폐화 시키는 것은 해당 사회를 위험에 빠지게 하기 때문이다. 주전 어촌계는 어촌 및 어업 공동체가 이러한 문제에 봉착해 그 해결방안을 찾음에 있어 공동체의 안과 밖에서 어떠한 대안을 만들어내는지 사회적으로 주목할 필요가 있다.

166 "스쿠버다이버 무분별 홍합 채취 골치", 2021.8.3., 울산일보(http://www.ulsanilbo.co.kr).

5) 경남 거제시 해녀

현재 거제도에서 물질하는 해녀의 90%는 제주도 출신 해녀들이다. 그 가운데 거제도에서 결혼하여 정착한 제주 출향해녀의 2세 또는 거제도 출신과 다른 지역 출신으로 결혼해 거제도에 정착한 해녀들도 있다. 조선시대의 기록에는 왕실에 진상하던 해산물 가운데 거제도에서는 해산물이 대종을 이루었다. 『거제부읍지』[1759년]에는 말린 홍합, 말린 해삼, 전복을 진공하였고, 토산품으로는 전복 외에도 미역과 해삼과 가사리들이 언급되고 있다. 말린 홍합과 말린 해삼, 그리고 전복은 1899년까지 거제도의 주요 진공품으로 나오고 있다. 특히 전복의 경우에는 생인복, 단인복, 생복식해, 건복, 소염생복 등 진상이 다양하게 이뤄졌다.

이것을 채취한 사람들이 누구인가에 대해 명확히 알려진 바는 없으나, 17세기 거제도에 유배왔던 김진규[1658~1716]의 기록에서 잠수부가 존재했음을 알 수 있다. 1689년 7월부터 1694년까지 거제도에서 유배생활을 하였던 김진규의 『죽천집[竹泉集]』에서 엿볼 수 있다. 거제도 사람들의 생활 풍속을 담은 글 가운데, 〈몰인설〉에는 전복 진상을 담당했던 거제면 죽림포의 잠부[潛夫] 이야기가 나온다. 당시 잠부는 불턱에서 몸을 녹이며 쉿소리[숨비소리]를 내며 물질하는 모습과 도구 등 전복 채취방식을 기록하고 있다. 또 이학규[1770~1835]의 『인수옥집[因樹屋集]』에 수록된 채복녀[採鰒女]는 당시 거제도의 해녀인지는 정확히 알 수 없으나 경상도 남해안 일대 여성 잠부가 있었음을 알 수 있다.[167] 전복을 잡던 이 잠부는 팔뚝에 칼[비창으로 추정]을 비끄러이 매달고, 줄을 몸에 묶고는 이 줄을 물 속에다 집어 놓고 테왁을 띄어 물에 뒤따라 들어간다고 하였다. 이것으로 보아 갓물질에서 보이는 수심 얕은 지역에서의 자맥질로 추정된다. 이렇게 자맥질을 하며 전복을 잡으며 휘이익 날숨을 내고, 모래톱에 숯불을 피워 몸을 녹인다. 잡은 전복은 관리들이 가져가 버린다. 열여섯 살 즈음에 자맥질을 힘써 하기 시작하여 스무 장 물속을 다니며 '밥 한끼 먹을 시간만큼' 숨을 참으며 쉬지 않고 일을 하였다. 어려서는 걱정 없이 자란 이들에게 청혼자가 온 마을에 넘친다고 하였다.

167 이학규는 1801년 10월에서 1824년까지 김해에서 유배생활을 하였다.

거제도 잠부들은 진상제도가 폐지된 갑오개혁 이후, 부역에서 해방되었으나 이어 일본어민들이 조선해역으로 통어[通漁]하게 됨에 따라 거제도민들은 어장을 잃게 되는 상황이 전개되었다. 근대적 어업법으로 전환하는 과정에서 마을주민들의 전통적 어업근간이었던 어장제도가 바뀌었다. 고종 43년[1906년] 11월 2일 어전[魚箭], 어조[漁條], 어장[漁場], 어기[漁磯], 곽전[藿田], 태전[苔田], 염전[鹽田], 염부[鹽釜] 등의 신설과 폐합 또는 매매와 양여가 자유롭게 이루어질 수 있는 조세 제도를 〈탁지부령〉 제22호 조세징수규정시행세칙을 시행하였다. 그리고 순종 2년[1908년] 10월 14일에는 농상공부대신이 면허, 신고, 감찰 증명을 통해 자격을 부여하는 이는 누구나 어업에 종사할 수 있는 어업법이 반포되었다. 이로 말미암아 어장의 사유화가 법제화 되었고 이는 이어진 식민지 상황에서 일본어민들의 어장 장악을 제도적으로 지지하는 결과를 가져왔다. 1906년에는 거제군과 웅천군 소재 모든 대구어장이 의친왕의 사유재산으로 귀속되었으며, 1910년에는 그 외 옥포와 가조면 등지의 어장들도 의친왕의 사유재산으로 귀속되었다. 거제도의 어장 대부분이 의친왕의 사유재산으로 귀속되자 어민들이 반발해 왕실과 거제도 어민 간 소유권 분쟁이 야기되었으나 지역주민들의 요구는 수용되지 않았다.[168] 그런데 가조면의 어장의 경우 의친왕궁에서 출원하여 허가를 얻었으나 이 허가증은 카시이 겐타로[香推原太郎]가 대리인이 되어 교부받았다. 그는 어장을 전부 빌려 매년 경매함으로써 큰 이익을 혼자 차지하였다. 거제도민은 80~90%가 어업에 종사하는 이들로 삶의 터전을 잃은 사람들이 간도와 각지로 떠나게 되었다고 한다.

결국, 조선 왕실에서 어장 면허권/허가증을 가졌다고 하나 실상은 일본인들이 대신 빌리는 형태를 취한 후 어장을 팔아 막대한 이익을 얻었던 것이다. 이것이 오늘날 보이는 어장의 빈매 현상이다. 주민들은 반발하였고, 전통적인 거제도의 잠부들도 채복선[採鰒船]을 마련해 어장에서 전복 채취를 지속하고자 하였으나 어장확보가 어렵게 됨에 따라 어업 기반을 잃어 그 이후의 족적을 알 수 없다. 대신, 일본인 어업자들은 제주도에서 해녀들을 인솔해 온 거간꾼[선주 또는 전주]들에게 어장을 빈매하였으며 제주에서 돈을 벌러 나간 해

168 윤한택 · 전갑생 역, 『거제근현대문헌총서 I 대한제국』, 거제문화원향토연구소, 2015, 193쪽.

녀들이 해산물을 채취하기 시작하게 된 것이다.

현재 거제도의 해녀는 2023년 거제시 통계에 따르면, 나잠 어업인 수는 330명으로 나타난다. 거제도의 해녀들은 주로 해녀배에 소속되어 일을 한다. 이러한 형태의 해녀 조업방식은 일제강점기부터 시작된 것으로 알려지고 있다. 장승포에 사는 한정옥 해녀[1928년생]에 의하면 일제강점기 제주에서 온 어민들에 의해 시작되었다고 한다.[169]

〈표 22〉 2023년 거제도의 해녀배들

지역	배 이름	지역	배 이름
사곡	순영호	고현	추진호
칠천도	기성호	하청	복천호
외포	신영호	덕포	양지호
지세포	강성호	구조라	해운호, 금강호
관포	동진호	궁농	광선호
하유	득용호	-	-

※ 출처: 황경숙,『거제시 기록화 도서1 거제해녀』, 거제시 · 경남연구원, 2024, 27쪽.

거제해녀들이 주로 잡는 것은 해삼과 말똥성게, 전복, 성게와 뿔소라, 꽃멍게, 돌멍게, 바위굴, 군소, 보말, 맵사리고동 등 다양하다. 해조류로는 1960년대까지는 주로 우뭇가사리와 도박, 미역, 다시마 등을 채취하였고, 대일 수출이 활성화되면서 2010년대 들어 톳이 주 수입원이 되기도 하였으나 얼마 가지 않아 침체되었다. 지금은 기후변화와 환경오염 등으로 해조류의 감소가 가시화되고 있다. 해녀배 소속 해녀들은 각기 개인별로 선주와 계약하기에 선주와 수익분배도 개별적으로 이루어진다. 해녀들은 채취량을 기록했다가 한달 단위로 판매대금을 배분 비율에 따라 정산한다. 해녀배 소속 해녀들의 공동작업이 이루어질 때는 같은 비율로 선주의 몫을 뗀 다음 해녀들은 개인의 채취량과 상관없이 동등하게 분배한다.

물질 시간은 거제도의 안쪽 안도는 물살이 세지 않아 하루 평균 5시간 작

169 황경숙,『거제시 기록화 도서1 거제해녀』, 거제시 · 경남연구원, 2024.

업하고 보름 주기로 2-3일간 정례적으로 휴식기를 가진다. 반면 밖도의 경우에는 같은 패턴이지만 하루 평균 4시간 물질한다. 해녀배는 이동하는 동안 작업 준비 및 휴게 공간의 역할을 한다. 간단히 몸을 씻거나 추위를 녹일 수 있도록 되어 있다. 거제도 해녀들은 제주도처럼 상중하군이라는 말은 없다. 그러나 초보[똥군] 해녀가 물질을 할 때면 초보 해녀의 망사리에 자신이 잡은 것을 넣어주기도 하고, 숨비준다라고 하여 대가 없이 대신 물질해주는 경우도 있다. 채취량이 적은 동료에게는 몰래 자기 것을 나눠주기도 한다. 경쟁적인 채취가 이뤄짐에도 상호유대적 관계가 이들 사이에 존재하고 있는 것이다. 거제도 출신 해녀는 제주해녀와 상대되는 말로 '지방해녀'라고 부르고 있다.

또 거제 해녀들은 원정물질을 다닌다. 거제도 해녀들은 이를 "남발이"이라고 한다. 제주 해녀들의 "난바르"에서 변용된 것으로 추정된다. 의미는 다른 지역으로 가서 배에서 숙식하며 물질한 후 돌아오는 것이다. 이런 남발이는 근래 다른 지역의 해녀배를 타고 한시적으로 물질하는 것도 남발이라고 부른다. 어쨌든 먼 어장에서 일을 한 후 돌아가는 것은 같기 때문일 것이다. 1980년대 거제도의 해녀들이 많았으며 해녀배를 타지 못한 젊은 해녀들은 "개지바리"라고 전라도 녹동에서 키조개를 하러 가기도 하고, 장승포 해녀들도 갔었다. 방을 얻어 숙식하며 한 달간 일하다 오곤 했다.[170] 개지바리는 키조개잡이를 뜻하는 것이라 할 수 있다. 이 개지바리 붐이 잠잠해진 후 근래 해삼 철에 충청도로 가 해삼을 잡는 해녀들이 있다. 이들은 7~8명이 한 조를 이루어 다니며, 해삼 금어기인 7월에 거제로 돌아와 해녀배를 탄다.

마을단위의 해녀회가 없고, 해녀배 단위로 친목을 해 오던 거제해녀들은 지역을 확대해 단체를 결성하여 그들의 목소리를 내기 시작하였다.[171] 2007년 〈거제시 나잠협회〉가 출범하여 국책 개발사업에 따른 해녀 피해보상 협상의 주체로 활동하는 등 해녀들의 이익을 대변하는 단체로 나섰다. 그러나 운영 미숙으로 해녀들 사이의 갈등이 야기되었고, 해녀의 유네스코 등재 붐이 일어나던 사회적 분위기 속에 2014년에는 〈(사)한라잠수나잠부녀회〉가

170 한정옥 1948년생, 장승포.

171 1999년 통영에서 〈통영나잠제주부녀회〉가 결성되었고 2000년에는 회관이 건립되기도 하였다. 2002년에는 울산지역에 〈울산 나잠회〉가 결성되었다.

따로 설립되기도 하였다. 거제 해녀들의 대표성과 정체성 등 갈등을 겪던 중 2017년 두 단체 임원들이 모여 〈거제시 나잠회〉를 결성하였다. 이듬해 2018년 조직 체계를 정비하여 〈거제시 한라나잠협회〉로 출범하였다. 이 협회에 자격은 거제도에 3년 이상 해녀활동을 한 이들로 제한되어 현재 회원 수는 108명[2023.11.22.기준]이며, 이 가운데에는 해남 2명도 있다. 회원들의 공동체 의식과 자긍심을 고취시키는 한편 해녀들의 권익 보호와 복지 증진에 힘쓰고 있고 지역사회에 봉사하고 거제 수중 정화사업은 물론 지역사회 복지 증진에 기여하는 것이 단체의 결성 취지이다. 회원들은 그 실천으로 거제시 희망복지재단에 기부하는 등 지역 사회의 여성 단체로서 위상을 정립해 가는 중이다. 2024년에는 능포에 국가어항 부지에 거제시 나잠 어업인 쉼터가 건립되었다. 이로써 수산물 판매 외에도 거제해녀문화를 알려나가는 문화 공간이 될 전망이다.[172]

〈표 23〉 거제도 바다의 물때와 물이름들

바닷물의 변동	물때	음력날짜		과거 물이름
조금시(아침물)	한물	9	24	진물
	두물	10	25	
조차가 커지기 시작	서물	11	26	
	너물	12	27	산물(조차로 물살이 살아나는 시기)
	다섯물	13	28	
	여섯물	14	29	
사리	일곱물	15	30	
	여덟물	16	1	한시(물살이 가장 센 시기: 물질이 힘듦)
	아홉물	17	2	
	열물	18	3	
조차가 완만하기 시작(저녁물)	열한물	19	4	진물(바닷물이 죽어가는 물때, 바닷물이 꺽이는 물때: 물질하기 좋음)
	열두물	20	5	
	열서물(막물)	21	6	
작은 조금, 작은 조기, 앉은 조금	열너물(첫물, 막물)	22	7	
큰조금, 큰 조기, 조금	열다섯물(첫물)	23	8	

※ 출처: 황경숙, 앞의 책, 2024, 47~50쪽.

172 황경숙, 앞의 책, 2024, 37~39쪽 참조.

조금때를 기준으로 열너물에 아침 8시~10시 사이에 시작하고, 열한물에 늦은물[저녁물]인 오후 1-2시에 물질을 시작한다. 사리와 풍랑이 이는 때를 피해 물질하는데, 열서물에는 물질을 쉬기도 한다. "반물"은 물이 다 빠져나가기 전부터 밀물이 어느 정도 들어 온 상태를 말하는데, "반물 물질"은 썰물에서 밀물로 바뀌는 즈음 조류의 흐름이 전혀 없는 상태가 지속되는 "짜배기" 시간에 이뤄지는 물질이다. 이때 해녀들이 물질하기 가장 좋을 때이다.

이외에도 계절에 따른 조수변동에 대한 지식들이 전해지고 있다. 일 년 중 조수간만의 차가 가장 큰 2월 보름에서 3월 보름 사이에 든 사리때를 "영등사리"라고 한다. 조차가 큰 음력 2월 물때 또는 특별히 2월의 사리 물때[일곱물, 여덟물, 아홉물]를 일컬어 "영등시"라고 한다. 영등시는 한달에 두 번 오기 때문에, 2월의 첫 사리인 보름 물때[즉 일곱물]를 "영등시", 두 번째 사리인 그뭄 물때[일곱물]를 "영등뒤시"라고 구분하기도 한다. 거제도에서 2월 보름과 3월 보름 중 '물건도 많이 올라오고 물이 많이 빠지는 물때'는 삼월 보름이라 하는데, 이때는 섬사람들이 바닷가로 내려가 각종 해산물을 잡는 "개발이"[173] 많이 행해진다고 한다.

거제도의 영등할매신앙의 형성과 전승에 대해서 황경숙은 1970년대까지 2월에 각 가정에서 영동할매제를 지내면서 영동사리 때는 마을 공동의례로 안전과 풍요를 기원하는 용왕제를 거행했다고 한다.[174] 지금은 단절되었지만 해녀배를 운영하는 선주와 해녀가 이월에 용왕제[용왕먹이기]를 지내기도 한다. 해녀배의 선주는 안전 운항과 해녀들의 안전, 풍어를 기원하며 용왕제를 지낸다. 물질이 시작되는 때에 행한다. 개인적으로는 매해 해녀들이 각자 정례적으로 행하는 용왕제가 있다. 정월 초와 대보름, 이월과 삼월 삼짇날에 지내는데, 개인마다 진설하는 제물의 종류나 제의 방식은 조금씩 다르다. 그러나 제의 후 용왕께 바치는 의미로 바다에 제물을 던지는 것으로 제를 마무리는 하는 것은 같다. 일부 해녀들 가운데에는 제주 해녀들과 같이 '지드림'을 한다.

거제도 해녀들이 해녀배에 속하여 어장을 다니며 일하는 방식은 과거 제주 해녀들이 바깥물질을 다닐 때의 양상과 흡사한 방식으로 전개되고 있다.

173 이 말의 어원은 알 수 없으나, 제주의 "갯거시", "갯바리", "바릇"처럼 해안 갯가에서 이뤄지는 해산물 잡이를 뜻하는 것으로 고려된다.

174 황경숙, 앞의 책, 2004, 90쪽.

거제 해녀학교와 참가자들의 숙소(자료제공: 안미정)

해녀배가 곧 탈의장이 되고 해녀배의 선주와의 계약으로 수익이 분배되는 것은 마을어촌계를 통해 수익이 정산되는 것과는 크게 다르다. 거제해녀들이 어업공동체로서 자리매김하기 어려운 것은 현재 그들이 서로 다른 해녀배의 선주들과 서로 다른 조건의 계약을 맺고 있는 등 경제활동이 상업적 수산업자에게 귀속되어 있기 때문이라 고려된다.

최근 출범한 거제해녀 단체가 그들의 어업 환경을 제도적으로 개선해 나가는 데 귀추가 주목된다. 거제 해녀문화의 전승은 어업환경의 기반이 갖추진 사회적 안정성과 무관하지 않을 것이기 때문이다. 또 어업공동체로서 해녀회와 달리, 또 한편에서 해녀문화를 알리고 전파하는 곳이 있다. 물질을 배울 수 있는 일명 해녀학교인 〈해녀아카데미〉[2015년]가 개설, 운영되어 왔다. 졸업생들 가운데에는 어촌계에 정착한 경우도 있다. 해녀아카데미는 2022년 조사 당시 4명의 80대 제주도 출신 해녀가 '선생님'이 되어 물질을 가르쳤다. 또 〈해녀와의 대화〉를 마련하여 고령의 해녀와 젊은이들 사이의 다양한 경험담과 물질지식 전수가 이뤄지도록 하고 있다. 그러나 해녀아카데미는 운영과 재정에서 어려운 실정에 봉착하며 진로를 모색해가고 있는 중이다.

6) 경남 통영시 해녀

통영의 해녀들은 배를 단위로 한 나잠어업 공동체를 형성하고 있다. 이들이 물질하는 어장은 마을의 경계 안에 있는 어장이 아니라 시[市]의 경계 안에 있는 이른바 전주[田主]라 불리는 어장의 구매자가 해녀배를 운영하고 있다. 배의 선장이 전주일 수도 있으며 아닌 경우도 있다. 해안마을의 어촌계원으로서 어업권을 가지고 있다기 보다는, 통영의 해녀들은 전주가 구매한 어장에서 물질을 하는 것이며, 이동수단인 배 역시 어촌계와 무관한 개인의 선박이다. 해녀는 자신이 탈 배를 선택하고, 어장은 해마다 설날을 기준으로 바뀐다. 그러므로 자연스럽게 한 배에 승선하는 해녀들도 서로 달라진다. 전주[선장]와 해녀의 관계는 계약으로 이뤄진 선단으로 '어촌'이라는 마을을 중심으로 한 공동체가 아니라 '나잠'이라는 어업을 중심으로 임시 조직이 만들어지고 있는 것이다.[175] 해산물 가운데 톳과 천초 등 해초는 전주와 해녀가 분배 몫을 정해 나누며, 참여한 해녀들끼리는 1/n로 하였다. 해녀들은 이것을 "공동"이라 말하였다. 어장이 없는 해녀들이 어장의 주인과 계약을 맺어 채취하지만, 해녀들 안에서는 다시금 모두가 똑같이 분배하는 것을 말하는 것이다.

해녀들이 어장을 오가는 이 배를 "나잠선"이라 부른다. 해녀들은 대다수가 제주출신들이며, 이 나잠선의 선장들도 대다수 제주출신들이다. 제주 출신이 아닌 선장도 단 한 명뿐이었다. 이처럼 나잠선의 운영은 제주출신들이 독점적으로 운영하고 있다고 해도 과언이 아닐 것이다. 나잠선 외에도 일본식 잠수기 어법인 "머구리"도[176] 제주 출신의 해녀들이 하는 경우가 있다. 220여 명의 통영 해녀 가운데 상시 바다로 가는 해녀는 150여 명이며, 이 가운데 약 30명가량이 제주출신 "머구리"라고 한다.

통영의 나잠선은 단지 해녀들을 실어 나르는 이동수단만이 아니라 해녀들의 불턱이자 해녀들의 작은 어업공동체가 된다. 나잠선은 뱃머리 쪽 갑판에다 사각형의 천막을 쳐 작은 (탈의장) 공간을 만들었다. 바람을 막을 수

175 2017년 조사할 당시, 통영의 해녀 배 9척의 배 가운데 5척은 어업 공동체로의 변화를 시도하고 있었다.

176 자맥질을 뜻하는 일본어 모구리(もぐり)를 말함.

장대깃발을 세운 통영의 나잠선들(자료제공: 안미정)

있는 이 천막 안 한 가운데에는 철제 화로통을 두어 장작을 지필 수 있었다. 그러면 천막 안에는 훈훈한 온기가 퍼지고, 화로통 위에 얹은 주전자의 물을 데워 작업 후 온수로 사용한다. 이 작은 방처럼 꾸며진 천막의 벽에는 작은 그물자루들을 걸어 슬리퍼나 샴푸, 수건, 옷가지 등을 담아 개인별 소지품을 보관할 수 있도록 했다. 무엇 하나라도 필요한 모든 것은 그 그물자루 안에 다 있다. 통영 해녀들이 사용하는 도구들은 제주와 비슷하다. 물질도구들은 나잠선 안에 보관하므로, 물질 갈 때에는 도시락통 역할을 하는 작은 바켓["바가쓰"]을 들고 배에 오른다. 통영의 경우 해녀들은 자신들이 작업하지 않는 날에는 물때이름을 아예 부여하고 있지 않으며 작업을 기준으로 표준화된 물때이름을 동일하게 사용하고 있었다. 송옥자[1948년생]씨로부터 물때와 물질이 이뤄지는 날에 대해 들어보았다.

〈표 24〉 통영 해녀의 물때와 물이름들

바닷물 변동	물때	음력날짜		조업	
	한물	9	24		
	두물	10	25		
	서물	11	26		
	너물	12	27		
	다섯물	13	28		
	여섯물	14	29		
사리	일곱물	15	30		
	여덟물	16	1		
	아홉물	17	2		잠수기 쉼
	열물	18	3		
	열한물	19	4		
	-	20	5		
	-	21	6	물질 쉼	
	-	22	7		
조금	조금	23	8		

※ 출처: 송옥자씨 면담자료(2017년 3월 25일)

실질적으로 통영의 해녀들은 물때의 영향보다는 한 달에 6일[물질 조업 3일, 잠수기 조업 3일]을 쉬는 휴어기를 두며 잠수기와 물질을 번갈아 할 수 있게 이뤄져 있다. 물질과 잠수기 조업을 하는 해녀라면 보통 한달에 최대 24일을 일할 수 있는 것이다. 그러나 이것은 바다의 날씨 상황과 건강한 체력이 뒷받침 될 때 가능한 것이다. 제주 해녀들이 한 달 기준으로 약 15일가량 물질하는 것과 비교해서도 통영은 조업일이 많다고 할 수 있다. 기계적 잠수어업과 맨몸의 나잠어업이 동시에 이뤄지고 있는 데에는 해산물에 대한 시장의 수요가 높기 때문일 것이다. 그러나 수산자원의 지속적 생산과 해녀의 건강과 복지 등 어업환경의 조성도 함께 고민되어야 할 필요가 있다.

통영시의 봉평동 나잠선들이 정박한 부둣가에는 한국의 대표적 현대시인인 김춘수의 유품전시관이 있다. 이 건물 뒤로 나잠어업인들의 사단법인 통영나잠부녀회[약칭 나잠부녀회] 회관이 있다[통영시 봉평동 46번지]. 이 나잠부녀회에 속한 배는 12척이며, 통영 일대의 비진도와 사량도 등에서 조업을 한다고 한다. 각 배마다에 한 명의 간사를 두는 등 '배'를 중심으로 하나의 조업단위가 구성되어 있는 셈이다. 당시 회장 이점희씨에 따르면 나잠부녀회는 단지 어업조직만을 뜻하진 않는다. 나잠부녀회가 활동한 지는 약 30년 가까이 되며, 함께 일하던 해녀들이 사망하면서 이러한 법인 단체를 결성하게 되었다고 한다. 부녀회에서는 제주출신들의 야유회와 어버이날 경로잔치 외 통영시의 각종 봉사활동을 하는 등 중심적 역할을 하고 있었다. 나잠부녀회에서는 통영시에 기부하고, 제주도민이 많은 봉평동과 미수동에 각각 해마다 후원도 한다. 이 지역에 거주하는 제주출신 고령자들이 많은 이유이다. 이러한 경비를 마련할 수 있는 것은 나잠회원들의 월 3천 원 회비와 모아 놓은 기금으로 운영된다. 통영나잠부녀회의 활동은 어업공동체 이상의 제주도 출신이 타지에 정착한 이주자들이 상호부조의 역할을 하고, 지역사회에 기부와 후원, 봉사 활동을 통해 연대하고 있는 것을 알 수 있다. 또한 여성들의 나잠어업에는 고무잠수복을 제작하는 업체라든가 수산물 가공수출업체, 해산물 식당 등 여타의 상업 활동들이 연계되어 있다. 타지에 정착한 이주공동체로서 나잠부녀회는 도민의 정체성과 화합, 그리고 지역사회와의 연대를 이뤄나가는 중심적 역할을 하는 위상을 가지며 여성들의 생업이 그 근간을 이루고 있는 것이다. 나잠선들이 먼 어장을 오가는 통영시 길목에는 〈제주해녀〉 석상이 세워져 있다.

제주해녀상

제주해녀는 끈질긴 생명력과 강인한 개척정신으로 고단한 작업환경을 딛고 생업을 영위해 온 제주여성의 상징이다. 이곳 통영에서는 1920년대부터 제주 출향인들이 욕지도, 한산도, 사량도 등에 고루 분포되어 물질을 해왔으며 미수, 봉평, 도남동 지역을 중심으로 250여 명의 해녀들이 1999년 7월 10일 사단법인 통영나잠제주부녀회를 설립하여 바다를 벗삼아 해산물을 채취하고 있다. 생업의 터전인 통영바다에서 숨비소리 내며 힘든 세월을 건너온 제주 해녀들의 삶을 기리고자 이곳에 해녀상을 세운다.

2015. 11.

통영시장

통영의 제주해녀 석상(자료제공: 안미정)

2장

서남해 해녀문화 전승

1. 전승 개요

서남해는 인천광역시에서 전라남도까지 이르는 해역으로, 갯벌이 발달하여 조개를 채취하는 맨손어업 외에도 해삼이 많아 해녀들의 물질이 이뤄지고 있다. 2022년 기준 충청남도 나잠어업과 잠수기 어업 종사자 수는 다음의 표와 같다. 잠수기어업은 일명 머구리라 부르는 잠수부에 의한 해산물 채취를 말하며, 이들 잠수부는 남자들만이 아니라 해녀가 하기도 한다. 게다가 현지의 잠수부만이 아니라 제주에서 해녀가 현지 어업인과 계약하여 출어하는 경우도 있다. 〈표 25〉에서와 같이, 나잠업자는 1,703명으로 나타나며, 태안에 가장 많으며, 다음으로 보령에 많은 해녀들이 있다. 그런데 보령에는 잠수기어업이 12기가 있다는 점에서 주목을 끈다.

〈표 25〉 충청남도 나잠어업과 잠수기 어업 종사자 수

구분	나잠어업	잠수기어업
보령	507	12
서산	58	0
당진	78	0
서천	29	0
홍성	11	0
태안	1,020	2
계	1,703	2

※ 출처: 국립무형유산원(2022), 앞의 기초자료.

충청남도에서도 해녀들에 대해 의료 진료비와 잠수복을 지원하고 있다. 잠수복의 경우 2020년 보령의 도서지역에 나잠어업을 신고한 어업인에 한정해 지원이 이뤄졌다.

〈표 26〉 충남 도서지역 해녀들에 잠수복 지원 현황

어촌계	나잠 어업인 수	잠수복 지원
호도 어촌계	23명	23벌
외연도 어촌계	10명	10벌
장고도 어촌계	2명	2벌
삽시도 어촌계	1명	1벌
녹도 어촌계	1명	1벌
계	37명	37벌

※ 출처: 국립무형유산원(2022), 앞의 기초자료.

다음으로 전라북도의 경우, 나잠어업자는 2020년을 전후로 증가 추세를 보여 왔다. 해녀의 증가는 정책적인 노력의 결과라는 점이 없지 않으나, 부안군에서는 한 해에만 50-60명씩 증가하였고, 군산시에서도 20~30명씩 증가하였다.

〈표 27〉 전라북도 나잠 어업인 현황

(단위: 명)

구분	2019년	2020년	2021년
군산시	203	225	262
부안군	1,060	1,122	1,178
합계	1,263	1,347	1,440

※ 출처: 국립무형유산원(2022), 앞의 기초자료.

이러한 증가세와 더불어 또 하나 주목되는 점은 이 지역의 나잠어업인들의 성비이다. 〈표 28〉에서 보듯이, 약 2배가량 이상이 남자가 많다는 점에서도 다른 지역의 해녀들과 다른 점이 있다. 따라서 이러한 남자 어업인의 빠른 등장은 한국 해녀문화에 어떠한 변화를 가져오고 있는 것인지 추가적인 연구조사가 필요하다고 본다.

〈표 28〉 2021년 전라북도 나잠 어업인 연령별 현황

구분	합계		군산시		부안군	
20대 이상 ~ 30대 미만	23		2		21	
30대 이상 ~ 40대 미만	84		23		61	
40대 이상 ~ 50대 미만	203		30		173	
50대 이상 ~ 60대 미만	452		88		364	
60대 이상 ~ 70대 미만	548		107		441	
70대 이상 ~ 80대 미만	130		12		118	
합계(명)	1,440		262		1,178	
성비(%)	남	여	남	여	남	여
	63.5	36.5	63	37	64	36

※ 출처: 국립무형유산원(2022), 앞의 기초자료, 고창군은 미포함.

서남해안 해녀들의 작업은 가) 마을 어촌계에 소속되어 마을어장에서 활동하는 형태와 나) 어촌계 소속 마을어장 외에도 다른 지역으로 원정을 다니는 형태, 다) 어촌계에 소속되지 않고 거점을 형성하여 인근 지역에서 원정을 다니는 형태로 구분할 수 있다.[177]

해녀들은 대개 어촌계와 1년에서 5년 단위로 '계약'을 한다. 어촌계와 어장

을 계약할 경우, 어장 환경에 따라 1년에 최소 1000만 원 이상의 금액을 지급한다. 이때 계약의 주체는 과거의 경우 '해녀배 사업자'가 대부분이었는데, 최근에는 경제성이 낮아지면서 해녀들과 집단적으로 어장을 계약하는 형태로 변하고 있다. 작업량에 따른 수익 분배는 지역에 따라 차이가 있다. 이때 계약이란 어장의 자원 채취 및 이용권이라고 할 수 있다. 일종의 자원 매매 계약이라고 할 수 있다.

반면, 충청남도 지역은 별도의 계약 없이 수확량을 어촌계와 분배한다. 충남은 어촌계와 해녀가 (해산물에 따라) 2:8, 3:7, 4:6 등으로 해녀의 지분이 높고, 전남 지역은 5:5, 6:4 정도로 어촌계의 지분이 높은 편이다. 이러한 지분에 따른 해산물 소득의 수취는 제주에 없는 방식이다. 그리고 이러한 방식의 유래는 일제시기 바깥물질이 활발하였던 시기에 이뤄지던 관행이었다. 무엇보다 이러한 관행의 바탕에는 지역 출신이 아닌 해녀가 어업권을 가지게 된 데에 따른 것으로 유추된다. 분배율의 차이를 떠나 서남해 해녀들은 마을어장에서 주인으로서 어업권을 행사하는 제주도와는 다른 어업 조건에서 물질하고 있는 것이다.

2. 지역별 사례

1) 인천광역시 옹진군 소청도: 전통적 어로자, 남자 "잠수"

서해5도를 비롯한 서해 북부지역은 남자 잠수꾼들이 물질을 해왔고 현재까지 백령도, 대청도, 소청도 일대에서 활동하고 있다. 옹진군 소청도는 80여 가구 160여 명이 거주하는 작은 섬이다. 소청도의 큰 마을 예동과 작은 마을인 노화동은 떨어져 있지만 크게 하나의 공동체를 유지하면서 마을 이장이나 어촌계장을 비롯한 마을 임원들이 함께 운영한다. 마을어장의 경우 마을 이장과 임원이 협의하여 관리해 왔으나 현재는 어촌계에서 관리하고 있다.

177 국립무형유산원의 〈2022 해녀 정기조사 보고서〉는 한반도의 해역을 동남해, 서남해, 제주도로 나누어 조사보고가 이뤄졌다. 여기에 제시하는 내용은 당시 서남해의 조사자 송기태의 보고 내용을 기초로 삼아 기술하였으며, 자료들의 시점은 2020년에서 2022년이다.

어촌계 계원이 되기 위해서는 소청도에 3년 또는 5년 이상 거주해야 가입 자격이 주어진다. 어촌계에서는 1년 동안 공동어장[현 마을어장] 사업을 통해 수입을 올리면, 연말에 계원들에게 배당금을 지급한다. 마을어장의 해산물은 홍합, 전복, 해삼, 소라, 김, 파래, 미역, 곤포, 톳, 강투[꼬시래기, 설묵], 풀가사리, 우뭇가사리 등 다양하다. 이 가운데 계원들이 모두 함께 채취하는 것은 미역, 톳, 홍합이고, 잠수어업으로 채취하는 것은 미역, 전복, 해삼, 소라 등이다.

잠수어업 종사자는 남자 잠수꾼인 "잠수"와 해녀로 구분되고 있다. 잠수는 소청도의 오래된 전통적 잠수어업의 종사자라고 할 수 있다. 반면 해녀는 1960년대 제주도에서 이주 정착한 여성들이다. 현재 잠수들은 미역 채취에 집중되어 있는 반면, 해녀들은 어촌계와 계약을 통해 전복과 해삼 등을 채취한다. 그런데 '해녀'라고 부르지만 이들은 '선상의 기계를 통해 공기를 주입받으며 물질'을 하는 머구리식 잠수를 하고 있어 전통적 잠수어업을 하고 있는 것은 아니다. 해녀들이 하는 일명 "머구리"로 불리는 잠수기 어업은 일제시기 도입된 것으로 한국의 전통적 어업으로 보기는 어렵다. 이처럼 소청도에서 전승되어 온 전통적 잠수어업은 남자 잠수꾼에서 찾을 수 있다.[178]

소청도의 마을 어장의 잠수어업은 남녀에 따른 성별 분업이 나타난다. 소청도의 잠수들은 제주 해녀들과 마찬가지로 어려서부터 수영을 하면서 잠수가 되었다. 이 섬에서 잠수어업의 종사자는 1960년대 이전까지는 남자들만의 일이었다. 소청도는 작은 섬으로 경지가 작아 농사가 발달하지 않았다. 논이 없고 해안 비탈에 작은 밭들이 있어 남자들의 주 일터는 바다가 되었다. 인근에 있는 백령도나 대청도와 마찬가지로 남자들은 전복이나 해삼이 아니라 미역을 주로 채취하였다. 6월 미역 채취 작업 때 수심 2m 내외로 자맥질 하고, 전복이나 해삼은 필요에 따라 채취하는 것이었다. 당시 남자들은 나무를 한 짐씩 준비하여 해안가에 불을 피워놓고 잠수[潛水]하여 미역을 채취하고 추우면 나와서 불을 쬐곤 했다. "잠수"들은 5~6명 정도이나 상시 활발히 일하는 사람은 1~2명 정도이다. 잠수복을 입고 미역을 채취하는데 미역이 자라는 수심이 깊지 않으므로 '마음만 먹으면 잠수'할 수 있다고 한다. 잠수들은 대부분 70대 고령층이며 이 일을 배우려는 젊은 사람들도 없다. 크

178 국립무형유산원, 〈2022 해녀 정기조사 보고서〉 참조.

게 어려운 일이 아님에도 종사자들이 없다는 것은 채취되는 미역의 경제성과 지역 인구의 소멸과 같은 당면한 한국사회의 영향에 따른 것으로 보인다.

한편, 소청도에서는 여자들은 물질을 하지 않았다. 1960년대 후반 제주해녀들이 들어오면서 소청도 여자들도 제주해녀들에게 물질을 배우게 되었다. 제주해녀들은 미역이 아니라 전복과 해삼을 주로 채취했다. '해녀배 사업자'가 제주도에서 7~8명의 해녀들을 모아 섬에 거주하며 물질을 하였다. 당시 소청도에서 미역과 톳은 환금작물이었기 때문에 제주해녀들과의 마찰은 없었다. 즉 해조류의 경우 주민들만이 자원접근권이 있었으며, 주민이 아닌 제주해녀들은 사업자가 어촌계와 자원매매 행사계약에 따라 물질을 하였던 것이다. 지금은 모두 고령이 되어 은퇴하였다.

소청도 여자 해녀들이 물질을 배웠던 것은 고무잠수복[고무옷]의 착용과 관련된 것으로 보인다. 과거 여자들이 무명옷을 입고 물질한다는 것은 지극히 이질적인 것이었다. 특히 남자들이 속옷만 입고 "자무질"을 했기 때문에 여자들이 할 수 없는 일로 생각했다. 한 바다에서 남녀가 물질하는 것이 유교문화 안에서 상상하기 어려운 것이라고 할 수 있다. 그러나 제주해녀들이 유입된 이후 1970년대 이후 고무잠수복의 등장으로 소청도 여자들도 물질을 시작하게 되었다. 무엇보다 어장에서 건져 올리는 해산물들의 경제적 소득이야말로 중요한 물질의 동기가 되었을 것이다.

현재의 소청도의 "해녀"는 2명이 있다. 그러나 주민들은 이들을 해녀라고 하면서도 엄밀한 의미에서 해녀라고 할 수 없는 것으로 인식한다. 해녀는 숨을 참고 잠수하여 해산물을 채취하는 것인데, 현재의 해녀는 배에서 호스를 통해 공기를 주입 받으면서 전복과 해삼을 채취하기 때문이다. 일명 "머구리"로 불리는 잠수기와 유사하지만 머구리 옷이 아닌 일반 잠수복을 입고 일을 한다.

이러한 형태는 서해안에서 해삼잡이 하는 제주 출신 해녀들에게서 볼 수 있는 양상이다. 이들은 물질을 잘 하는 상군들로 머구리식 잠수도 곧잘 하는 것이다. 단기간 계약으로 이 일을 한 후 고향으로 돌아가곤 하는데 이러한 원정 물질이 제주와 서해안 지대에서 나타나는 특징이다. 이처럼 서해안 도서 지역에서 물질은 제주와 달리 남성에 의해 전통적 어업이 이뤄지고 있음을 알 수 있다.

2022년 보고서에 따르면, 소청도에 사는 잠수, 이○철[1951년생]은 섬에서 태어나 섬의 어른들을 따라 수영을 하다 잠수어업에 종사하게 되었다고 한다. 그는 현재는 5월 말부터 6월 말까지 30일 동안 개방되는 미역철에 자맥질을 하고 있다. 잠수의 작업 도구는 잠수복[고무옷], 수경, 납, 오리발, 낫을 기본으로 한다. 잠수복을 비롯한 수경, 납, 오리발 등은 1970년대 이후부터 제주해녀의 영향을 받아 착용하기 시작했다. 그전에는 하의 속옷만 입고 자맥질을 했다. 그리고 전마선에서 작업할 때는 별도의 추가적인 도구가 없고, 해안에서 일을 할 때는 둥근 스티로폼에 그물망을 달고 다닌다. 탈의실이나 작업장 등의 시설도 없다. 작업을 나갈 때 집에서 잠수복을 입고 출발한다.

미역채취는 5월 말부터 6월 말까지 약 30일 동안 이뤄지는데, 사리와 조금의 물때와 상관없이 30일 동안 일을 한다. 톳은 미역에 비해 경제성이 낮아서 반찬할 정도로 채취하기 때문에 미역채취를 마친 후 7월이나 8월 사리 물때에 5~6일 정도 채취한다. 소청도의 물때는 "한물, 두물, 세물, 네물, 다섯물, 여섯물, 일곱물, 여덟물, 아홉물, 열물, 열한물, 한개끼, 두개끼, 아치조금, 한조금, 무수"로 구분한다. 과거 잠수들이 전복이나 해삼을 채취할 때는 조금에 해당하는 열두물부터 네물까지 일을 했으나, 지금은 물때와 크게 상관없이 조업을 한다. 다만, 하루 두 번 반복하는 밀물과 썰물 중에서 썰물 때를 중심으로 조업하는 것은 예나 지금이나 같다.

미역을 채취할 때, 일반 어촌계원들은 길이가 긴 낫과 짧은 낫 두 개를 들고 채취한다. 장낫은 저마다 길이가 달라서 길이가 긴 것은 2m가 넘고, 짧은 것은 1m가 되지 않는다. 반면 잠수들은 해안가 허리 깊이의 수심에서 채취하기도 하고, 배를 이용하여 수심 2m 내외의 깊이에서 채취하기도 한다. 배를 타고 미역을 채취하는 잠수 이○철씨의 경우 부인과 함께 일을 하였다. 그는 해안가 근처에 배를 대고 일을 하며 수중에서 베어 올린 미역을 부인이 배 위로 끌어올린다. 이처럼 소청도의 남자 "잠수"로부터 알 수 있는 것은 한반도의 서해안 바다에서 미역채취가 남성 잠수부들에 의해 이어져 왔다는 것과[179] 이러한 채취 어로가 해녀처럼 물질, 즉 자맥질 방식으로 이뤄져 왔다는 것이다.

179 옹진군 일대의 남자 잠수꾼 전통에 대해서는 고광민, 「한반도 주변 도서 지역의 잠수어업에 대하여」(『갯바위를 둘러싼 공동체와 어업기술』, 해양수산부, 2021)를 참조. 이외에도 서남해 일대에서 1960~1970년대까지 지속되던 남녀 잠수꾼의 공존 상황에 대해서는 송기태, 「옹진군 소청도 미역채취 기술의 다양성과 지속의 함의」(『남도민속연구』 43, 남도민속학회, 2021)를 참조.

소청도의 미역 채취

소청도에는 잠수들의 어업활동과 관련한 사회적 지원은 전무한 실정이다. 〈서해 5도 지원 특별법〉에 따라 매월 10만원 정도 주민들에게 주는 정주 지원금을 외에 별도의 지원은 없다. 섬 주민의 생활향상과 접경지역 주민의 경제적 복지 차원에서도 소청도 남자 잠수들의 지속가능한 어로활동에 대한 관심과 지원이 필요하리라 본다.

2) 충남 태안군: 안면도와 신진도

(1) 안면도 방포 어촌계

안면도 방포는 해수욕장이 넓게 펼쳐져 있고 '꽃지'로 알려진 관광지와 인접해 있다. 마을 어촌계에서는 갯벌지역을 바지락 양식장으로 활용하고, 수심이 깊은 곳은 잠수어장으로 활용하고 있다. 방포마을의 잠수어업은 제주해녀들의 진출 이후 성립되었다. 1917년 태안 안흥지역에 제주해녀 처음 진출하면서 태안과 서산 일대에 해녀들이 활동하게 된다. 1926년에 발간된 『瑞山郡誌[서산군지]』에 따르면 안흥지역에서 해녀를 고용하여 수익을 창출한 후 인근지역도 잠수어업 사업자가 늘어났다고 한다. 안면도 일대는 1926년에 사업자가 등록하여 잠수어업을 시작한 것으로 파악된다. 일제강점기 이후 제주 해녀들이 왕래를 하며 물질을 하다가 점차 정착하고, 어촌계가 결성된 후에는 해녀들이 어촌계원으로 가입하여 잠수어장을 관리해 왔다. 전국적으로 해녀의 활동은 위축되거나 줄어들고 있으나 안면도 방포어촌계에서는 종사자가 증가하였다. 해삼잡이로 소득이 늘면서 젊은 남자들이 잠수 기술을 배워 어촌계원이 되었기 때문이다. 지금 방포에는 해녀와 해남이 공존하고 있으며 이들 사이의 갈등이 상존해 있다.[180]

해산물의 수익은 어촌계와 일정한 비율로 "짓가림"을 한다. 전체 작업량을 10으로 산정하고, 어촌계와 해녀 · 해남이 4:6으로 몫[짓]을 나누는 것이다. 자맥질을 하는 마을어장에서 해삼, 전복, 소라만을 잡을 수 있는데, 대부분 수익은 해삼에서 나온다. 1년 해삼 수익의 평균은 총 4~5억 정도이다. 이

180 주요 정보제공자는 당시 어촌계 간사이자 해남이었던 김기정(남, 1970년생)이며 조사자 송기태의 현지 면담조사 내용을 간추려 서술하였다. 자세한 내용은 국립무형유산원, 〈2022 해녀 정기조사 보고서〉를 참조.

에 비해 전복과 소라는 작업일이 짧고 채취량도 적어 그 소득은 미미한 편이다. 전통적 잠수어업, 즉 물질은 해삼, 전복, 소라에 집중되어 있어 채취시기도 연중 4개월 정도 집중적으로 이뤄진다. 4월 말부터 6월 중순까지 이뤄지며 상군 해녀나 해남들은 하루에 250kg 정도 잡는다. 자원의 지속적 증식을 위해 과거에는 해삼이 서식할 수 있도록 바다에 돌을 던져넣어 양식장을 조성했었고, 지금은 어린 종묘를 겨울 또는 여름에 구입해서 어장에 살포하고 있다. 흥미로운 점은, 채취한 해삼을 계약된 상인이 바로 수매하는데, 이 때문에 채취 일정을 잡음에 있어 상인과 사전 협의를 하는 것이다. 그리고 해삼의 주요 수출국은 중국으로 한국의 수산상인이 직접 구매하거나 중국의 수산유통업자가 한국 상인을 끼고 계약하기도 한다. 채취 현장에 이들 중국 유통업자가 직접 찾아와서 대기하고 있다가 직접 삶아 건조 후 중국으로 가져가기도 한다. 전복은 추석 전에 며칠 동안만 잡는데 추석 선물용으로 비싸게 팔리기 때문이다. 소라는 해삼잡이를 마친 6월 중순부터 7월 초까지 며칠간 채취한다. 전복과 마찬가지로 수확량이 많지 않은 편이다.

계절 변화와 15일 주기의 물때가 있다. 우선, "청수[淸水]"와 "뻘물"이라하여 크게 두 가지로 구분된다. 또한 해삼이 주요 소득원으로 해삼잡이에 관련한 바다 지식이라고 할 수 있다. 청수에는 맑은 바닷물이 흘러 수심 6m 내외까지도 투명하게 보인다. 반면 뻘물은 바닷물이 혼탁해서 부옇게 된 상태를 말한다. 해삼잡이를 시작하는 4월이 되면 청수가 들기 시작해 이때 방포의 해녀와 해남은 수심 8m~10m 정도로 잠수한다. 여름철로 들어가면서 뻘물이 들기 때문에 작업하기는 어렵다. 또 물때는 15일 단위의 구분하여 조금과 사리에 대한 지식이 존재한다. 과거 어민들과 달리 현재 젊은 해남들은 물때를 달력과 스마트폰 앱을 통해 확인한다. 물때를 고려하지만 모든 조업은 수심이 얕아지는 썰물 때를 중심으로 하고, 해삼의 경우 조금이나 사리에 상관없이 작업하며, 전복이나 소라는 5물~11물 사이의 사리 때 조업한다. 물때를 고려하는 전복 소라와 달리, 물때를 고려하지 않는 해삼잡이가 집중적으로 이뤄지고 있다. 이는 대중국 수출 상품이라는 경제성이 있기 때문일 것이다. 전통적 잠수어업이 지속가능한 어업으로서 가치를 가지는 중요한 요소 중 하나는 물때에 맞춰 이뤄지는 자연적 주기를 활용한다는 것이지만, 해삼잡이의 경우 이러한 사이클이 고려되지 않고 있다는 점에서 자원 남획이 우려되는 대목이다.

방포어촌계에는 속한 어촌계원은 모두 81명이며 전통적 잠수어업자는 모두 28명이다. 이들은 제주에서 이주정착한 해녀들과 그 후세대들, 그리고 젊은 해남들이다. 어촌계원은 보통은 세대주를 기준으로 1가구에 1명이 계원으로 등록하지만, 이곳에서는 개인별로 등록이 가능하다. 가구 호당 기준이 아니므로, 한 집에서 어촌계원으로 2명 또는 3명이 계원이 될 수 있는 것이다. 해녀나 해남이 되기 위해서는 먼저 어촌계원의 자격을 갖추어야 하는데 최근 어촌계원이 되는 것은 쉽지 않다. 어촌계 규약으로 계원은 마을에 10년 이상 거주하고 입호금으로 1,000만 원을 납부하면 가입가능하다. 그러나 어촌계에서 신규 계원을 더 이상 받지 않기 때문에 현실적으로는 가입할 수 없다. 젊은 사람들이 어촌계에 가입만 시켜주면 해남이나 해녀로 활동하겠다는 의지를 표명하고 있지만, 마을어장의 수익을 분배해줘야 하는 문제와 결부되어 있어서 쉽지 않은 것이다. 과거에도 어장수익을 분배하였던 것은 마찬가지였으나 최근 10여년 동안 새롭게 등장한 해남들로 인한 부정적 인식 때문이라고 고려된다.

잠수, 곧 물질하는 법을 가르치는 교육은 해녀와 해남이 다르다. 해녀의 경우 과거로부터 그랬듯이 별도의 교육프로그램이 없이 여성 어촌계원이 해녀를 따라다니며 물질을 배웠다. 마을의 젊은 여성들이나 정착한 해녀의 딸이 잠수 기술을 배워 해녀로 참여할 수 있었다. 처음에는 수영을 하며 따라다니다가 몇 개월 정도 잠수기술을 익히고, 점차 수중 어장의 지리를 익히는 방식으로 물질이 전승되어 온 것이다. 그러나 최근 몇 년간 새롭게 해녀가 된 사람은 없다. 어촌계원으로 진입장벽이 높아졌기 때문이다.

어촌계에 해남이 생겨난 것은 젊은 남자 어촌계원들이 잠수어장에 관심을 갖게 되면서 시작되었다. 약 10년 전 30~40대 청년들 10명이 부산으로 가서 스쿠버다이빙 교육을 받았다. 처음에는 한 달에 1~2회 정도 부산에서 교육을 받았고 이후 풀장에서 자체적으로 다이빙 연습을 하며 기술을 익혔다. 최근에도 겨울이면 20m 깊이의 풀장에서 연습을 하곤 한다. 어촌계 안에 해녀회와 별도로 이들은 해남회를 10여 년 전 구성해 지금은 7명이 소속되어 있다. 이들의 평균 연령은 48세 정도로 해녀들에 비해 연령대가 낮고 모임도 활발하다. 해녀들은 잠수 능력에 비춰볼 때 이들은 대부분 중·상군의 능력을 지니고 있다.

해녀와 달리 해남들은 스쿠버다이버가 입는 잠수 슈트를 착용한다. 오리발의 경우 해녀는 50㎝ 남짓 되는 것을 착용하지만 해남은 상황에 따라 50㎝와 80㎝ 치수를 착용한다. 긴 오리발은 물속에서 빠르게 잠수하고 또 깊이 들어갈 수 있도록 해준다. 때문에 수심깊은 곳의 해삼을 잡을 수 있다. 때문에 해녀들의 불만을 낳고 있다. 게다가 해녀는 자기 숨을 고르며 작업하지만, 해남은 스노클을 착용하여 작업하므로 해녀에 비해 작업강도와 작업량에서 우위를 점한다. 해녀들의 경우 파도가 치는 와중에도 숨비소리를 내어 긴 숨을 쉬는데, 남자들은 숨비소리를 배운 적이 없다. 테왁과 빗창은 해녀와 해남이 모두 비슷한 것을 사용한다.

탈의실을 비롯한 휴게공간은 별도로 마련되어 있지 않다. 옆 마을 신야1리에 '태안 해녀마을 체험장'을 마련하는 등 지자체의 지원이 이루어지고 있지만 방포어촌계의 경우 현재까지 별도의 공간을 지원되지 않았다. 탈의실이나 휴게공간을 지원하려면 마을의 공유지가 있어야 하는데, 해안가 대부분이 사유지라서 쉽게 지원하기 어렵다고 한다. 최근에 지자체에서 해녀를 위해 잠수복[고무옷] 비용을 지원해주었으나 해남들은 지원대상에서 제외되었다.

마을 해녀와 해남들은 4월 해삼잡이에 앞서 뱃고사를 올린다. 해남들도 뱃고사에 참여하지만, 배를 타고 어장으로 가 용왕제를 올릴 때에는 해녀들만이 간다. 그리고 이들은 제주 해녀들의 풍습인 요왕지를 드리고 돌아온다. 방포 어촌계의 해녀와 연령과 성, 그리고 제주와의 연고[緣故], 물질 습득 과정, 물질 도구 등에서 서로 다르다. 잡는 해산물과 소득에 있어서도 다르다. 이들이 상호 전통적 어업의 전승과 어업공동체의 지속적 발전을 위해 어떠한 선택과 역할을 해 나갈지 귀추가 주목된다.

(2) 태안군 근흥면 신진도

신진도는 본래 섬이었으나 1995년 신진대교가 놓여 안흥항과 연결된 연륙 섬이 되었다. 가의도를 잇는 여객터미널과 태안 해양경찰서가 있고 모텔과 횟집 등이 즐비하게 늘어서 있는 관광지로 발전하였다. 신진도와 안흥지역은 충남지역에서 제주해녀가 가장 이른 시기에 진출한 곳이다. 1926년에 발간된 『서산군지[瑞山郡誌]』에 따르면 안흥지역은 해삼과 전복을 많이 채취하여 궁궐에 진상했다고 한다. 또 기존에는 남자 어업자만 잠수를 했으나, 1917년 안흥에 사는 유중식[柳仲植]이 제주에 가서 해녀를 고용하여 잠업을 경영하면서 제주해녀의 왕래가 빈번해졌다고 한다. 이때 해녀들은 주로 해삼과 전복을 채취하였고, 고용주가 인천을 비롯한 대도시에 팔아서 큰 수익을 얻은 것으로 기록되어 있다. 남자만 잠수했다는 것으로 보아 남자 잠수꾼이 존재했음을 알 수 있다. 최근 연구에 따르면 신진도와 인접해 있는 가의도의 경우 남자들이 주로 잠수하여 미역을 채취하는 것으로 보고된 바 있다.[181] 그러나 현재 신진도와 안흥 일대에서 남자 잠수꾼의 존재는 확인하기 어렵다.

일제강점기부터 제주해녀의 왕래를 통해 여성의 잠수활동이 시작되었는데, 신진도 토착주민이 해녀로 참여하지는 않은 것으로 고려된다. 대부분 제주도를 비롯한 외지에서 들어와 정착했고, 이들은 신진도에 정착하기 전부터 물질을 익혔기 때문이다. 정착한 해녀들에 의해 제주의 전통적 물질이 지역에 전승되었다. 어머니에게서 딸에게로, 또는 어머니에게서 아들에게로 전승되어 해남이 된 사례도 있다. 신입 해남은 현재 41세로 물질에 뜻을 두면서 어머니로부터 잠수기술을 전수받았다.

해녀들이 잡는 해산물과 채취 시기를 보면 〈표 29〉와 같다. 12월까지 일을 하고, 다음해 1월~2월까지는 물질을 하지 않는다.

〈표 29〉 신진도 해녀들의 어종별 채취시기

품종	채취 시기	도구
해삼	3월 ~ 7월	맨손
전복	3월 ~ 4월	빗창
성게	6월 말 ~ 8월 말	맨손
홍합	8월 ~ 10월	홍합창, 깔꾸리
미역	6월 20일 ~ 7월 15일	낫
톳	5월 1일 ~ 6월 10일	낫
우뭇가사리	7월 말 ~ 8월 초	맨손

※ 출처: 국립무형유산원, 〈2022 해녀 정기조사 보고서〉.

181 고광민, 「한반도 주변 도서 지역의 잠수어업에 대하여」, 『갯바위를 둘러싼 공동체와 어업 기술』, 해양수산부, 2021.

작업 시간은 물때와 기상 조건에 따라 달라진다. 썰물 때에 맞춰 조업하는 것을 기본으로 한다. 태안지역은 조수간만의 차가 크기 때문에 15일 단위로 변화하는 조금과 사리 물때를 구분하지 않고 썰물 때에만 조업하는 것이다. 그런데 신진도 연안은 수심이 깊지 않아 마을어장 구역은 대부분 조업이 가능하다. 해녀들의 어장은 어촌계의 어장구역을 기본으로 한다. 해녀회에서는 1년에 10회 정도 공동작업을 하는데 주로 신진도 일대에서 조업하고, 안흥항 일대는 주말에만 조업한다. 이는 안흥항 일대가 군사구역이기 때문이다.

해녀들의 수익은 어촌계와 일정한 비율로 나뉜다. 작업량을 기준으로 해녀와 어촌계가 8:2로 나누고, 그다음 해녀들은 자신의 수익에서 20%를 자신들의 법인에 납부한다. 해녀회장은 인터뷰 과정에서 상황에 따라 8:2라거나 7:3이라고 하는데, 법인에 납부하는 비율을 고려할 경우 해녀가 7할이 되고 그렇지 않을 경우 8할이 되는 것이다. 법인을 구성한 해녀들은 매월 말 모임을 한다. 일년에 10회 가량 공동작업을 하고 그 수익을 모임에서 결산한다. 작업을 할 때마다 수확량을 점검하지만, 실제 수익은 판매한 후에 결정되기 때문에 매월 말 결산보고를 하는 것이다. 그리고 어로활동에 대한 경비에 대한 지출을 확인하고, 행사계약 등에 대한 정보를 서로 공유한다.

이외에 어촌계에서는 매년 수익을 정산하여 어촌계원에게 분배한다. 어촌계의 수익이 잠수어업으로만 발생하는 것은 아니지만, 대부분의 수익은 해녀들의 활동에서 창출된 것이라고 할 수 있다. 해마다 분배금은 차이가 있는데 대개 어촌계원 1인당 80만원에서 100만원씩 받는다. 해녀들도 어촌계원이기 때문에 똑같이 분배 받는다.해녀들은 이에 대해 불만의 소리가 있다. 해녀들의 노동으로 적립된 재원인데 다수의 어촌계원들은 별다른 활동 없이 수익금만 분배받기 때문이다.

신진도와 안흥 해녀들은 마을어장의 자원을 이용하는 권리 주체로서 그들의 지위를 법인체를 구성함으로써 강화해 왔다. 이것은 수산업법과 마을어장 이용의 관행들이 존재하는 가운데 그들의 선택을 보여주는 하나의 사례라고 할 수 있다. 신진도어촌계 열 명의 해녀들과 안흥어촌계 해녀 14명은 1995년 〈신진도해녀영어법인〉를 설립하였다. 두 개의 어촌계에 있는 해녀들이 하나의 법인체를 운영하고 있는 것이다. 이들이 법인을 만든 것은 어촌사회에서 이뤄져 온 어장의"행사계약" 관행에서 비롯된다.[182] 어촌계가 잠수어장을 수산업자들과 계약하고 여기에 채취노동으로 종사하는 해녀들의 몫은 낮을 수밖에 없었다. 이에 해녀들이 스스로 법인을 만들어 자신들의 이익을 보전하는 것이다. 신진도나 안흥의 경우 정착한 해녀들의 수가 많기 때문에 제주도를 왕래하는 해녀들은 없어졌으나, 인근 지역은 여전히 제주도 해녀들이 왕래하며 물질하고 있다. 신진도에 인접한 가의도의 경우 정착한 해녀들이 거의 없어서 매년 제주도, 목포, 부산 등지에서 활동하는 해녀들이 왕래하며 물질을 한다.

해녀들은 좁은 어장을 탈피하고 소득 증대의 방법으로, 해녀가 부족한 다른 지역으로 '원정물질'을 간다. 그 범위가 서해안 일대라고 할 수 있는데, 주로 충청남도 보령과 태안, 전라북도의 변산반도의 격포나 전라남도 목포까지 이른다. 겨울철 1월~2월, 길게는 1월~4월까지 외부에서 조업을 하고 봄철부터 다시 신진도 해역에서 조업을 한다. 그런데 이러한 원정물질에는 두 가지 문제가 발생하고 있다. 첫째, 다른 지역의 마을어장에 입어한다는 것은 해녀들이 해당 마을 거주자임을 증명해야 한다. 불법적 어로가 아니기 위해서 해녀들은 매번 거주지를 옮기거나 해당 관공서에 양해를 구한다하지만 지역주민들로부터 제재를 받기 때문이다. 둘째, 거주자임을 증명하기 위해 퇴거를 하였을 때, 본 거주지의 어촌계에서 제제를 가하는 문제가 있다. 원정물질을 3회 이상 하게 되면 어촌계를 탈퇴해야 한다든지 압박이 가해지는 것이다.

이처럼 한 마을의 해녀들이 다른 지역을 오가며 물질하게 되는 것은 무엇보다 자원채취 노동의 수요가 있기 때문이다. 그러나 어촌의 마을어장은 공유재산으로 마을주민들로 구성된 어촌계에 우선적 면허권이 있어 거주자가 아닌 자가 마을어장에 입어하는 것은 불법이 된다. 이러한 불법성을 해결하기 위한 제도는 강구되어 있지 않다. 원정물질이 나타나게 시작한 것은 역사

182 이것은 이용권을 빈매(濱賣)하는 것과 같으므로 빈매란 마을어장에 대한 이용, 관리, 채취권 등을 특정인에게 일정 기간 임대하는 행위를 말한다(한국민속대백과사전 참조). 마을어장의 임대는 금지되고 있지만 어촌의 고령화와 공동화가 심화되면서 마을어장을 타인에게 임대하는 빈매가 사회문제가 되고 있다("마을어장 임대, 빈매인가 어촌정책인가", 농수축산신문, 2024.6.18.).

적으로 일제강점기 때부터였다. 타지역으로 바깥물질을 갔던 제주도 해녀들의 관행과 연관이 있다. 수산상인들과 계약에 따라 어장을 찾아다니며 입어하던 관행이 오늘날 원정물질의 형태로 이어지고 있다고 하겠다. 이러한 관행이 지속되고 있는 것은 기본적으로 마을어장 자원을 상업적 상거래 하는 것이 '관행'의 이름으로 자리하고 있기 때문일 것이다. 해녀들의 채취노동과 어장의 자원이 남획되지 않으며 지속적으로 이뤄지기 위해서는 우선적으로 고려되어야 하는 하나의 요소는 계약의 주체가 어촌공동체여야 한다는 것이다.

신진도와 안흥의 해녀들은 일과 함께 그들의 의례도 함께 전승되고 있다. 정월 또는 물질을 시작할 때 개별적으로 바다에 고사를 지낸다. 해녀마다 조금씩 다르지만 대부분 막걸리와 과일, 밥을 준비해서 간단히 축원을 하고 바다에 제물을 던진다. 제주의 지드림과 같이 창호지나 한지에 밥을 싸서 바다에 던지기도 한다. 그리고 대부분 제주도 출신 해녀들이기 때문에 물질을 하거나 홍합 등을 채취할 때 고향에서 부르던 노래를 부르곤 한다. 그리고 매년 5월 5일에는 함께 모여 음식을 만들어 먹으며 잔치를 한다. 육지에 정착한 제주출신 해녀들과 그 후대의 해녀들은 제주에서 온 여성어업공동체의 물질문화가 이들에 의해 살아 이어지고 있음을 보여준다. 어촌계와 지역사회의 지원이 꾸준히 이뤄져 왔다고 보기는 어렵다. 해녀탈의장이 없어 해녀회장의 횟집 건물 1층을 자신들의 모임터로 활용하고 있다. 제주해녀문화가 유네스코 인류무형문화유산으로 추진되는 과정에 사회적 관심도 높아져, 수협에서 쉼터를 마련해 줬다. 그리고 지자체에서 1~2년에 한번 고무잠수복을 지원해주고 있다.

신진도를 비롯한 충남지역은 제주해녀들이 개척하고 정착하여 마을어장을 가꾸는 사례가 많은 것으로 보고되고 있다. 한반도 일대의 제주해녀의 영향은 지대하지만 충남지역처럼 마을단위에 집중적으로 정착하는 사례는 많지 않다. 가령 경기도나 인천 도서지역, 전남의 도서지역은 제주해녀들이 정착하더라도 산발적이거나 수가 많지 않은 반면, 충남지역은 해녀들이 마을에 집단적으로 정착해서 해녀회를 결성하고 어촌계를 주도하는 사례가 늘어나고 있다는 것이다. 신진도 해녀들이 어촌계와의 수익을 8:2로 정하고 있는 것은 다른 지역에서 보기 힘든 것이다. 대부분의 5:5 또는 6:4 정도이기 때문이다. 이처럼 신진도 해녀들은 마을어장의 주체로서 주인의식이 강한 면이

신진도항의 전경

있고, 또한 폐쇄적인 측면도 있다고 지적한다. 그 핵심적 이유로 해삼의 수익성과 관련되어 있다고 말한다. 전통적으로 충남 도서연안지역은 해삼의 산지였으나 근래에 중국 수출이 활성화 되면서 가격이 급격히 상승하였고, 게다가 해삼 생산량이 늘었다. 이는 1991년 새만금 방조제 공사로 해양환경이 변화하여 발생한 것이라고 지역주민들은 추정하고 있다. 이에 대한 과학적 연구결과가 보고되고 있지는 않으나, 현재 해녀들의 주된 수익은 해삼 채취를 통해 발생하고 수천만원 연간 소득을 거둘게 되었다. 이러한 수익 발생이 기존 어촌 및 어민 공동체인 어촌계와 해녀회 가입이 어렵게 되는 요인이 되고 있는 것이다. 그는 충남 도서연안의 상황에 주목할 필요가 있음을 강조하고 있다. 전국적으로 해녀들이 감소하고 있음에도 신진도 일대에서는 바다 소득을 기반으로 왕성한 활동을 하고 있기 때문이다.

3) 전라남도 완도

완도 본섬에는 전통적으로 여성 나잠업자인 해녀가 존재하지 않았던 것으로 추정된다. 인근의 금일도의 경우 1791년 기록된『금당도선유기』에 해녀의 존재가 확인되고, 1960년대까지 남자 무레꾼도 존재했었다.[183] 해녀의 잠수어업이 시작된 것은 일제강점기 제주해녀가 한반도로 바깥물질을 다니면서부터이다.

현재 완도 해녀들은 모두 60대~70대이고, 제주도와 완도군 소안도에서 이주하여 정착한 사람들이다. 이들은 고향에서 물질을 시작하였고 정착 후 오늘날까지 대부분 40~50년 경력을 지니고 있다. 완도읍에 거점을 형성하고 활동하는 해녀들의 해녀회는 없지만, 해녀들은 단체로 인근 어촌계와 계약한 후 잠수어로를 한다. 완도 본섬을 비롯해 인근 신지도, 고금도, 약산도까지 조업을 다니고, 멀리는 진도군 조도군도까지 조업한다. 이들 지역에는 섬 안에 사는 해녀들이 거의 없는 곳이다. 그 중에서 완도와 신지도는 갯벌이 적은 곳으로 조업하기 좋은데, 고금도와 약산도는 갯벌이 발달하여 작업하기 어렵고 소득도 낮다. 진도의 조도군도는 물살이 빨라 조업하기 매우 어려운 곳에 해당한다.

서남해 해녀를 조사 연구 보고서에 따르면,[184] 전라도에서 해녀들의 조업 양상은 크게 3가지로 구분할 수 있다. 첫째, 제주출신 해녀들이 현지 마을에 정착하여 마을어장에서 물질하는 경우, 둘째, 지방의 토착 해녀의 잠수어업을 하는 경우, 셋째, 제주해녀가 거점을 형성하고 인근 어촌계들과 계약하여 잠수어업을 하는 경우이다. 완도읍의 해녀는 이 가운데 세 번째 형태에 해당한다.

완도 해녀는 개별 어촌계에 소속되어 있지 않다. 해녀로서 이것은 장단점이 있다. 장점으로서는 해녀가 자신이 일할 어장을 선택할 수 있고, 어촌계의 규정에 얽매이지 않게 된다. 어획량을 예상하여 선택적으로 계약을 할 수 있으며, 하루 수익량을 분배하는 방식 등으로도 조업할 수 있는 유연성이 있

183 송기태,「서남해 무레꾼 전통의 변화와 지속」,『실천민속학연구』25, 실천민속학회, 2015.

184 전남 완도군 완도읍 군내리 해녀 고정림씨(여, 69세)의 면담조사에 근거한 조사자료를 통해 기술하였다(국립무형유산원, 〈2022 해녀 정기조사보고서〉 참조).

〈표 30〉 완도 해녀들의 물때와 물질

<table>
<tr><th>바닷물의 변동</th><th>물때</th><th colspan="2">음력날짜</th><th>조업</th></tr>
<tr><td rowspan="6">조금</td><td>한물</td><td>25</td><td>10</td><td rowspan="6">물질</td></tr>
<tr><td>두물</td><td>26</td><td>11</td></tr>
<tr><td>서물</td><td>27</td><td>12</td></tr>
<tr><td>너물</td><td>28</td><td>13</td></tr>
<tr><td>다섯물</td><td>29</td><td>14</td></tr>
<tr><td>여섯물</td><td>30</td><td>15</td></tr>
<tr><td rowspan="5">사리</td><td>일곱물</td><td>1</td><td>16</td><td rowspan="6">휴어
(休漁)</td></tr>
<tr><td>여덟물</td><td>2</td><td>17</td></tr>
<tr><td>아홉물</td><td>3</td><td>18</td></tr>
<tr><td>열물</td><td>4</td><td>19</td></tr>
<tr><td>열한물</td><td>5</td><td>20</td></tr>
<tr><td rowspan="4">조금</td><td>열두물</td><td>6</td><td>21</td></tr>
<tr><td>아침조금</td><td>7</td><td>22</td><td rowspan="3">물질</td></tr>
<tr><td>한조금</td><td>8</td><td>23</td></tr>
<tr><td>무시</td><td>9</td><td>24</td></tr>
</table>

※ 자료: 국립무형유산원, 앞의 보고서. 표는 필자가 재구성.

다. 반면에 단점으로는 안정적으로 조업할 수 있는 어장이 없고, 때문에 주기적으로 어장을 확보하기 위한 협상이나 경쟁이 존재한다는 것이다.

해녀 모임에서 활동하는 사람은 8명이다. 이 가운데 6명은 단체로 공동작업을 하고, 2명은 필요에 따라 결합하며 다른 지역으로 물질을 다닌다. 단체로 공동작업하는 6명 가운데 4명은 제주 출신이고 2명은 완도군 소안도 출신이다. 1990년대 완도 본섬에 정착한 해녀들을 연구한 자료에 의하면, 당시에는 20여 명의 해녀들이 있었던 것으로 보고되고 있다.[185] 당시 해녀들은 대부분 제주도 출신들이었으며, 현지인과 결혼하여 정착한 경우였다. 소안도 출신 해녀들도 제주의 경우와 크게 다르지 않다.

섬들마다 여건이 달라서 어촌계와 계약하는 것도 다르다. 전복과 해삼 어장을 계약하는 데에 1천만 원에서 4천만 원까지 이른다. 반면, 어촌계와 계약

185 양원홍, 「완도에 정착한 제주해녀의 생애사」, 제주대학교 대학원 석사학위논문, 1998.

완도 해녀들의 물질

을 하지 않고 하루 물질의 수확량을 일정 비율로 짓가림 하는 곳도 있다. 이때 어촌계와 해녀의 수확량 분배는 6:4 또는 5:5 정도로 한다. 완도읍 중도리에서는 해녀들과 6:4 비율로 수확량을 분배했다. 어촌계와 수익을 분배한 후 해녀들은 물질에 참여한 사람들끼리 똑같이 분배한다.

작업은 썰물에 나가고 밀물에 들어온다. 보통 4~5시간 정도 작업을 하고 나온다. 15일 단위의 물때를 조금과 사리로 구분하는데, 조금 때는 물살이 약하고, 사리 때는 물살이 세다. 조금 때에 일기에 맞춰 일을 하므로, 한 달에 3-4일 정도밖에 일을 하지 못하는 경우도 있다.

완도 해녀들이 채취하는 주요 품종은 전복과 해삼이다. 해삼은 12월부터 4월까지 채취하고, 전복은 1년 연중 가능하지만 주로 여름과 가을에 많이 채취한다. 수확량은 많지 않고, 봄가을에 소라를 채취하고, 봄에 성게를 잡는다. 어로활동을 잠시 중단하거나 사리 때 시간이 맞으면 해녀들끼리 모여서 여행을 가거나 음식을 먹기도 한다. 그래서 완도의 해녀들은 스스로 "공동체가 좋다"고 한다. 그 이유는 어획량이 많고 적음을 떠나 모두가 어획한 것을 공동의 소유로 하고 일괄 분배하기 때문이다. 이들은 기량이 좋고 나쁨에 관계없이 함께 일하여 함께 돈을 벌고 있는 것이다.

4) 전라남도 청산도 해녀

전라남도 완도군 청산도는 해녀들이 "육지청산"이라고 하듯이, 한반도로 나갈 때 징검다리 역할을 하는 섬이었다.[186] 2022년 조사보고서에 따르면, 청산도 해녀의 시작은 주민들이 말하길 "송서방" 또는 "송씨"라고 불렀던 송정극씨로부터 시작되었다고 한다. 그는 제주도 우도 출신으로 1938년 무렵 가족들과 함께 청산도로 이주하여 정착하였다. 그의 자녀들은 청산도에서 학교를 다녔고 가업을 물려받아 해녀사업을 이어나간 것으로 파악된다. 송씨는 제주에서 해녀들을 모아 청산도를 거점으로 하여 '해녀사업'을 하였다. 당시 청산도에서는 해녀사업자가 해녀들만 모집하여 오면 자유롭게 물질을 할 수 있는 상황이었다. 주민들과 큰 마찰 없이 해녀사업으로 수익을 올렸던

186 국립무형유산원, 앞의 보고서, 2022.

것으로 보인다. 그러나 해방 후, 1960년대 후반에 들어서 수산업법의 개정으로 청산도에도 큰 변화가 생겼다. 제주출신의 해녀 사업자와 해녀들의 잠수어장에 청산도 사람들도 적극 참여하게 되었다. 해녀배도 4~5척[약 50여 명 해녀]에서 14척[300여 명]으로 증가하였다. 1960년대 초반 어촌계가 어장에 대한 우선적 면허권을 가지게 됨으로써 청산도 주민들이 마을어장에 대한 권한이 강화된 것이다. 해녀배 사업자들은 어촌계와 계약을 맺어야 잠수어장을 이용할 수 있게 되었다. 현재 청산도에서 활동하는 해녀들은 대부분 제주도 출신이다. 제주해녀들이 왕래하면서 정착하게 된 것이다. 제주도에서 물질로 왔다가 결혼하여 정착하거나, 물질하는 어머니를 따라 왔다가 정착한 사례도 많다. 따라서 청산도 해녀들의 물질과 해녀문화는 제주도에서부터 비롯되었다고 할 수 있다.

청산도에서 활동하는 해녀는 12~13명 정도이고 모두 제주도 출신이다. 7~8년 전까지 20명 정도가 활동했으나 고령화로 점차 줄어들었다. 1960년대 후반에는 제주에서 300여 명의 해녀들이 들어와서 활동했으나 섬과 마을마다 어촌계가 성립되고, 입어를 하는 데 제약이 생기면서 점차 줄어들었다. 제주도처럼 마을해녀회가 구성되어 있지는 않으나, 20여 년 전까지만 해도 단체로 모여서 음식을 먹으며 모임도 하였으나 지금은 별도의 모임이 없다. 현재 어장의 소득이 점차 줄어들면서 14척에 달하던 해녀배는 3척에 12~13명의 해녀가 일을 하고 있다.

잠수어장을 해녀배 사업자가 어촌계와 계약하여 입어권을 취득하면, 해녀배 사업자의 배에 해녀들이 승선하여 작업을 하는 고용계약 관계가 형성된다. 어장 계약은 대개 2~3년 또는 4~5년을 기한으로 하며, 5년 계약에 약 1억 원 이상으로 계약이 된 적도 있으나 지금은 약 5천만원 가량이라고 한다. 해녀배 3척에는 배마다 3~4명의 해녀들이 승선하는데, 해녀도 사업자와 계약하여 승선한다. 과거에는 해녀들이 다른 배를 타지 않도록 2,000만원 정도의 선금을 주는 관행도 있었다. 수익은 해녀배 사업자와 해녀가 6:4 정도의 비율로 분배한다. 해녀배 사업자가 배를 직접 운영하지 않을 경우에는 선장의 인건비를 사업자가 지급한다.

청산도 해녀는 썰물에 작업을 나갔다가 들물에 작업을 마치고 들어온다. 하루에 보통 3~4시간 정도 물질을 할 수 있는데, 여름철에는 5시간 정도 작업이 가능하다. 작업 날짜는 물때에 따라 조정한다. 15일 단위의 물때를 크

〈표 31〉 청산도 해녀들의 물때와 물질

바닷물의 변동	물때	음력날짜		조업
조금	한물	25	10	물질
	두물	26	11	
	서물	27	12	
	너물	28	13	휴어(休漁)
	다섯물	29	14	
	여섯물	30	15	
사리	일곱물	1	16	
	여덟물	2	17	
	아홉물	3	18	
	열물	4	19	
	열한물	5	20	
조금	열두물	6	21	
	아침조금	7	22	물질
	한조금	8	23	
	무시	9	24	

※ 자료: 국립무형유산원(2022), 앞의 보고서, 표는 필자가 재작성.

게 조금과 사리로 구분하는데, 잠수어로는 조금 때 주로 한다. 물때는 음력 8일과 23일 '한조금'을 기준으로 센다. 한조금, 무시, 한물, 두물, 서물, 너물, 다섯물, 여섯물, 일곱물, 여덟물, 아홉물, 열물, 열한물, 열두물, 아침조금의 순이다. 아침조금부터 서물까지를 조금 기간으로 생각하고, 이때 물질을 한다. 조금 때는 물살이 약해서 물이 맑고, 사리 때는 물살이 세서 시야가 흐려진다. 이렇게 물때에 따라 조업을 하지만 기상이 나쁠 때는 조업을 하지 못한다.

청산도의 전통적 마을어장은 '통'이라는 해조류 채취공동체를 통해 관리·운영되어왔다. 통은 한 마을에 최소 1개 이상 구성되어 있고 각 통마다 20명 내외의 구성원이 있으며 배타적인 채취구역을 가지고 있다. 채취구역은 마을 간의 경계를 한계점으로 하여 마을 내에 통마다 세부 경계가 구획되어 있다. 완도의 "주비", 흑산군도의 "똠", 진도의 "해안수", 동해안의 "짬"이 청산도의 "통"과 유사하다. 이러한 어촌의 작은 어민공동체들이 해조류를 중심으로 관리하고, 어촌계는 잠수어장과 양식어장을 주로 관리한다. 마을에 따라서는 해조류 채취공동체도 어촌계의 관할로 통합시킨 곳도 있다. 갯바위의 해조류 채취로 마을의 기금을 적립하고 가정의 부수입을 창출하기 때문에 마을마다 '통'과 같은 어민공동체가 발달하였다.

청산도에서 주로 잡히는 해산물은 전복, 소라, 해삼, 문어 등이다. 봄에는 주로 해삼, 성게, 소라 등을 잡고, 여름에는 소라와 멍게를, 가을에는 소라가 많이 잡히고, 겨울에는 소라와 해삼 등을 잡는다. 예전에는 이렇게 잡은 해산물들을 망에 담아 보관해 두었다가 청산도에서 부산으로 싣고 가서 팔았다. 지금은 해녀들이 잡아온 해산물을 선주에게 팔고, 선주는 가게를 운영하며 이 해산물들을 판매된다. 관광객들을 대상으로 파는 것인데 그 외에도 남은 해산물은 완도읍으로 보내 판다. 따라서 어촌계가 해산물을 수매하여 유통하는 일반적 계통출하 방식이 운영되고 있지 않다는 것을 알 수 있다.

해녀들은 매년 정월 초하루에 "용왕(에) 간다"고 하는 소박한 제를 지낸다. 정월 초하루 아침에 과일과 나물을 장만하여 선창에 차려놓고 축원하고, 이 제물을 바다에 뿌리면서 비손하는 것이다. 해녀는 물에 들어갈 때 고무옷이라 불리는 잠수복과 수경, 오리발, 납을 착용한다. 과거 청산도에서 물질을 하던 해녀들이 입었던 옷은 속곳이었다. 해녀들의 전용 시설은 없다. 해녀들의 모임이나 조업 준비를 위한 공간이 필요하지만 현재까지 특별한 전용공간은 없다. 지자체의 지원으로 3년 전에 완도군에서 잠수복[고무옷]을 지원해주었으나 이후 주기적인 지원은 이루어지고 있지 않다.

청산도는 제주해녀가 한반도로 진출하는 가운데 일찍이 해녀문화가 전파된 곳이라고 할 수 있다. 청산도는 지리적으로 제주와 가깝고, 오랜 기간을 거쳐 잠수어장이 개척되어 왔다는 데에 역사적 의의가 있다. 그리고 전근대에서 근대 사회로 전환해 가는 사회적 변환기 그리고 일제강점기의 공유자원의 상거래 관행인 해녀배사업에 대한 구체적 사례를 청산도에서 볼 수 있다. 제주해녀가 마을에 정착한 지 오래되었음에도 청산도는 마을과 상관없이 해녀 사업자 단위로 활동하고 있다. '해녀배사업'은 청산도 외의 지역에서도 나타나는데, 이러한 관행이 지속되는 것은 해방 후 해녀들이 정착지의 어촌계원으로 전환되었는가와 병행해 고려해 볼 여지가 있다. 그리고 해녀배 사업자 및 수산업자들의 어장 매매가 이뤄져 온 관행의 고착, 그리고 제주 출신의 이방인이라는 문화적 요인 등이 작용한 결과로 고려된다.

청산도 해녀들의 물질

5) 전남 여수시 삼산면 거문리 해녀들

거문도 해녀문화는 제주도에서 온 해녀들의 유입이 변화의 기점이 되었다. 20세기 초반부터 섬 내에 100여 명 이상의 해녀들이 있었고 그 가운데 5~6명은 전문적으로 잠수어업을 하고 있었던 것으로 알려지고 있다.[187] 대다수가 미역을 채취하는 정도의 잠수어로가 일반적이었으나, 제주해녀의 유입으로 전복이나 해삼 등을 채취하는 전문 잠수어업이 성립되었다. 해녀 조사보고서의 내용에 기초해 보면,[188] 거문도에는 6개 마을이 있고, 마을마다 3~6명가량의 해녀들이 있으며 어촌계는 5군데 있다. 거문도의 여러 어촌계에서 마을어장을 운영, 특히 해녀들이 물질하는 이른바 잠수어장의 운영은 서남해지역과 제주의 어촌계 마을어장 운영방식 등이 복합적으로 나타난다.

우선, 어촌계가 관리감독하는 마을어장은 전복이나 해삼의 치패[稚貝]를 뿌려 직접 자원 관리하는 어장[제주의 자연양식장과 비슷하다], 해녀들과 계약하여 빈매하는 어장, 그리고 해조류 채취권을 빈매하는 어장, 가두리 양식장 등이 있다. 거문리 해녀들은 어촌계와 1년 단위로 계약하여 입어권을 얻은 후 물질을 한다. 계약금은 년 1,200만원에서 최근 2022년에는 800만원으로 줄어들었다. 수확량이 줄어들었기 때문이었다. 계약한 잠수어장 외에, 치패가 살포된 어장에서는 어촌계 요청 때에 조업을 하므로, 일종의 금채구역인 어장이라고 할 수 있다. 이것은 어장자원의 고갈을 막기 위해 금채하는 어장이라고 할 수 있다. 그런데 이 어장에서 조업을 하였을 때 어촌계는 그 수익을 어촌계와 해녀의 비율을 7:3으로 나누었다. 2021년에는 해녀들이 5:5로 협상하여 해녀 몫을 높였다. 이와 같이 거문리 해녀들의 조업과 분배율이 있는 것은 이들이 마을주민으로서 어업권을 가지고 있는 것이 아니라고 보기 어렵다.

거문도 일대에서 해녀는 얕은 곳과 깊은 곳에서 물질하는 해녀가 구분되

187 이진영, 「거문도 근대어업 발전」, 『일제시대 한 어촌의 문화변용(上)』, 아세아 문화사, 1992, 271쪽.

188 전남 여수시 삼산면 거문도 거문리 해녀 허성옥씨(1965년생)와 박태선씨(1962년생) 면담자료(국립무형유산원, 앞의 보고서, 2022 참조).

〈표 32〉 거문도 해녀들의 물때와 물질

물때	음력날짜		조업
한물	25	10	물질
두물	26	11	
서물	27	12	
너물	28	13	
다섯물	29	14	
여섯물	30	15	
일곱물	1	16	
여덟물	2	17	
아홉물	3	18	휴어(休漁)
열물	4	19	
열한물	5	20	
열두물	6	21	
열서물	7	22	
열너물	8	23	
조금	9	24	

※ 자료: 국립무형유산원(2022), 앞의 보고서, 표는 필자가 재작성.

었던 것으로 고려된다. 얕은 곳에서는 미역을 채취하고 깊은 곳에서 전복 해삼을 잡는 이들을 보다 전문적인 해녀로 보는 것이다. 이에 대해 조사자 송기태 교수는 이러한 구분이 제주해녀의 유입에 따른 영향인지 본래 지역의 전통인지 알 수 없으나, 제주해녀들의 빈번한 왕래와 정착이 이뤄져 왔음을 고려할 때 깊은 곳을 오가는 보다 전문적인 잠수어업은 제주해녀가 진출하면서 성립된 것으로 판단하고 있다.

주목되는 점은, 거문도에서는 약 20여 년 전 젊은 여성들을 대상으로 해녀 양성을 시도한 적이 있었다. 해녀들의 고령화로 잠수어업의 위기를 목도하고 기존 해녀들이 기혼여성을 대상으로 잠수기술을 전수받도록 권하였던 것이다. 당시 30~40대 부녀자 4명이 희망하여 이들에게 잠수기술을 가르쳤다. 처음에는 한 발 정도의 깊이에서 헤엄과 잠수를 가르치고, 뒤를 따라다니게 하며 채취 기술을 가르쳤다. 그러나 더 이상 해녀가 되고자 하는 사람은 없는 실정이다.

거문도에서 60대 해녀가 젊은 해녀에 속한다. 지금은 제주도 출신은 거의 없고 대부분 거문도 출신이다. 현재 해녀들은 과거 어머니를 통해 물질을 배운 여성들이다. 해녀회처럼 그들만의 조직이 결성되어 있지 않으나, 3개월에 한 번씩 모이는 계모임으로 친목을 도모한다. 함께 음식을 먹으며 어장 상황을 공유하고, 또 여행을 다니기도 한다.

거문도 해녀들의 물때는 조금을 제외하고 숫자로 간단히 표현하고 있다. 보통 1물~8물까지 8일 정도 조업한다. 계절에 따라 일몰시간이 다르므로 여름에는 8일, 겨울에는 6일 정도 일을 한다. 특히 일곱물과 여덟물은 물살이 빠른 사리임에도 70대 고령 해녀들을 위해 작업일로 두고 있다. 60대 해녀들은 수심이 깊더라도 물살이 덜 센 조금에 일하기를 좋아하지만, 고령자들은 물살이 세더라도 물의 깊이가 얕아지는 사리 때를 선호하기 때문이다. 고령의 해녀들을 위한 배려라고 한다.

바다에 맑은 물이 들어올 때를 '청수 들어온다'라고 하고, 뿌옇게 변하면 '뻘물 들어온다'고 한다. 청수는 3월부터 12월까지, 1월~2월은 뻘물이 들어서 바다가 어둡다. 청수에는 물 속 바닥까지 잘 보이지만, 뻘물이 들때는 손으로 바닥을 더듬어가며 해산물을 채취한다. 바람은 하늬바람[북서풍] 부는 때가 좋고, 샛바람[동풍]이 불면 파도가 일어 물 속이 어둡다. 때문에 샛바람이 불 때는 일하지 않는다. 주로 잡는 것들은 소라, 해삼, 전복, 멍게, 오분자기, 홍합이 있다. 문어, 우뭇가사리, 고동, 청각 등도 있지만 많지 않다. 그런데 미역과 몰[모자반]은 해녀들이 채취할 수 없다. 어촌계에서 채취권을 개인에게 임대하기 때문이다. 따라서 주 소득이 되는 해산물은 소라이다. 산란기를 제외하고 연중 소라잡이에 나선다. 해녀들이 용왕제와 같은 의례는 전승되고 있지 않다.

물질도구는 대개 제주도와 비슷하다. 해녀탈의장은 열악하고, 해녀에 대한 지원책이 따로 있는 것은 아니며 수협에서 고무잠수복을 지원해준 정도이다. 거문도의 해녀들은 고령화와 열악한 어업환경으로 인해 해녀문화의 전승이 위기를 맞고 있는 지역이다. 해녀들은 최근 한 마을에서 스쿠버다이버를 고용한 사례가 있어, 아직은 이것이 불법이지만 해녀들의 고령화와 문화 전승의 단절로 인해 머지않아 다이버들이 일하게 되리라고 보고 있다.

3장

제주도 해녀문화 전승

1. 전승 개요

제주도내 103개 어촌계가 있으며 여기에 속한 해녀회가 활동하고 있다. 일제시기 증가하던 해녀는 해방 이후 1970년대를 기점으로 감소하여 그 현상은 지금까지 계속되고 있다. 2020년 통계에 따르면, 전국에 12,438명의 해녀가 있으며 그 중 제주도 해녀가 3,613명으로 29%를 차지한다. 다음 표와 같이 이들은 50대 이상이 97.8%로 고령화 되고 있다. 지역별로 보면 제주시에 2,141명이, 서귀포시에는 1,472명의 해녀가 있으며, 세부적으로 보면 제주시 관내에서는 구좌읍(873명)과 서귀포시 관내에의 성산읍(429명)으로 해녀가 많은 곳으로 손꼽을 수 있다. 두 지역은 모두 제주도의 동편에 위치하고 있다.

주목되는 점은 고령화에도 불구하고 비교적 젊은 층인 30,40대의 해녀들이 증가하고 있는 것이다. 2015년 67명이었으나 5년 후인 2020년에는 77명으로 10명이 늘었다. 아주 미미한 증가이긴 하나 후속세대의 증가라는 점에서 유의미하게 볼 필요가 있다. 물질 기간은 해양동식물의 법정 채취기간을 기준으로 하여 어촌계에서 해녀들과 협의 후 자체적으로 이뤄지며 이때 물때를 고려한다. 제주 해녀들의 주 소득원은 뿔소라이다. 미역은 1960년대까지는 주요 소득원이었으나 양식산이 나오면서 시장경쟁력을 상실하였고

〈표 33〉 제주도 해녀 인구수

(단위: 명, %)

연도	해녀 인구	30세 이하	30-49세	50세 이상		
				50-59세	60-69세	70세 이상
2015	4,415	-	67(1.5)	663(15.0)	1,042(23.6)	2,643(59.9)
2016	4,005	-	58(1.5)	403(10.1)	1,246(31.1)	2,298(57.3)
2017	3,985	1(-)	63(1.6)	357(8.9)	1,178(29.6)	2,386(59.9)
2018	3,898	5(0.1)	75(1.9)	3,818(98)		
2019	3,820	6(0.1)	83(2.2)	3,731(97.7)		
2020	3,613	4(0.1)	77(2.1)	3,532(97.8)		

※ 출처: 제주특별자치도, 〈2021년 해양수산현황〉, 2021.

반면, 소라를 일본으로 수출하며 해녀들의 소득이 유지되고 있는 것이다. 전복은 예전과 달리 어획량이 미미하며 성게와 문어, 군소, 해삼 등을 잡는다. 2019년~2020년 이후 코로나 영향으로 해산물 소비가 부진하여 대체로 어획량과 소득이 줄어들었다. 그런 가운데에서도 2018년 소라로 얻는 소득은 줄고 대신 성게로 인한 수입이 늘었다. 해삼은 종묘 방류의 효과로 어획량이 늘었고 소득이 높아지고 있어, 전국적으로 해녀들의 주요 어획물이 되고 있다. 따라서 해삼의 시장가격과 유통체계가 해녀의 어업활동의 유지와 문화적 전승에 경제적 요인으로써 영향을 미칠 것이라 고려된다.

제주 해녀들은 기본적으로 마을어장에서 일을 한다. 어장의 특성에 따라 배를 이용하는 뱃물질은 주로 어촌계장이 "사공[선장]" 역할을 하기도 하고 혹은 따로 마을주민을 고용하기도 한다. 갓물질[갯물질]을 할 때에는 오토바이크나 자전거, 또는 어촌계의 트럭을 이용해 해안으로 이동 후 입어하는 것을 볼 수 있다.

도내 34개 어촌계에서는 매해 해녀회가 주도하는 해신제[잠녀굿, 영등굿 등]를 올린다. 음력 2월 영등달에 치러지는 영등굿과 해녀들 중심으로 치르는 잠녀굿[잠수굿], 그 외 어부들이나 마을 주민들과 치르는 수신제[水神祭]가 전승되고 있다. 해녀회의 활동을 통해 물질 문화가 잠수기법과 물질 기술, 수산물 채취, 건조 방법 등 전통적 지식이나 기술 등이 전승되고 있으며 또한 해녀노래와 칠머리당영등굿과 잠수굿 등의 의례도 어민들의 어업공동체를 중심으로 전승되고 있다.

〈표 34〉 제주 마을 해신당과 제일

구분	지역	마을	당 이름	해신(海神)	음력 제일
1	제주시	이호 1동	붉은왕돌 할망당	용녀부인	1.1
2		도두 1동	오름허릿당	요왕	1.1, 1.3, 1.7.
3		용담 2동	ᄀ시락당	용해국대부인	택일
4		용담 3동	다끄내해신당	요왕, 선왕	1.15.
5		건입동	제주칠머리당	요왕해신부인	2.1, 2.14.
6		삼양1동	감낭하르방당	감낭하르방, 할망	택일
7	조천읍	신촌리	일뤠당	고동지, 김동지 영감	2.8.
8		조천리	새콧당	고망할망	8.15, 12.15.
9		신흥리	볼래낭할망당	볼래낭할망	축일, 택일
10		함덕리	본향당, 서물당	서물한집	11.26.
11		북촌리	가릿당	용녀부인	2.13.영등굿
12	구좌읍	김녕리	성세깃당	동이요왕말젯아덜	3.8. 잠녀굿
13		행원리	남당	남당할망, 하르방, 중이대사	1,15, 7.15
14		세화리	갯것할망당	개하르방등	2,11.
15		하도리	각시당	용녀부인	2.13. 요왕맞이
16		종달리	생개남돈짓당	요왕, 선앙	1.15.
17	우도면	천진리	돈짓당	요왕, 선앙	2.15.
18		조일리	ᄄᆞ비양돈짓당	요왕, 선앙	1.15.
19		오봉리	주흥동중개당	요왕, 선앙	1.15.
20		서광리	하우목동돈짓당	돈짓당한집	2.15.영등굿
21	한경면	고산리	자구내개당	갯그리할망	1.15.
22		두모리	코재돈지 개당	선앙	1.15.
23	한림읍	한수리	대섬밧당	영감또	영등굿
24		귀덕리	축일할망당	요왕또	축일
25	애월읍	애월리	해신당	개로육서또 해신당한집	포제 후
26		고내리	남당	개로육서	택일
27		귀일리	개당	개당하르방, 할망	1.15.
28	추자도	묵리	처녀당	아기업개	2.1.
29	서귀포시	강정동	개당	개할망	1.15.
30		대포동	자장코지좀녀당	요왕	수시
31		중문동	베릿내 개당	요왕국 벨금상ᄯᅩ님	1.15.
32	성산읍	신양리	본향당		2.15. 영등굿
33		온평리	돌개할망당	돌개할망	택일
34		신산리	범성굴할망당	본향신	2.13. 영등굿
35		표선리	당캐할망당	세멩주할망	1.15.

36	표선면	신천리	고첫당	용녀부인	1.15.
37		하천리	본향당	본향신	2.13. 영등굿
38		세화리	생결포구남당	남당하르방, 할망	1.15.
39	남원면	태흥3리	돈짓당	돈지하르방, 할망	1.15.
40		위미2리	세천동 돈짓당	돈지하르방, 할망	1.15.
41		하례1리	망장포 돈지할망당	돈지할망	1.15.
42	안덕면	대평리	난드르일뤠당	닥밧할망	매월 7일
43		사계리	개당	선왕	1.15.
44	대정읍	하모3리	산이물당	일뤠중저	매월 3일, 7일
45		가파리	상동 매부리당	동지하르방, 할망	택일
46		마라도	아기업개당	허씨애기	택일, 매월 7일

※ 출처: 국립무형유산원(2022), 앞의 보고서.

2016년 제주해녀[잠녀] 문화가 유네스코에 등재된 이후 제주특별자치도는 해녀들의 생업과 문화 보전을 위해 다양한 정책과 사업을 전개하고 있다. 제주도 해양수산국에서 전승비로 진료와 해녀문화 혹은 해녀어업을 지원하고, 문화산업과 관련한 조례 등의 법규에 의한 것으로 그 범주는 해녀의 복지, 해녀소득 향상, 작업 환경 개선, 해녀문화 전승에 관해 조례를 제정하였다. 전 · 현직 해녀들은 무상으로 병원 진료가 가능하다.

〈표 35〉 제주도 해녀 복지 지원 사업

(단위: 백만원)

연도	2016	2017	2018	2019	2020	2021
해녀 관련 총 지원금	16,752	20,115	23,322	25,020	21,898	23,586
해녀복지 관련 총 지원금	6,935	8,249	10,109	10,456	9,905	11,835
해녀 진료비 지원	6,280	5,176	5,569	5,569	5,517	6,868
어업인 안전보험 가입비	80	67	62	61	58	60
유색 해녀복 지원	527	1,243	1,173	1,284	1,069	973
해녀테왁보호망 지원	34	34	34	32	31	30
어촌계 신규 가입비 지원	14	14	14	12	19	19
현업 고령해녀 수당 지원	-	1,715	3,185	3,065	2,636	2,580
고령 해녀 은퇴 수당	-			376	517	1,230
신규 해녀 초기 정착금 지원	-		72	57	58	75

※ 출처: 국립무형유산원(2022), 앞의 보고서, 41쪽.

해녀들의 소득 향상을 위해 제주도에서는 수산종자를 매입하여 어장에 방류, 마을어장의 자원 재생과 회복에 지원을 하며, 이외에도 전복이나 오분자기 서식지를 위한 패조류 투석, 어초 투하, 어장 시비[施肥]를 살포하고 있다. 낡은 해녀탈의장이나 공동작업장을 수리하고 해녀탈의장의 운영비 지원, 작업 도구 지원, 어장 진입로 정비, 안전조업 장비 지원, 친환경적 탈의장 개선 등 어업환경의 편의와 기반을 다지는 데 지원하고 있다.

〈표 36〉 작업환경 개선 지원 사업

(단위: 백만원)

구분	2016년	2017년	2018년	2019년	2020년	2021년
작업환경 관련 총액	1,696	1,596	1,749	1,278	1,191	1,076
해녀탈의장 운영 지원	156	156	156	156	156	156
해녀 공동 작업장 보수	130	112	111	61	61	44
해녀 탈의장 보수	350	264	258	163	156	170
작업 도구 지원(분쇄기, 분할기)	-	20	120	108	108	55
어장 진입로 정비	310	440	500	280	280	256
안전 조업 장비 지원	149	64	64	60	70	35
친환경 해녀 탈의장 시설개선	600	540	540	450	360	360

※ 출처: 국립무형유산원(2022), 앞의 보고서, 42쪽.

해녀문화 전승을 위해 해녀박물관과 한수풀해녀학교, 법환좀녀마을해녀학교 운영비를 지원하고 각종 마을 어촌계에 해녀공원을 지원하고 있다. 성산읍 성산리, 안덕면 대평리, 한경면 고산리, 한림읍 귀덕2리, 성산읍 성산리, 제주시 도두리 어촌계 등에 공연을 지원하였다. 이외에도 해녀박물관의 해녀축제와 제주도 탐라문화제 등 도내 행사 및 국내외에서 다양한 공연을 하는데 제주도의 행정적 재정적 지원이 이뤄지고 있다.

〈표 37〉 제주특별자치도 해녀문화 전승 지원사업과 지원금

(단위: 백만원)

구분	2016	2017	2018	2019	2020	2021
문화 전승 관련 총액	1,373	1,524	2,095	2,140	1,860	1,986
· 해녀학교 운영비 지원	130	235	208	274	217	210
· 해녀축제 지원	250	260	298	238	280	313

· 해녀 공연 운영 지원	78	153	470	128	164	180
· 제주해녀 일대기 기록	-	-	-	50	50	50
· 해녀박물관 운영	915	876	589	822	439	593
· 해녀어업 문화복원 정비	-	-	-	-	-	100
· 제주 해녀굿 지원	-	-	-	118	118	80
· 해녀문화 예술 지역 특성화 지원	-	-	530	510	592	460

※ 출처: 국립무형유산원(2022), 앞의 보고서, 43쪽.

현재 제주도내에는 어촌계를 중심으로 두 개의 해녀학교가 운영되고 있다. 2008년 한림읍 귀덕2리 어촌계 한수풀해녀학교가 개교하여 물질 체험을 할 수 있는 기회를 제공하였고, 2015년 서귀포시 법환동 법환좀녀마을해녀학교는 어촌계장 추천으로 학교의 교육을 받은 후 다시 마을 어촌계에 가입한 해녀들이 나오기 시작하였다. 차세대 해녀들을 위한 어업환경의 기반 조성과 지원 제도들이 요구되고 있는 가운데, 전국적으로 나타나는 해루질의 문제가 제주도에서도 어촌계 갈등을 야기하는 가장 큰 요인이 되고 있다.

다음은 2022년 7월부터 11월까지 조사한 제주도 84개의 어촌계를 조사한 내용에 기초하여 제주도 해녀의 현 상황에 대해 살펴보도록 하겠다. 모두 기술할 수 없으므로 해녀문화의 전승과 지속가능성을 초점에 두어 주요 어촌계들의 상황을 살펴보겠다.[189]

2. 지역별 사례

1) 성산읍 온평리 어촌계

2022년 기준, 온평리 어촌계의 해녀는 50대 2명, 60대 20명, 70대 40명, 80대 10명이며 총 72명으로 많은 편이나 30대, 40대의 젊은 해녀는 없다.

189 조사한 어촌계는 84개였다.

온평초등학교 교정 안의 비석들과 해녀공로비

마을어장은 비교적 자원이 많으며, 물질은 조금부터 여덟물까지 보통 8,9일 작업한다. 해녀들은 물질 이외에도 농사를 짓고 있다. 어장에 전복 종패를 뿌리고 있으나 어획량은 거의 없고, 오분자기도 마찬가지다. 소라를 주로 잡으며 계통출하하고 있다. 해삼과 성게, 보말도 잡는다. 우뭇가사리는 판매량이 거의 없고, 미역은 개인별로 식당에 판매하거나 건미역으로 말려서 팔기도 한다. 모자반도 거의 없고, 톳은 있으나 채취할 인력이 없으며 청각은 자가소비용으로 소량을 채취할 뿐이다.

강풍에 실려 온 감태[이것을 풍태라고 부른다]는 해녀가 아닌 마을 사람도 작업이 가능한데, 말려서 상인에게 판매한다. 영등제가 2월 13일로 날짜가 정해져 있다. 수산물 보관창고에서 심방을 불러 제를 올린다. 온평초등학교를 재건할 때 해녀들이 "학교바당"으로 삼아 이곳에서 채취한 미역을 팔아 재건 기금으로 사용했다. 어장에서 갯닦이와 자원 관리에 노력하고 있다. 해안에 탈의장 3곳과 안케머리 해녀식당 1곳, 어촌계 사무실외에도 종합센터, 톳 보관창고 등 여러 시설이 있다. 온평리에는 환해장성과 삼성신화에 나오는 벽랑국에서 오곡종자를 가지고 온 삼신인[三神人]이 해안가 "황노알"에 도착하여 고을라, 양을라, 부을라와 혼인하였다는 혼인지가 있다. 지금은 관광지로 조성되어 있다. 그러나 최근 제주도 사회에서 논쟁 중인 제2공항이 건설된다면 그에 따른 영향을 받을 수밖에 없다. 섬의 개국[開國] 신화가 있고, 해녀들의 공로비 등 신화와 역사를 기록하고 있는 마을로 해녀문화를 육성하여 전승할 수 있는 문화유산이 많은 마을이다. 마을어장의 자원을 회복하고 지속적으로 관리하여 어업공동체의 생활토대를 지지함으로써 마을공동체가 문화유산을 전승할 수 있도록 특별한 노력이 필요한 시점이라고 고려된다.

2) 남원읍 위미2리 어촌계

제주도 어느 해안마을이든 해녀가 있는 마을의 경관은 빼어난 아름다움을 자랑한다. 자연경관을 배경으로 해양문화를 꽃피워 이를 전승하고 있는 해녀마을들이 있다. 제주도 북쪽과 남쪽 두 곳을 대표로 삼아 기술하도록 하겠다.

우선, 제주도 남쪽에 있는 서귀포시 남원읍 위미2리를 들 수 있다. 연중 따뜻한 햇살이 내리는 이 마을은 귤농사로도 유명한 마을이다. 마을어장이 크고 자원이 풍부하다. 특히 무인도인 지미도가 있다 해녀들의 주요 어장이 되고 있다. 해녀어업의 지속을 위해 신규해녀를 받아들여 도제식으로 양성하고 있다. 2022년 기준으로 마을 해녀는 42명인데, 30대 1명, 40대 2명, 50대 1명, 60대 6명, 70대 32명, 80대 없다. 법환좀녀마을해녀학교 출신 3명이 인턴으로 들어왔으며, 한수풀해녀학교를 나온 1명은 전직 마을해녀의 딸로 어촌계에 가입 예정이다. 이들은 성게까기, 물질하기 등 해녀들과 짝을 지어 도제식 교육을 받고 있다.

마을어장에는 소라, 우뭇가사리 해산물과 어족자원 생산량이 풍부하고, 해산물 채취량이 서귀포 수협 19개 어촌계 중 두 번째로 많다. 소라는 공동양식장을 운영하여 자원고갈을 방지하고, 해산물의 생산량도 풍부한 편이다. 어장 길이가 길어서 물때 관계없이 연간 300일을 물질할 정도로 작업을 많이 한다. 공동양식장 작업을 포함하여 한 달에 15일[전반기 4~5일, 후반기 7~8일]한다. 공동양식장은 작은 소라를 잡아다 가까운 곳에서 키워 잡는 것으로 이용한다. 소라와 우뭇가사리 생산량이 많으며, 해삼은 방류 효과를 보지 못하고 있는데 백화현상과 고수온으로 폐사가 되기 때문이다. 성게, 보말은 주로 음식점에 납품되고 있다. 모자반이나 톳은 나지 않는다. 반면 청각은 채취하여

위미2리 해녀탈의장과 지귀도

마을에 기증하기도 하고 갈래곰보는 일본으로 수출되고 있다. 해녀들은 물질 외에도 귤농사를 한다. 마을에 생활폐수정류장이 4곳이 있지만 해마다 종패 2만미를 지원받고 있다. 해양오염이 우려 되지만 어족자원 관리에 애를 쓰고 있어 아직 큰 문제가 되고 있지 않다. 신규해녀를 키워 어업공동체의 지속에 노력하고 있다.

두 번째로 제주시 동쪽에 있는 김녕리어촌계는 해녀들의 물질과 해양 의례가 발달한 대표적인 어업공동체이다. 마을에는 하얀 모래의 해변과 만장굴 등 유명한 관광지가 있고 최근 카페와 펜션들이 늘었다. 김녕리는 동,서김녕리로 분리되었다가 통합된 마을로, 해녀들의 물질과 의례로 예전대로 따로 이뤄지고 있다.

동김녕리 마을해녀는 97명으로 연령별로 보면 50대 1명, 60대 6명, 70대 55명, 80대 35명이며 30-40대 해녀는 없다. 물때는 막물[열네 물, 조금]에서 다섯물 기간에 6~7일 작업한다. 해녀들은 주로 농사일[주로 당근 감자, 마늘, 양파]과 물질 작업을 한다. 전복 종패와 해삼 종묘를 어장에 뿌려 자원 관리에 노력을 하고 있다. 특히 어촌계가 운영하는 공동 자연양식장을 두 군데 두고 있다. 소라는 계통판매가 이뤄지며, 성게와 해삼, 보말, 우뭇가사리 등을 채취한다. 우뭇가사리는 건포 1,000[포대당 30kg] 포대를 하고, 미역이나 모자반, 톳, 청각은 먹을 양을 채취하고 있다. 해녀회에서는 음력 3월 8일 동김녕리 제당에서 올린다. 심방은 마을의 서순실 심방이 한다. 반면 서김녕리에서는 마을 사찰의 스님이 해녀들의 해신제를 주관하여 서로 다른 형태의 해신제가 이뤄지고 있다.

마을 서쪽에 있는 김녕항은 해양수산부에서 지정한 아름다운 어장으로 선정되어 2018~2022까지 지원을 받게 되었다. 이로써 해녀체험어장, 수산물복합센터, 어촌계횟집 등이 들어설 계획이다. 잠녀굿[해신제]에는 많은 내방객들이 찾고 있는 해녀들의 대표적 해양의례로 알려지고 있다. 해녀들이 공동으로 제물을 마련하여 하루동안 내방객들에게 음식을 제공하고 굿을 하며 마을어장의 풍요와 안전을 기원하고 있다. 잠녀굿은 해녀들의 샤머니즘 의례로 용왕신에게 정성을 들이며 바다의 풍요를 기원하는 해양의례이다. 이를 전승하는 공동체가 동김녕리어촌계 해녀회이다. 푸른 바다 어장과 해녀들의 활발한 생업, 그리고 해양신앙과 의례가 전승되고 있는 동김녕리 해녀회는 21세기 살아있는 해녀공동체 문화를 보여주는 대표적인 모델이라고

구좌읍 행원리 포구(위)와 남당(아래)

할 수 있다.

김녕리와 멀지 않은 곳에 있는 제주시 구좌읍 행원리 어촌계의 해녀들도 물질이 왕성한 편에 속한다. 마을의 해녀는 모두 85명으로 연령대별로 보면, 40대 1명, 50대 2명, 60대 30명, 70대 30명, 80대 12명이며 30대는 없다. 60대와 70대의 해녀들이 왕성하게 물질하고 있다. 우뭇가사리 작업만 참여하는 80대 5명도 있다.

물때는 조금에서 일곱 물 기간에 8일 작업한다. 물질 외에 농사일로 주로 당근과 감자를 재배하고 있다. 마을어장의 해산물은 전복이 많지 않고 소라를 주로 한다. 해삼은 2021년에 종패를 3만미를 뿌려 300㎏을 잡았다. 성게와 보말도 잡고 있다. 해조류로 우뭇가사리와 톳, 고장초를 채취했다. 해신제는 '건난디'에 있는 '남당'에서 서순실 심방이 택일을 해서 제를 지낸다. 마을의 여성들은 대부분이 해녀이며 마을 본향당 제의에 참여한다. 해녀탈의장 3곳[더뱅이물, 뒤터지, 건난디], 어촌계사무실[마을회관과 공용], 해녀식당[임대], 창고 3곳 등 어촌계 자산이 있다. 제주도 무형문화재 제1호 해녀노래 전승이 이곳 해녀들[고 안도인] 중심으로 이루어져 해녀들이 전승활약에 참여하고 있다. 이처럼 물질과 신앙, 그리고 문화보존활동에 행원리 해녀들의 활동이 왕성함을 볼 수 있다. 해녀 어업공동체의 지속가능성은 새로 일을 배우는 젊은 해녀 인력충원이 이뤄진다면 해녀문화 전승에서 좋은 모델을 만들어 가리라 짐작된다.

3) 해녀학교를 만든 어촌계들

2008년 귀덕2리 어촌계는 전국 최초로 해녀학교를 열었다. 마을 해녀들의 고령화와 어족 자원의 고갈, 작업 여건의 어려움들로 점차 사라져가는 해녀문화를 일반인을 대상으로 물질을 체험하고 또 젊은 세대에 전수하려는 취지로 2007년 주민자치 특성화 사업에 선정되었던 것이다. 처음에는 단순 체험을 목적으로 하였으나 세간의 주목을 받으며 해녀가 되려는 사람들을 위한 교육과정을 개설하는 등 실질적 해녀학교로서의 위상을 정립해 가고 있다. 지금까지 총 800여 명의 수강생이 졸업하였고 이 가운데 일부는 어촌계에서 실제 해녀로 일을 하고 있기도 하다.

귀덕 2리 해녀는 2022년 기준, 마을해녀는 모두 40명이다[40대 1명, 50대 2명,

60대 7명, 70대 8명, 80대 20명, 90대 2명]. 한수풀해녀학교를 졸업한 신규해녀가 10명이 가입하여 전년도 대비 증가하였다. 이들 가운데에는 필리핀 출신의 외국인 며느리도 있다. 그런데 마을어장의 자원 사정은 그다지 좋은 편이 아니다. 해삼은 거의 나지 않고, 성게는 깊은 바다에서 가까운 어장에 잡아다 뿌려 키워서 잡는다고 한다. 우뭇가사리도 조금 있지만 풍력발전 작업으로 흙이 덮쳐 지금은 거의 흔적도 없게 돼 버렸다. 어촌계에서는 마을어장은 휴식년제를 두는 등 자원관리에 애를 쓰고 있다. 수산 동식물 채포휴식어장으로 지정하여 소라, 전복은 물론 먹이 자원인 해조류 채취 제한하고, 자원고갈을 방지하기 위해 관광객은 물론 외부인이 어장을 출입할 때에는 어촌계장의 허락을 얻도록 하고 있다.

반면에 해녀문화의 전승 활동은 활발한 편이다. 해마다 마을 복덕개당에서 해신제를 올리며, 불턱을 복원하고 노후된 탈의장을 개선하는 등 해녀문화 전승에 노력하고 있다. 2011년부터 해녀전통문화체험 교실을 운영하고 있는데 해녀회에서 '해녀노래보전회'[해녀회장이 보전 회장이 됨]를 만들어 운영하고 있다. 각종 행사에 나가 공연을 한다.

법환어촌계는 서귀포시에 있는 잠녀마을이다. 아름다운 경관을 자랑하고 있어 스킨스쿠버 다이버들이 즐겨 찾는 마을이기도 하다. 마을 해녀들은 46명으로, 연령대별로 보면 30대 4명, 40대 1명, 60대 9명, 70대 14명, 80대 18명이며 50대 해녀가 없다. 근래 젊은 해녀들이 가입하지 않았다면 60대 이상의 해녀들로만 구성된 전형적인 고령화 추세를 보여주는 마을이다.

어촌계에서 운영하는 〈법환 좀녀마을해녀학교〉 출신의 30대, 40대 신입 해녀들이 작업하고 있다. 이 가운데 2명은 마을출신이고 그 외는 외부에서 온 이주자들이다.

해녀들은 한 물에서 다섯물까지 물질한다. 주로 범섬 주변에서 물질하고 어장관리선을 타고 가는 뱃물질을 하고 있는데, 상군해녀들은 배 이용료를 9,000원 지불하고 있다. 어장의 자원 상황을 보면, 전복은 제주도에서 최고 채취량을 자랑할 정도로 연 500kg을 잡았으나 지금은 백화현상으로 300~400kg을 잡는다. 전복은 먹이를 찾아 수심이 12m 이상의 깊은 바다에 서식해서 상군들만 찾아갈 수 있다. 오분작이는 종패는 했으나 결과는 아직 모르는 상황이다. 소라와 해삼, 성게로 소득을 보고 있다. 해조류인 우뭇가사리는 거의 없으며, 미역을 채취하며, 모자반, 톳, 청각은 없다. 해안의 "굿바당"

법환좀녀마을 해녀학교와 물질교육 장소(자료제공: 안미정)

에 나타나는 백화현상은 서귀포 신시가지 생활하수가 법환으로 흘러들어 바다 어장의 황폐화를 가져오고 있다고 추정하고 있다. 2020년부터 2021년까지 우수어촌계로 지정되어 전복이나 해삼 종묘들의 많은 지원을 받았다.

또 해녀양성을 목적으로 2022년 8기생까지 총 210명의 학생들을 배출했고, 어촌계에 가입하여 해녀로 등록된 해녀 수도 69명, 아직은 어촌계에는 가입되지 않고 훈련에 있는 인턴이 210명이 활동하고 있는 등 새로운 해녀인력 양성에 기여하고 있다. 해녀학교를 운영하며 서귀포시로부터 운영비[1억 3천만 원]를 지원받고 있다. 또한 어장의 자원 관리로 전복과 해삼을 행정지원을 받아 방류를 해마다 하고 있다. 해녀탈의장, 어촌계 회관, 해녀센터시설, 해신당, 불턱 등이 하나씩 있다. 해녀학교를 운영하며 도출되는 문제는 신규해녀 가입을 꺼리는 어촌계가 많다는 점이다. 현재 마을 해녀들은 신규해녀들에 대한 무상교육을 선호하지 않으므로 전승교육비 차원의 재정 지원을 요구하고 있다는 것이다.

4) 고산리 어촌계

제주해녀문화의 유네스코 등재 및 제주도가 전국적으로 제2의 관광붐을 타면서, 도내 몇 군데 어촌계에서는 해녀들이 관광객을 대상으로 한 해녀 춤과 노래를 공연하는 사례들이 늘고 있다. 그 가운데 제주도 서쪽 고산리 어촌계가 대표적이다. 고산리 해녀는 모두 41명이다[60대 6명, 70대 30명, 80대 5명, 30대에서 50대 사이는 없다]. 이처럼 고령화 현상이 나타나고 있으나, 신규해녀를 외부에서 받아들고자 하지 않는다. 가능한 마을 해녀의 딸이나 며느리를 중심으로 독려하여 젊은 해녀를 양성하고자 하고 있다. 해녀학교 출신이나 신규가입에 대한 의지를 표하는 경우가 있으나 절차와 이해관계 때문에 아직 가입된 해녀는 없다. 해녀들의 딸이나 며느리를 중심으로 독려하여 젊은 해녀들을 양성할 계획이다.

마을어장에서 잡는 해산물은 주로 소라이다. 전복은 거의 없고 오분자기 치패를 방류하고 있다. 홍해삼도 종패를 방류를 하고, 그 외 해조류는 공동으로 채취하여 수익을 분배하고 있다. 물때는 열 물에서 네 물, 한 달에 15일 정도 작업한다. 마을어장에 있는 눈섬과 차귀도에서 작업하므로 겨울에는 하늬바람이 불어 파도가 세어 맞은편인 섬 앞에서 물질하고, 여름철 마파람

고산리 어촌계 해녀작업장과 보존회 해녀들의 공연

이 불때는 해안가 당산봉에 의지하여 섬들 뒤편에서 물질한다. 서풍인 갈바람이 불 때는 섬 옆으로 가서 물질하는 등 계절에 따라 위치를 달리하며 일할 수 있다. 해녀배인 관리선 고산호를 이용하여 물질하고 있다. 물질 외에도 농사로 양배추, 양파, 파, 깨, 마늘, 귤 등을 경작한다.

영등제나 개인적으로 하는 신앙이나 의례는 거의 없다. 배를 부리는 집에서는 배에서 선왕제를 하고 해안가의 '개당'에서 잠깐 비념을 할 뿐이다.

갯닦이 사업, 해녀복 지원과 탈의장 운영비, 노래공연 지원비 등 행정기관의 재정적 지원을 받고 있다. 해녀탈의장이 마을에 두 군데 있으며, 어촌계의 어장관리선[고산호 3.82톤]과 해녀공연장, 해녀의 집 식당, 그리고 해신당이 있다.

어촌계 해녀회의 주요 활동 가운데 해녀들의 노래와 춤을 공연하는 어촌계들이 많아지고 있다. 이러한 활동에 도의 재정적 지원이 있기 때문인데, 이것은 유네스코 문화유산 등재 이후에 나타난 현상이다. 해녀문화를 세계적으로 알릴 뿐 아니라 국내 관광객들을 대상으로 어촌에 경제적 활기를 불어넣고자 하여 시작되었다. 마을 해녀들로 조직된 〈차귀도 해녀소리보존회〉[이하 보존회]는 고산리 자구네 포구 야외 특설무대에서 7월 9일부터 9월 17일까지 매주 토요일 6시 30분부터 공연한다. 보존회는 2018년에 조직되었고 캐나다 등지에서 국내외 공연을 펼쳤다. 공연은 4개 마당으로 구성되는데 제주특별자치도 무형문화제 제1호 〈해녀노래〉와 〈애기구덕 흥그는 소리〉, 〈오돌또기〉, 〈멜후리는 소리〉 등이다. 해녀 23명이 회원이며 마을 출신의 고춘식씨가 기획하고 있다. 해녀들은 1회 공연료 2만원을 받는다. 해녀노래 공연은 해녀들에게 자신의 문화에 대한 자부심을 갖게 하고, 자신들의 공연에 열의를 보내고 참여하는 관광객들을 만나면서 삶의 활력소가 되고 있다.

5) 변화에 도전하는 해녀들

금능리어촌계에 속한 마을해녀는 69명으로, 30대 2명, 40대 1명, 50대 2명, 60대 37명, 70대 25명, 80대 3명이다. 60대 70대 해녀들이 충분히 작업을 수행하고 있지만, 30대 2명, 40대 1명, 50대 2명은 어촌계의 추천을 받아 해녀 일이 가능했다. 30대 해녀는 성게나 보말 작업을 하고, 40대 신규로 가입한 해녀는 제주시에서 시집 온 해녀로 시어머니가 해녀다. 50대 2명은 시집을 와서 귀촌했고 이 중 한 명은 한수풀해녀학교 출신이기도 하다. 어촌계 신입 해녀는 마을에 시집와서 거주하는 기존 작업했던 해녀들을 추천해서 가입시키고 있다는 점에서 주목된다.

금능리 해녀들은 마을 앞에 보이는 비양도 섬에서도 물질을 한다. 비양도 물질작업 시에는 6~7명이 배를 타고 나간다. 소라잡이 철에는 한 물찌에 6일 간씩 일을 하고, 물질 외에도 양배추, 쪽파, 과수원 등 농사를 한다.

금능리 해녀들은 소라가 재작년부터 수출이 되지 않아, 수협 보조금을 받아 날 것과 익힌 것을 '드라이브스루' 판매를 실시하기 시작했다. 〈맛차롱협동조합〉을 만들어 판매하였다. 전복은 종패 뿌려 3년간은 작업하지 못한다. 문어는 산란기를 지켜 작업하며, 홍해삼도 종묘를 살포하여 키운 다음 잡는다. 성게는 2022년 1,000kg을 잡았다. 해조류로 미역, 톳을 판매하고, 톳장아찌 등 가공식품을 만들어 팔고 있다. 시장의 변동에 대응하여 새로운 가공품을 협업체를 조직해 판매한다. 수협을 통한 계통출하 방식만으로 해녀들의 처한 환경변화에 대응하기는 한계가 있기 때문에, 해녀들이 스스로 변화에 대응해 나가는 면모를 볼 수 있다. 그런데 이러한 해녀들의 새로운 대안 모색이 협동조합으로 출현하였다는 것은 시사점을 준다. 개별적으로 식당이나 업체 등과 거래하는 사매 행위가 빈번해지고 있기 때문이다. 사매행위는 해녀 개인들 간의 채취경쟁을 촉발할 뿐만 아니라 어장의 상업화를 촉진하기 때문이다. 새로운 형태의 활로를 모색하는 이러한 실천에 주목해 바람직한 어업공동체 모델로 자리 잡을 수 있도록 제도적 정비가 뒤따라야 할 것이다.

다음으로 성산읍 고성 신양 어촌계에 속한 마을해녀는 모두 68명이다[30대 없음, 40대 1명, 50대 3명, 60대 7명, 70대 49명, 80대 8명]. 법환좀녀마을해녀학교 출신의 한 해녀가 신양리 출신으로 결혼 후 다시 이곳에 와서 거주하며 어촌계 신입 해녀가 되었다. 물때는 한조금에서 여덟물까지 9일간 작업하며 해안에서 바다로 직접 입어하는 갓물질을 한다. 주로 잡는 것은 소라이며, 채취허용된 물량은 16,000kg이며, 전복이나 오분자기는 종패 방류를 해도 많이 생산되지 않고 있다. 문어도 조금 나는 편이며 홍해삼도 종패를 뿌려 잡는다. 그 외 성게와 보말을 잡는다. 해조류인 경우 해양수족관 오폐수로 인해서 과거에 많이 나던 해조류가 지금은 거의 나지 않아 패류의 먹이가 줄어들었다. 마을에

복당여 불턱
불턱은 예전 해녀들이 옷을 갈아입고
바다로 들어갈 준비를 하는 곳이며
작업 중 휴식하는 장소이다.
이곳에서 물질에 대한 지식, 물질 방법,
어장의 위치 파악 등 물질 작업에 대한
정보 및 기술을 전수하고 습득한다.

'복당여' 불턱

신양리 해신당

가파도 해녀 물질과 할망당

는 어촌종합관, 수산물직매장, 해조분 공장이 있으며, 잠수탈의장 4군데[방아께, 백끼, 감태여, 세게], 불턱 5개소[머릿개, 큰여, 조랑개, 삼밭알, 복당여]가 있다.

해녀들은 음력 2월 13일에 영등굿을 한다. 이 제의는 고성리와 신양리로 나누어 진행해서 이를 담당하는 회장이 따로 있다. 이외에도 제주특별자치도에서 재정 지원을 받아 기반시설들을 보수하고, 불턱을 복원했으며, 해녀 공연 등을 한다. 특히 18명의 해녀가 조를 짜서 마을에 있는 관광리조트에서 수중잠수의 아쿠아 쇼를 하고 있다. 이 또한 부수입이 되기 때문이다. 아름다운 경관을 가지고 있는 해안에 대규모 관광단지가 조성되면서 해녀들은 악화되는 어장의 상황과 고령으로 해녀들의 물질은 쇠퇴하고 오랜 역사를 가진 전통신앙과 의례가 유지되고 있으나 지속적 전승의 가능성은 미지수이다. 생업자의 감소는 생업신앙의 쇠락을 가져올 것이기 때문이다. 따라서 활력있는 어업공동체가 될 수 있는 정책적 모델이 요구되고 있다.

제주도 서남쪽에 있는 가파도는 예로부터 큰전복이 나는 등 해녀들의 물질이 활발한 섬이다. 가파도 해녀는 총 45명으로, 40대 2명, 50대 4명, 60대 13명, 70대 17명, 80대 6명. 60대와 70대가 31명으로 해녀들이 고령화되고 있다. 근래 40대 해녀 1명이 법환좀녀마을해녀학교를 졸업하고, 이곳 어촌계 가입하여 작업한 지 4년이 되었다. 이곳 지역 출신인 신입해녀도 있다. 젊은 해녀가 해녀들의 추천을 받아 어촌계장으로 활동하며, 해녀문화 보전에 노력하고 있다. 해녀학교 출신으로 어촌계장이 된 사례는 가파도가 처음이다. 물질은 세 물에서 다섯 물에 작업하고 있다. 전복과 오분자기는 종종 종패를 뿌려 잡고 있다. 소라를 주로 잡으며 굵고 크다. 해삼은 그 양이 많이 줄었다. 성게도 많이 난다. 우뭇가사리는 많이 줄었고 모자반, 톳 청각은 일시적으로 많이 나기도 하고 해거리하기도 한다. 모슬포 대정하수처리장에서 상·하모리의 생활하수가 가파도로 흘러들어 바다 어장의 황폐화에 영향을 주고 있다고 한다. 해녀탈의장에서 2년마다 영등달인 음력 2월 보름날에 가파도 출신 여심방을 모셔다 영등굿을 한다. 해녀 고령화로 변화되는 해녀 생활사 등 2018년부터 사진 촬영, 워크숍 진행으로 기록 활동을 하고 있으며, 청년 예술활동 등을 진행하고 있다. 해녀탈의장 1곳, 어촌계 회관 1곳, 해신당 1곳, 불턱 1곳 등 해녀문화 유산들이 섬 안에 두루 다 있다.

IV

전승 현황과 과제

1장

전승 현황과 전승단체의 활동

1. 해녀 전승 현황과 특징

한국의 해녀는 살아있는 전통어로 문화이자 대표적인 한국 여성의 해양문화이다. 이들의 물질기술과 민속지식은 여성어업공동체를 통해 전승되고 있으며, 전통적 작업방식은 미래사회가 지향하는 지속가능성을 바탕에 두고 있다. 동서남해의 해양생태와 해저지형이 다양한 한반도 주변 해역에서 이들의 어로문화는 인간이 해양에 적응하고 공동체의 생존과 번영을 일구는 여성들의 문화로 발전해 왔고 자연과 공존하려는 지혜를 담고 있다. 이러한 해녀문화는 국가의 문화유산 정책의 보호를 받고 있다. 2015년 중요어업유산 지정, 2016년 유네스코 인류무형문화유산 대표목록 등재, 2017년 국가무형문화재[국가무형유산] 지정되었고, 각 지방자치단체에서는 해녀를 보호하기 위한 조례를 제정하는 등 각계의 노력이 이어지고 있다. 앞서 살펴본 한국 해녀의 전국적 실태를 바탕으로, 현재 전승 현황을 정리해보고 또 그로부터 나타나는 특징은 무엇인지 짚어보도록 하겠다.

(1) 제주와 동남해에 많은 지역적 분포

전국의 해녀 인구는 집계 기관에 따라 다르게 나타나고 있어 정확한 인구

수의 파악은 어렵다. 통계청의 인구센서스 조사에서 전국 농림어업 가구 집계가 이뤄져 대략 지역별 분포 현황을 추정할 수 있다. 주민등록상의 거주 주소를 바탕으로 조사되므로 바다가 없는 일부 지방에서도 해녀가 있는 것으로 나타나곤 한다. 〈표 38〉을 보면 한국의 어업 종사자 약 6만 8천 명 가운데, 나잠어업에 종사하는 사람은 3,193명[2020년 기준]이었다.

〈표 38〉 2020년 한국 어업별 가구원(종사자) 현황

(단위: 명)

구분	어선어업	맨손어업	나잠어업	양식업	기타	합계
강원도	2,150	29	91	54	97	2,421
경상북도	2,549	121	364	227	35	3,296
대구광역시	3	-	-	1	-	4
울산광역시	472	18	352	55	18	915
부산광역시	1,904	29	268	366	5	2,572
경상남도	8,183	643	121	2,829	82	11,858
제주특별자치도	1,264	152	1,810	257	18	3,501
전라남도	8,087	6,264	110	11,422	145	26,028
광주광역시	8	4	-	11	-	23
전라북도	1,053	2,148	20	411	11	3,643
충청남도	2,292	7,348	43	809	29	10,521
대전광역시	3	1	-	1	-	5
충청북도	7	1	-	3	-	11
세종특별자치시	-	1	1	-	-	2
경기도	317	458	2	93	9	879
인천광역시	838	1,490	10	75	60	2,473
서울특별시	10	2	1	4	-	17
전국	29,140	18,709	3,193	16,618	509	68,169

※ 자료: 국가통계포털, 〈2020 어업 주종사부문 및 성별 어업 종사 가구원〉

한편, 2024년 한국 수산업협동조합중앙회에서 해마다 실시하는 어촌계 조사에서 나잠어업인은 전국에 총 4,759명이 있는 것으로 집계되었다. 이 가운데 해녀가 4,416명[92.8%], 해남이 343명[7.2%]이었다. 그런데 〈표 39〉를 보면, 이들 가운데에는 어촌계원인 경우도 있으나 어촌계의 준계원의 위치에 있는 이들도 포함되어 있다. 어촌계 준계원이란 어촌계원의 자격이 없는

어업인 중 어촌계가 취득한 마을어업권 또는 어촌계의 구역에 있는 지구별 수협이 취득한 마을어업권의 어장[漁場]에서 「수산업법」 제2조제10호*에 따른 입어[入漁]를 하는 사람 또는 어촌계의 구역에 거주하는 사람으로서 어촌계의 사업을 이용하는 것이 적당하다고 인정되는 사람을 말한다.[190]

〈표 39〉 2024년 전국 어촌계 나잠어업 종사자 지역별 인구

(단위: 명)

구분	계원		준계원		합계
	남	여	남	여	
부산광역시	3	274	2	4	283
인천광역시	0	0	0	0	0
울산광역시	125	384	0	0	509
경기도	0	0	0	0	0
강원도	82	96	0	0	178
충청남도	6	27	0	0	33
전라북도	9	8	0	0	17
전라남도	6	34	0	0	40
경상북도	29	446	1	3	479
경상남도	30	66	1	3	100
제주도	47	3,060	2	11	3,120
전국	337	4,395	6	21	4,759

※ 자료: 해양수산부·수산업협동조합중앙회, 〈2024 어촌계현황조사 결과보고〉, 2024, 44~45쪽.

반면, 실제 해당 지자체에서 집계하는 나잠업자의 수는 이들 통계보다 더 높게 난다. 통계청의 조사가 보수적[엄격하게]으로 진행되기 때문일 수도 있고, 반농반어를 하는 응답자들의 경우 자신의 생업을 어업이 아닌 농업으로 응답할 수도 있다. 예를 들어, 경상북도의 경우 도내 전수조사에서 해녀인구[해남 포함]는 1,370명으로 집계되었고[2022년], 수협중앙회 조사에서는 479명[2024년],

190 어촌계란 수산업협동조합법에 의해 지구별 수산업협동조합의 조합원을 계원으로 하여 행정구역 및 경제권 등을 중심으로 설립된 어촌공동체를 말하고, 어촌계원은 지구별수협의 조합원으로서 어촌계의 구역에 거주하며 어촌계에 가입한 사람을 말한다. 해양수산부·수산업협동조합중앙회, 〈2024 어촌계현황조사 결과보고〉, 2024, 7쪽 참조.

통계청 조사에서는 364명[2020년]으로 나타나, 조사 시점의 차를 고려하더라도 차이가 크다. 따라서 실제 한국 해녀 인구가 몇 명인가를 명확히 파악하기 위해서는 동일한 기준의 종합적 전수 조사가 이뤄질 필요가 있다. 제한적이나마, 현재까지 전국적으로 한국 해녀의 규모와 분포를 파악함에 있어 이들 통계수치가 전혀 무의미하지는 않으리라 본다.

해녀 인구의 전국적 분포를 수협 통계에 기반해 보면, 제주도는 단연 해녀의 섬이라 할만하며, 다음으로 울산광역시, 경상북도, 부산광역시, 강원도 순으로 나타난다. 통계청의 집계도 크게 다르지는 않다. 한반도의 동남해에 해녀가 편중되어 있는 이유는 쿠로시오 난류로 조성되는 동안난류가 해안에 다양한 해양생물의 서식지를 만들고 있는 데에 따른 것으로 고려된다.

(2) 현대 해녀문화 형성과 여성들의 지방사

동서남해의 한국 해녀 사회에는 모두 제주해녀들이 이주정착에 따른 저마다의 지방 역사를 가지고 있다. 역사적으로 한반도의 인류는 신석기시대부터 잠수했음이 유물과 유적에서 추정할 수 있으며, 중세를 거치며 여러 지역에서 남자 잠수부들의 존재가 문헌을 통해서도 확인되고 있다. 그러나 남자 잠수부의 존재는 (전라남도 일부 지역을 제외하고) 점차 사라진 반면, 19세기 말부터 제주도의 여성들에 의한 물질이 활성화 되었다. 이들은 일제 강점기와 산업화 시대를 거치며 한반도 주변 해역에 이주 정착하여 현대 한국 해녀문화를 형성하는 토대를 이루었다. 제주해녀의 어로문화가 한반도로 전파되었으며, 한국 해녀문화는 제주해녀의 물질문화에 기반해 형성된 특징을 가지고 있다. 그리고 이들의 이주정착에 따른 각 지방마다의 역사가 구술을 통해 전해지고 있다는 점 또한 중요한 특징이라고 할 수 있다.

(3) 전통적 어로 기술과 지식의 해양문화

한국 해녀들은 그들의 물질을 중심으로 다양한 해양 민속지식과 신앙, 공동체의 관습들로 구성된 해양문화를 전승하고 있다. 이들은 전통적 어구를 사용하여 남획을 막는 어로기술을 전승하고 있으며, 해신을 섬기는 신앙과 의례를 전승하고 있다. 과거와 달리 동력선을 사용하므로 집단적으로 구창되어 온 해녀노래는 더 이상 불리지 않는다. 이들은 해산물 채취를 하는 데에 자연생태의 지식을 활용하며, 상호간에는 '벗이 있어야 물질한다는'는 호혜적 문화를 가지고 있다. 마을주민으로서 마을어장을 공유하여 자원 재생에 큰 관심을 가지고 있는 것이 해녀들의 큰 문화적 특징이며 이는 제주도에서 가장 대표적으로 확인된다.

(4) 해녀 보호를 위한 지자체의 제도적 지원

2016년 제주해녀문화의 유네스코 등재를 계기로 제주도 외 지역에서 해녀에 대한 관심이 높아졌고, 해녀를 지원하는 조례들이 여러 지자체에서 추진되었다. 의료비 지원과 잠수복 지원 등이 각 지자체에서 이뤄져 왔다. 이것은 해녀들의 안전과 복지 측면에 기여하는 효과를 가지고 있다. 장기적으로 보면, 개인 안전과 복지의 지원과 어로공동체를 강화하여 어촌사회의 안정화가 이뤄져 생업의 지속성이 담보 될 수 있도록 하는 것이 필요하다고 고려된다.

(5) 온난화와 연안 오염과 개발 그리고 어업공동체의 약화

온난화의 현상 속에 연안개발로 인한 어장의 축소가 해녀들의 물질에 가장 큰 영향을 미치고 있었다. 해수온도의 상승에 따른 해조류 증감이 가시화되고 있고, 생활하수에 의한 오염 문제가 해결되지 못한 채 관광펜션과 카페들이 증가함에 따라 해안 경관이 바뀌고 있다. 각종 레저 동호회 및 관광과 여가를 즐기는 사람들이 증가하는 반면, 농어촌 인구의 감소 및 고령화로 어업공동체의 기반이 약화되고 어장 보호 활동에 한계가 드러나고 있다.

(6) 어장 이용과 지속가능성의 문제

서남해와 동남해 일부 지역의 해녀들의 경우 어업경영자가 빈매한 어장에서 물질하는 사례가 많으며, 이는 해녀가 자원의 지속적 재생산과 직접적 관련성을 갖고 있지 못함을 의미한다. 마을어장의 주인이 되지 않은 곳에서 해녀들의 물질은 그녀자신의 생계는 물론 해양자원의 측면에서 지속가능한 실천을 한다는 것은 성립하기 어렵다. 해녀들의 물질이 '마을어업'이 되도록 하여, 해양자원의 남획을 방지하고 자원을 보전하는 이들의 어로문화가 전승되도록 제도적 개선이 뒷받침 되어야 하리라 본다.

(7) 해녀들의 고령화와 신규해녀의 유입

해녀들의 고령화와 감소가 해녀문화 전승의 위기를 불러오고 있다. 제주도의 마을어촌계와 거제도의 한 사단법인이 해녀학교를 운영함으로써 해녀문화를 알리고 물질 체험의 기회를 일반인에게 제공하였을 뿐만 아니라 일부 졸업생들은 해녀 어업인으로 정착할 수 있는 통로를 마련하였다는 데에 큰 의의가 있다. 그러나 신규해녀가 늘어나기 위해서는 해녀들의 어업환경 및 기반 시설의 개선과 보험 가입 등 어업인으로서 직업적 안정이 도모될 수 있는 제도적 보완책이 주요 과제가 되고 있다.

(8) 해녀회의 활동의 다변화

어촌계 내의 해녀회들은 그들의 자율적 활동을 통해 어장의 자원 회복력과 환경보호 활동에 적극적으로 참여 및 실천해 왔다. 유산화로 높아진 국내외 관심을 계기로 해녀들은 자신들이 직접 퍼포먼스를 한다거나 해외에 해녀문화를 알리는 지자체의 지원 등으로 이들의 활동은 다변화되고 있다. 또 관광사업의 일환으로 지역의 해녀가 활용되는 경우도 있다. 해녀회가 자신들이 해산물을 판매하는 등의 기존 활동 외에 새로운 사회적 활동이 해녀문화의 지속성에 어떤 영향을 미칠지 귀추가 주목되고 있다.

2. 전승자 및 전승단체들의 활동

한국 해녀들의 역사와 전통적 민속지식, 그리고 해녀들의 물질에 대해서는 앞서 언급하였다. 해녀문화의 전승자는 해녀 민요 전승자 외에는 단연 해녀 자신이라고 할 수 있다. 전승단체로서는 어촌계와 해녀회, 그리고 여러 사단법인들이 있다.

어촌계는 우리나라 전국 연안에 조직된 수산업협동조합[이하 수협] 산하 조직이다. 해녀가 속하고 있는 공식적 조직이며, 해녀회는 어촌계 내에 하부조직으로서 위치하고 있다. 다만 이들 모든 어촌계에 해녀회가 있는 것은 아니다. 이와 별도로 친목형식의 해녀모임들이 있기도 하다. 해녀문화가 전승될 수 있는 어업공동체로서 어촌계 및 해녀회는 주요 전승단체라고 할 수 있다. 다음은 우리나라 삼면의 바다에 조직된 지구별 수협과 그 안에 속한 어촌계를 집계한 표로, 2024년 기준 전국에 2,067개의 어촌계가 있다.

어촌계와 해녀회, 그리고 사단법인들이 한국 해녀문화 전승에 큰 역할을 하고 있다. 전국의 모든 지역과 단체들을 전수조사한 결과가 아니므로, 이 글은 한계가 있을 수밖에 없으나, 기존 조사 연구자료들을 토대로 현재 해녀[문화]의 전승단체로서 주목되는 곳들을 살펴보도록 하겠다.

〈표 40〉 2024년 전국 지구별 수협 조합과 어촌계

(단위: 개소)

지역	조합 수	어촌계 수	조합당 어촌계 평균*
경기·인천	5	114	23
강원	9	74	8
충남·전북	12	239	20
전남	14	872	62
경북	8	147	18
울산·경남·부산	16	519	32
제주	6	102	17
전체	70	2,067	30

* 평균은 필자가 추가하고 수치는 반올림함.

※ 자료: 해양수산부·수협중앙회, 앞의 보고서, 2024, 4쪽.

이들 단체는 해녀문화 전승에 노력을 기울이는 해녀들의 자율성, 역사성과 사회적 기여와 참여, 지속가능성의 실천 등을 고려하여 제시하였다. 또한 전승의 어려움에 직면한 곳들도 있어 함께 언급하고자 하며 당국의 지속적 전승 노력이 필요하다.

〈표 41〉 주요 전승단체의 상황과 전승 양상

해역	어촌계	구체적 전승 활동
동남해	1) 포항시 구룡포 어촌계	• 제주해녀 출어 및 지방 역사 전승(구룡포 천초, 독도출어) • 해녀인 어촌계장의 적극적 활동 • 포항시의 지원과 문화예술 사업 활발 • 젊은 해녀, 해남의 신규 가입과 활동 • 제주 한림읍 협재리 어촌계와 지방간 교류협약 체결
	2) 울산 동구 주전어촌계	• 제주해녀들이 미역채취에 얽힌 정착사 • 어촌계의 해녀 체험프로그램의 운영 • 외부인들의 마을유입으로 경관이 바뀌고 관광다이빙사업으로 어촌계와 갈등 • 탈의장이 1곳 있으며 전승기반 시설이 충분하지 않음 • 해녀문화 전승에 적극적이나 방안 모색에 난관을 겪음

	3) 거제해녀아카데미와 한라나잠협회 해녀들	• 한국 수산업의 효시(일제시기) 공원이 있는 곳에 위치 • 제주해녀와 결합된 해녀학교 운영, 해녀 인력을 배출 • 전국에서 해녀물질 배우려는 수강생을 대상으로 물질 전승 • 학교 운영체제로 해녀문화의 전승에 제한이 있음 • 다양한 매체를 통해 해녀문화 홍보와 전승에 노력 • 재정적으로 열악하고 기반시설이 없어 전승에 한계 • 거제도 해녀들의 단체인 〈한라나잠협회〉(회원 108명)과의 연계 속에 거제도 해녀문화 전승을 기대 • 〈요즘해녀〉 유튜버 두 젊은 해녀의 해녀문화 홍보
	4) 부산 영도 동삼어촌계	• 해녀 역사를 전시하고 있는 영도해녀문화전시관이 건립됨 • 섬 안 관광지를 중심으로 해녀들의 해산물 판매업 성황 • 해녀들의 고령화, 최근 젊은 해녀의 가입 • 어촌계가 해녀 어업 전승을 위한 사업에 적극적 • 휴게 및 작업장 등 전승기반 시설은 열악 • 어촌계의 별신굿이 전승되고 있음
서남해	1) 태안 신진도 해녀들	• 안흥 신진도에 제주해녀 출어 역사 • 어촌계와 별도로 해녀들이 〈신진도해녀영어법인〉(1995) 조직 • 주변 다른 지역으로 원정물질 • 정월에 바다 고사, 5월5일 해녀들이 모여 잔치 • 탈의장 및 작업장 시설 없음 • 새만금방조제 공사, 대중 수출 해삼 소득 증가
	2) 전남 청산도 해녀들	• '해녀사업'의 지방사 • 해녀들의 친목 모임 구성 • 해녀배 단위의 물질 • 물때지식, 용왕제 등 전승 • 작업장이나 휴게시설 없음
	3) 전남 완도 해녀들	• 어촌계에 소속되어 있지 않음 • 해녀 모임이 있음 • 물때지식 전승 • 제주와 현지출신 해녀들로 구성 • 원정물질 다님(어촌계와 계약하고, 해녀들끼리 공동 분배)
제주도	1) 한경면 고산어촌계	• 세계지질공원, 후기구석기 유적지 등 역사가 풍부 • 마을어장에 차귀도의 역사, 해조류 풍부 • 해녀들의 물질 활발 • 해녀회가 적극적으로 해녀문화 홍보 • 해녀들의 민속공연, 해녀상 등 문화 전승 활발
	2) 서귀포시 위미2리 어촌계	• 여성들의 물질과 감귤농사 활발, 반농반어의 생활 • 마을어장의 지미도 해초채취는 여성들의 공동어로 잘 보여줌 • 신규해녀 가입과 도제식 교육 • 마을어장 일부 개방('24.07~) • 백화현상, 고수온 현상, 생활폐수정류장 등이 있으나 자원관리 노력
	3) 구좌읍 김녕리 어촌계	• 신화와 전설이 풍부하고 궤네깃굴 등 역사와 민속유산 풍부 • 마을에 요트, 해수욕장, 만장굴 등 관광객 방문이 많음 • 마을어장 관리에 해녀회가 적극적 • 마늘, 양파 농사와 물질이 활발 • 동김녕리 해녀회의 잠녀굿(-3.8)은 해녀들의 굿으로 유명

	4) 해녀학교를 둔 두 어촌계 (한림읍 귀덕2리 어촌계, 서귀포시 법환 어촌계)	• 물질 체험과 해녀인력 양성의 어촌계 사업 • 해녀문화 홍보효과 및 신규 해녀 양성에 기여 • 귀덕2리는 해녀들의 기부역사, 법환리는 최영장군 역사 • 법환리는 새로운 이주자들 및 스쿠버다이빙의 성행으로 갈등
	5) 제주시 삼도동어촌계	• 80년대 해안매립으로 인한 탑동 해녀투쟁의 역사 • 신항건설과 생활하수 등 어장 축소와 황폐화 • 23명 해녀들의 고령화와 원정물질 • 영등굿 거행 • 어업공동체 해체 위기

이외에 역사성을 가지고 있으나 전승의 위기가 나타나고, 어업환경의 변화로 새로운 진로를 모색하는 등 현재 시점에서 영상기록 등 민족지적 작업이 필요한 몇 사례를 밝혀두고자 한다.

〈표 42〉 위기를 맞은 어촌계들의 기록화

인천 소청도 어촌계 해남	• 해녀 2명이 잠수기어업, 남자 잠수부가 물질 • 잠수기어업(전복,해삼)과 나잠어업(미역, 홍합)이 병행됨 • 변경지대의 해남 물질 사례
울진 죽변 어촌계 해녀	• 아바이마을이 있던 죽변4리에 제주해녀들이 정착 • 인근의 원자력발전소의 온배수 영향으로 피해 입음 • 해녀 인구의 고령화와 감소, 해루질의 극성 • 작업장, 휴게실이 없어 전승 기반 시설이 열악 • 해남 3명이 어촌계 가입
다대포 어촌계 해녀	• 제주도에서 한반도로 나가는 주요 출어 지역이었던 역사 • 부산은 해조회사 등 대일 수출항 역사 • 어업세력이 큰 다대포항과 마을어업의 전개 • 제주해녀들의 결속 • 연안공사로 어장 축소 • 해녀들의 새로운 진로를 모색 중

3. 전승시설과 활용사례

① 바닷가의 탈의장과 작업장, 그리고 불턱

해녀들이 물질하는 바닷가 가까운 곳에 위치한 제주도의 불턱들은 현재 사용하지 않고, 대신 현대식 탈의장이 있어 온수와 휴게 기능을 갖추고 있다. 해산물을 계량하고 도구를 보관하는 등의 작업장이 따로 마련된 경우도

불턱과 탈의장들(자료제공: 안미정)

있다. 제주도 해안마을에서 이들 전승시설은 어촌계마다 갖춰져 있는 반면, 동서남해 지역에서는 상대적으로 열악한 실정이다. 이들 장소는 해녀 물질 작업을 위한 필수 공간인 동시에 공동체 문화가 형성되는 장소로서 그 중요성이 있다.

② 어촌계 해녀들의 춤과 노래 공연

해녀문화를 해녀들이 나서서 알리기 시작한 것은 2000년대 들어서였다. 제주에서 처음 해녀들이 물질 퍼포먼스를 한 공연은 2007년 성산어촌계 해녀들이 성산일출봉 아래 우뭇개에서 처음 이뤄졌다. 해녀들의 자발적 문화 홍보를 할 수 있도록 이끌어 낸 것은 당시 제주도 최초 여성 어촌계장인 고송환씨의 노력에 의해서였다. 이들은 당시 해녀의 공연에 대한 부정적 인식 속에서도 일출봉의 빼어난 경관과 푸른 바닷가에서 자신들이 하는 일을 직접 시연하고 또 잡은 해산물을 팔아 물질 외에도 부가 수익을 올림으로써 지금까지 이어지고 있다.

유네스코 등재 이후 제주도의 여러 어촌계의 해녀회에서는 자신들의 직접 노래와 춤으로 공연하며 적극적으로 해녀문화를 알리고 있다. 제주시 한경면 고산리 어촌계에 속한 해녀들 20여명으로 구성된 〈차귀도해녀소리보존회〉는 예술단체들과 함께 공연을 통해 해녀문화를 알리고 있다. 이들은 자구내포구 상설 공연을 통해 해녀문화를 알리고 있으며, 국내 해녀문화 알리는 여러 공연을 해 오고 있다.

서귀포시 안덕면 대평리 해녀들은 2009년 '난드르 올레 좀녀 공연팀'을 만들어 도 지정 무형문화재 1호인 해녀 노래를 전승하고 있다. 독일 로렐라이시의 초대를 받아 독일의 청소년 재즈 오케스트라[피닉스 파운데이션]와 함께 '해녀 노래', '이어도사나'를 공연하여 해녀문화를 알렸다. 또한 제주시 도두어촌계의 해녀 공연단은 스페인 뮤지컬 페스티벌에 초청을 받아 발렌시아에서 제주해녀문화 공연을 펼쳤다[24년 7월~29일]. 구좌읍 하도어촌계 해녀들은 합창단을 구성하여 노래공연을 하고, 일본 아마서미트에 초청되어 해녀노래를 부르기도 하였다.

③ 축제를 통한 해녀들의 결속과 홍보

제주해녀축제는 코로나 팬데믹 때를 제외하고 해마다 구좌읍 하도리 해녀

하도해녀합창단- 공연사진

(자료제공: 제주특별자치도 해녀박물관)

해녀들의 공연-고산어촌계 해녀공연팀

(자료제공: 제주특별자치도 해녀박물관)

해녀 축제(자료제공: 안미정)

박물관 일대에서 펼쳐지고 있다. 다채로운 행사 프로그램으로 도내 전체 해녀들이 결속을 다질 뿐 아니라 섬 밖의 출향해녀들을 초대하여 우호와 단합의 기회를 제공하고 있다.

제주해녀의 울릉도 독도 출어의 역사를 현대적 축제문화로 승화시키고 있는 사례도 있다. 23년 10월 제1회 울릉도해녀문화축제는 현직 울릉도 해녀들의 공연이 이뤄짐으로써 경상북도와 제주도 해녀들과의 교류의 장을 여는 데 기여하고, 해녀들의 위상을 높이는 데 기여하였다.

④ 해녀학교의 운영과 졸업생들에 의한 전승

제주도 귀덕2리의 한수풀해녀학교와 서귀포 법환동의 잠녀학교, 거제도 해녀아카데미에서는 일반인이 물질을 배운 후 마을에 해녀로 정착할 수 있는 기회를 만들고 있다. 일정 기간의 과정을 마친 졸업생들은 어촌계의 동의로 마을어장에 들어갈 수 있게 되었다. 이 과정에서 물질만이 아니라 해녀문화를 배우는 계기가 되고 있다. 이들은 현재 소수이나 장기적인 관점에서 해녀문화의 전승주체로서 해녀학교 졸업생들의 역할이 중요해지리라 본다.

거제도 해녀학교 교육장소

⑤ 박물관과 전시관을 통한 역사문화 홍보

제주도 해녀박물관은 해녀들의 물질과 삶에 대한 역사와 문화를 전시하고 있다. 해녀들의 공동체 문화와 일제에 저항했던 역사 등을 전시함으로써 도내외의 높은 관심을 받고 있는 박물관이다. 이외 부산에 있는 영도 해녀문화전시관은 최초로 설립된 제주도외 지역의 해녀박물관으로서 기능하고 있다. 전시 외에도 영도해녀들의 실제 생업이 이뤄지는 장소로서 복합적 기능을 하고 있다.

제주도 해녀박물관 전경(자료제공:제주특별자치도 해녀박물관)

부산 영도 해녀문화전시관 전경(자료제공: 안미정)

박물관을 통한 홍보와 교육

⑥ 역사의 기록과 민속 전승

마을에 기여하였던 마을 해녀들에 대한 공로비를 세워 그 역사를 전하고, 학생과 시민들을 대상으로 다양한 교육이 이뤄지고 있다. 또한 조선시대 제주목사로 온 허명이 해녀들의 세금을 탕감해준 선정을 기념한 비석 등이 남아 해녀문화의 유산으로 전해지고 있다. 이외 제주 해녀의 전통적 해양신앙을 전하고 있는 해신당[海神堂]들이 있어 해녀 공동체 문화전승에 큰 기반이 되고 있다. 해신들에 얽힌 전설과 신가[神歌]들은 제주의 오랜 기원과 혼을 담고 있으며, 당[堂]은 신이 좌정한 곳으로 안전과 번영을 가져다주는 당신을 섬기는 해녀들에게 정신적 안식처가 되어 주고 있다.

⑦ 캐릭터 상품 개발과 부가가치 상품들

이외에도 해녀를 캐릭터로 한 다양한 관광상품들이 해녀를 홍보하는 효과를 낳고 있다. 해녀를 소재로 한 기념품의 개발은 물론, 시민을 대상으로 한 강좌들이 개최되고 있으며, 〈해녀밥상〉과 같은 해녀들의 삶의 이야기를 연극과 관광을 접목시켜 알리는 등 해녀문화에 대한 사회적 인식이 다양한 방면에서 이뤄지고 있다. 다만, 이러한 상품 브랜드화의 경향은 상업적 수단으로 쓰이는 특성상 해녀문화의 왜곡을 초래하지 않도록 해녀문화의 전승과 보전에 대한 지원과 교육, 조사활동 등이 지속되어야 할 것이다.

2장
과제와 제언

지금까지 살펴본 바와 같이, 우리나라 동서남해의 해안에서 물질하는 해녀들이 있다. 국내외의 관심과 지원 속에 한국의 각 지역의 해녀들은 자신들의 해녀문화를 만들어 가고 있다. 여성어업인이자 문화유산으로 위상을 가지고 있으나, 이들이 공통적으로 직면하고 있는 문제들이 있다. 해녀가 살아있는 문화라고 일컫어지는 것은 현재 극복해야 하는 난제들을 해결함으로써 문화적 지속성을 담보할 수 있음을 말한다. 이 장에서는 전국 해녀들의 지속가능성의 측면에서 풀어야 할 과제를 짚어보고 바람직한 해결방향에 대해 생각해보고자 한다.

휴게 및 작업장의 기본 시설의 열악성

제주를 제외하면 해녀들이 작업을 위한 기본적인 작업장과 온수탈의장과 같은 기본 시설이 전국적으로 열악하다. 비교적 제주도에서는 1980년대부터 현대식 탈의장으로 개선되었으나, 동서남해 지역에서는 탈의장이 없는 곳이 대부분이며, 있는 곳은 어민복지관 형식으로 지어져 해안 가까운 곳에 있어야 하는 기능적 편의성이 없는 경우도 허다하다. 또한 기존의 작업장과 탈의장을 현대화해야 하는 필요성도 제기되고 있다. 어업인으로서 기본적인 여건의 조성이 해녀 전승을 위해 시급하다.

비어업인의 해루질로 인한 지역사회 갈등

어업공동체가 약화되면서 마을어장에 비어업인들이 자원을 포획하는 일명 해루질이 횡행하고 있다. 2025년 4월, 인천광역시의회 의원들이 비어업인의 무분별한 해루질 근절을 위한 수산업법개정을 촉구하는 결의대회를 개최하였다. 어업인이 아닌 이들이 야간에 마을어장에서 불법 채취행위가 일어나고 사고가 빈발함에 따른 것이었다. 이들은 마을어장에 비어업인의 출입을 금지하고, 야간 해루질에 대한 법적 제한기준 마련과 해루질에 대한 단속 체계구축 등을 요구하기도 하였다.[191] 해녀가 있는 어느 곳을 가더라도 해루질의 문제가 있다. 이것은 전국적인 양상이며 이들은 대부분 남자들이다. 해루질의 문제를 근절하기 위한 근본적인 방안을 고민해야 할 때이다. 어업기술의 변화와 어업권을 가질 수 있는 자격에 대한 제도적 보완이 필요하리라 본다. 그럼으로써 남획으로부터 어장을 보호하여 어민이 안정적 생계가 보장될 수 있도록 하며, 이 어장을 이용할 수 있는 자에 대한 규정을 시대변화에 맞춰 제도적 변화가 있어야 할 것이다. 남획의 우려를 불식하고 건전한 해양레포츠의 활성화와 수산어업인의 생활안정과 복지가 충돌하지 않도록 하는 한국 수산업을 공유지 이용의 측면에서 접근할 필요가 있다.

어업공동체의 성원으로서 어업권의 보장 문제

동서남해에는 마을 어촌계에 속하지 않은 해녀들이 많고 그 양상은 서남해 지역에서 현저하다. 마을 어장을 이용하기 위해 어촌계와 계약하고 이에 따른 분배몫으로 생계유지하는 해녀들은 또 다른 어장을 찾아 원정물질을 가는 양상이 나타난다. 보다 많은 수익의 기회가 있다는 장점도 있으나, 분배몫에서 불리한 계약노동자의 위치가 반복되는 측면이 있다. 또한 마을어장의 주인이 되지 못한 해녀들에게 해녀 물질 문화의 전승은 한계가 있을 수밖에 없다고 본다. 따라서 해녀들의 마을어업자로서 안정적 위치를 가질 수 있도록 하는 법률적 개선이 있어야 하리라 본다.

191 내외방송, "인천시의회, 비어업인의 무분별한 해루질 근절에 강력 의지 표명 '해루질 근절 수산업법 개정'촉구 결의대회 개최", 2025년 4월 4일.

오염과 어장의 황폐화

온난화에 따른 영향 외에도 하수종말처리장, 연안개발사업, 생활하수 등으로 말미암아 어장 오염의 문제가 있는 곳에서 해녀들은 어려움을 겪고 있다. 해녀들의 어로문화 전승의 위기를 초래하는 여러 요인들 가운데 가장 중요한 것은 해녀들이 채취할 자원이 얼마나 풍부한가에 달려 있다. 마을어장의 풍요로움이 어업공동체의 지속가능성의 가장 중요한 지표가 되는 것이다. 마을어장의 황폐화는 어업공동체를 약화시키는데 그것은 해녀인구의 감소로 나타난다. 어장을 황폐화시키는 요인은 육상으로부터 흘러들어 오는 오폐수에 의한 연안오염과 갯녹음 현상, 해조류들이 사라지는 등의 온난화 현상도 영향을 주고 있는 것으로 알려지고 있다. 연안오염에 대한 질적 관리 체계가 구축되어야 하는 것이다. 황폐화 시키는 원인들에 대한 예산 투자가 이뤄져 생산토대를 강화시키는 것은 장기지속적으로 이뤄지고, 지자체간의 경계를 넘어 전국적으로 종합적 관리체계를 갖추고 이를 관리할 기구가 있어야 하리라 본다.

고령화와 해남들의 등장

어촌계원들의 고령화, 현대적 기반시설과 장비 부족 등의 문제와 겹쳐 개별 어업공동체가 해결하기에는 힘든 난제가 되고 있다. 어촌사회는 변화하고 있으며, 해녀들의 물질도 더 이상 여성의 일이 아니라, 남자가 하는 경우들이 수적으로 더 늘어날 것이라 추정된다. 이러한 가운데 인천광역시 옹진군 소청도의 해남과 태안의 방포 어촌계의 해남들, 제주도의 해남들을 포함해 남자들에 의한 물질문화의 전승 가능성도 귀추가 주목되는 점이다. 이들은 스킨스쿠버다이빙이나 머구리를 하는 것이 아니라 물질을 하고 기존 어업공동체와 결합되어 있다는 점에서 문화적 전승의 가능성이 점쳐지기 때문이다.

해녀에 대한 사회적 인식은 국가와 세계적 기구의 문화유산 지정 이후 크게 달라졌다. 많은 예술가들의 작품으로 매스미디어에서, 그리고 국내외의 언론사를 통해 해녀는 널리 알려져 왔다. 이를 계기로 유산에 대한 사회적 인식에도 크게 영향을 미쳤다고 고려된다.

① 우선, 해녀들 스스로 자부심을 갖는 계기가 되었다. 이들의 물질은 오래된 전통이며, 이에 대한 가치 인식을 제고하고 민속적 지식의 중요성을 환기시키는 계기를 마련할 수 있었다. 특히 제주해녀문화의 등재를 통해 중세 이후 여성에 대한 고정관념에 인식 전환을 가져왔고, 자신의 힘으로 삶을 영위하는 여성의 자립심과 세계관이 현대사회에 많은 영감을 주고 있다.

② 해녀들에 대한 가치 재발견이 이뤄지고 있다고 할 수 있다. 과거 여성들의 희생으로만 비춰져온 해녀들의 삶은 가족만이 아니라 사회적 측면에서 이들 공동체의 관습과 불문율들이 상호 공존을 지향하고 있음을 보여주기 때문이다.

③ 해녀문화가 갖고 있는 지속가능성의 가치, 약자에 대한 배려와 자연과의 공생하는 관습, 지역사회에 참여하고 기여해 온 역사를 통해 오늘날 현대 산업사회가 직면하고 있는 문제들을 성찰하고, 해양문화에 대한 이해를 넓혀주는 계기가 되고 있다.

④ 해녀 어업공동체의 역사를 통해 볼 때 이들이 지역사회에 참여해 왔으며, 그것은 호혜성을 보여주는 것이었다. 지역 경제에 기여하였던 역사는 해녀의 이야기가 한 가족을 넘어 지역사 속에 위치함으로 말한다. 이는 해녀문화가 가지고 있는 전형성 가운데 주요한 특징으로 지역사회에 참여하는 여성들의 역할이 중요함을 시사하고 있다.

⑤ 해녀는 한국 해양문화로서, 여성문화로서도 차지하는 그 위상이 높다고 하겠다. 이들은 전국의 동서남해 및 도서지방에 있으며, 한반도 주변 해역의 수중 세계를 생활공간으로 삼고 있다. 무엇보다 여성어업공동체로서 이들이 형성해 온 해양신앙과 지식은 세계적으로 보기 드문 해양문화이며, 지속가능한 인류문화이자 한국의 살아있는 문화유산으로 전승시켜 가야 할 것이다.

참고문헌

[문헌]

《古芸堂筆記(고운당필기)》
『葵窓集(규창집)』
『南宦博物(남환박물)』
『北軒居士集(북헌거사집)』
『삼국사기』
『續耽羅錄(속탐라록)』
『역주 葵窓集(규창집)』
『역주 남사록』
『역주 탐라록(耽羅錄)』
『증보 탐라지』
『耽羅狀啓抄(탐라장계초)』
『역주 지영록』

[단행본]

강대원, 『濟州潛嫂權益鬪爭史』, 제주문화, 2001.
고영화 편, 『거제도유배고전문학총서』, 거제시, 황금알, 2014.
국립민속박물관, 『한국생업기술사전: 어업편』, 2022.
김영돈, 『한국의 해녀』, 민속원, 2002(1999).
박양생, 『한국해녀: 잠수 생리학적 특성』, 고신대학교출판부, 2004.
석주명, 『濟州島隨筆』, 寶晉齋, 1968(1949).
성범중 역, 『국역 학성지(鶴城誌)』, 울산남구문화원 부설 향토사연구소, 2010.
신은제 역, 『거제고문헌총서 I 지리지집성』, 거제문화원향토사연구소, 2013.
안미정, 『제주 잠수의 바다밭』, 제주대학교출판부, 2008.
______, 『한국 잠녀 해녀의 역사와 문화』, 역락, 2019.
울산광역시 중구, 『역주 경상좌병영 관련 문헌 집성』, 울산대학교 출판부 2014.
윤한택 · 전갑생 역, 『거제근현대문헌총서 I 대한제국』, 거제문화원향토연구소, 2015.
이기욱, 『제주 농촌경제의 변화』, 집문당, 2003.
제주도, 『濟州의 海女』, 제주도인쇄공업협동조합, 1996.
제주여성특별위원회, 『구술로 만나는 제주여성의 삶 그리고 역사』, 2004.
제주특별자치도 해녀박물관, 『제주해녀사료집』, 2009.
제주특별자치도, 『숨비질 베왕 놈주지 아녀』, 2014.
진관훈, 『근대제주의 경제변동』, 각, 2004.
현용준, 『제주도 신화의 수수께끼』, 집문당, 2005.
______, 『濟州島神話』, 서문당, 1976.

황경숙, 『거제해녀』, 경남발전연구원 · 거제시, 2024.
李善愛, 『海を越える濟州道の海女』, 東京: 明石書店, 2001.
德島縣立博物館, 『海人の見た世界』, 2006.
稻井秀左衛門, 『朝鮮潛水器漁業沿革史』, 近澤商店印刷部, 1937.
山田篤美, 『真珠の世界史』, 中公新書, 2013.
三浦定之助, 『海草』, 東京: 佃書房, 1943.
Gísli Pálsson, *Coastal Economies Cultural Accounts*, Manchester: Manchester University Press, 1991.

[논문]

강만생, 「韓末 日本의 濟州어업 침탈과 島民의 대응」, 『濟州島研究』 3, 1986.
강영삼, 「조선시대 전복(全鰒) 진상 연구」, 제주대학교 석사학위 논문, 2012.
고광민, 「한반도 주변 도서 지역의 잠수어업에 대하여」, 『갯바위를 둘러싼 공동체와 어업기술』, 해양수산부, 2021.
권인혁 · 김동전, 「조선후기 제주지역 수취체제와 주민의 경제생활」, 『탐라문화』 19호, 1998.
김동철, 「19세기 牛皮貿易과 東萊商人」, 『한국민족문화』 제6집, 1993.
김수희, 「日帝時代 濟州 海女의 海藻類 採取와 入漁」, 『濟州海女: 抗日運動, 文化遺産, 海洋文明』(제주해녀박물관 개관 기념 국제학술회의 자료집, 2006.6.7~8.), 제주해녀항일운동기념사업위원회, 2006,
김영환, 「제주도 해양식물자원: 해양식물자원의 보물섬 제주도」, 『제주도의 육상 및 해양자원』(제주도연구회 제7차 전국학술대회 자료집), 1991.
남부현 · 장재웅 · 변상내 · 박찬일, 「외이도 골종」, 『대한이비인후 - 두경부외과학회지』 2000;43(4).
문무병, 「제주칠머리당영등굿: 유네스코 무형문화유산 대표목록 신청안」, 『제주해녀의 재조명』, 제주해녀박물관, 2009.
송기태, 「서남해 무레꾼 전통의 변화와 지속」, 『실천민속학연구』 제25권, 2015.
______, 「옹진군 소청도 미역채취 기술의 다양성과 지속의 함의」, 『남도민속연구』 43, 남도민속학회, 2021.
송준임, 「濟州島의 海洋資源 - 海洋無脊椎動物資源」, 『濟州島義 陸上 및 海洋資源』(제주도연구회 제7차 전국학술대회 자료집), 1991.
안미정, 「제주 잠수의 어로와 의례에 관한 문화인류학적 연구: 생태적 지속가능성을 위한 문화전략을 중심으로」, 한양대학교 대학원 박사학위논문, 2007.
______, 「국경이 놓인 오사카 재일한인 여성의 가족과 친족」, 『지방사와 지방문화』 13권 1호, 역사문화학회, 2010.
______, 「식민지시대 한 · 일해역의 자원과 해녀의 이동」, 『한국민족문화』 58권, 2016.
양원홍, 「완도에 정착한 제주해녀의 생애사」, 제주대학교 대학원 석사학위논문, 1998.
양정필, 「16세기 제주도의 위기와 流民 증가 그리고 출륙금지령」, 『제주도연구』 제59권, 제주학회, 2003.
오선화, 「죽변지역 이주잠녀의 적응과정 연구」, 안동대학교 대학원 석사학위논문, 1998.
이진영, 「거문도 근대어업 발전」, 『일제시대 한 어촌의 문화변용(上)』, 아세아 문화사, 1992.
이하얀, 「선사시대 해양 이용에 대한 인골고고학적 검토」, 『동북아문화연구』 제79집, 2024.
최성애, 「해녀의 이주생활사: 부산 용호어촌계 해녀에 관한 사례연구」, 『水產業史研究』 2, 1995.
한영국, 「'豆毛岳' 考」, 『韓沽劤博士停年紀念 史學論叢』, 지식산업사, 1981.
황경숙, 「부산 기장군 토박이 해녀의 전통성과 지역성 - 조선 후기를 중심으로」, 『한국문학논총』 91집, 한국문학회, 2022.
후지나가 다케시(藤永 壯), 「1932년 濟州島 海女의 鬪爭」, 제주시우당도서관 편, 『'濟州島'의 옛 記錄: 1878년~1940년』, 경신인쇄사, 1999.
Sue O'Connor, Mahirta, Sofía C. Samper Carro, Stuart Hawkins, Shimona Kealy, Julien Louys, Rachel Wood, "Fishing in life and death: Pleistocene fish-hooks from a burial context on Alor Island", Indonesia, Antiquity, Vol. 91(360), 2017, pp.1451-1468(Published online by Cambridge University Press).

[신문기사]

내외방송, "인천시의회, 비어업인의 무분별한 해루질 근절에 강력 의지 표명 '해루질 근절 수산업법 개정'촉구 결의대회 개최", 2025. 4. 4.
농수축산신문, "마을어장 임대, 빈매인가 어촌정책인가", 2024. 6. 18.
울산일보, "스쿠버다이버 무분별 홍합 채취 골치", 2021. 8. 3..
제주도민일보, "법환해녀학교, 직업해녀양성과정 30명 모집", 2021. 3. 15.
콘텐츠코리아, "경북도, 귀어해녀학교, 해녀복지비즈니스타운 등 해녀 문화유산보존 사업 추진", 2022. 03. 17.
헤드라인제주, "하도 해녀 합창단 10주년 기념 콘서트 성황리 개최", 2023. 11. 27.

[자료]

강승진 · 좌혜경, 「국가중요어업유산 지정을 위한 연구: 제주해녀어업을 중심으로」, 제주발전연구원, 2015.
경북도청, 〈경북 동해안 해녀 주 수입원 미역, 성게로 나타나(보도자료, 2023. 1. 30)〉, 2023.
경상북도, 〈'이웃어촌지원센터' 개소식 개최(보도자료, 2023. 5. 23.)〉, 2023.
국립무형유산원, 〈2022 해녀 정기조사보고서〉 2022.
국립무형유산원, 2022 해녀 정기조사 기초 자료(비간행물), 2022.
문화재청, 〈해녀 국가무형문화재 지정가치 조사 보고서〉, 2016.
부산시 수산정책과, 〈2024년 하반기 나잠어업 종사자 전수조사 결과보고(2025. 3. 18.)〉, 2025.
유네스코한국위원회. 〈무형문화유산 보호 협약〉.
濟州島海女漁業組合, 〈濟州島海女漁業組合沿革〉, 昭和4年(1929년). .
朝鮮總督府, 〈調査資料第二十九輯, 生活狀態調査 其2 濟州島〉, 昭和4年(1929년)
해양수산부 수산자원정책과, 〈금어기 금지체장 안내〉.
해양수산부 · 수산업협동조합중앙회, 〈2024 어촌계현황조사 결과보고〉, 2024.

[인터넷]

경북북부권 문화정보센터 https://www.cultureline.kr
국가유산청 https://www.heritage.go.kr
국가통계포털 https://kosis.kr/index/index.do
국사편찬위원회 한국사데이터베이스 https://db.history.go.kr/ancient/level.do
규장각원문검색서비스 http://kyudb.snu.ac.kr
디지털서귀포문화대전 https://seogwipo.grandculture.net/seogwipo
제주학연구센터 제주학아카이브 http://www.jst.re.kr/jejustudiesDetail
한국고전종합DB https://db.itkc.or.kr
한국민족문화대백과사전 https://encykorea.aks.ac.kr
한국사데이터베이스 https://db.history.go.kr
한국학 자료센터 http://kostma.net
한국학중앙연구원 디지털 장서각 https://jsg.aks.ac.kr
한국학중앙연구원 위키실록사전 https://dh.aks.ac.kr/sillokwiki/index.php
한국학중앙연구원 향토문화전자대전 http://www.grandculture.net/korea

글	안미정
총괄	임승범
기획 · 진행	김계수, 임태영
교정	이화영, 안경희(이상 국가유산청)

국가무형유산

해녀

초판1쇄 발행 2025년 12월 12일

기획	국가유산청 무형유산국 조사연구기록과
주소	전라북도 전주시 완산구 서학로 95
전화	063-280-1686
홈페이지	www.khs.go.kr

출판	문예원
주소	서울 마포구 토정로25길 41(대흥동 337-25)
전화	02) 804-3320, 805-3320, 806-3320(代)
팩스	02) 802-3346

발간등록번호 11-1833100-100117-01
ISBN 979-11-90587-69-3 93380